U0744331

编写人员

魏小山（珠海市教育研究院）
王　睿（珠海市第二中学）
钟丽萍（珠海市广东实验中学金湾学校）
岳赛赛（珠海市横琴新区第一小学）
胡　欣（珠海市第一中学平沙校区）
王露露（珠海市斗门区城南学校）
罗　丹（珠海市第十三中学）
郭美一（珠海中山大学附属小学）
陈丹妮（珠海市斗门区西湖学校）
钟　岩（珠海市斗门区第一中学）
胡红云（珠海市和风中学）
黄凌峰（珠海市斗门区教育研究中心）
单　单（珠海市高新区金凤小学）

人工智能时代的计算思维培养新样态

魏小山　编著

中国·广州

图书在版编目（CIP）数据

人工智能时代的计算思维培养新样态 / 魏小山编著. —广州：暨南大学出版社，2024.3
ISBN 978-7-5668-3813-1

Ⅰ.①人… Ⅱ.①魏… Ⅲ.①计算机课—教学研究—中小学 Ⅳ.①G633.672

中国国家版本馆 CIP 数据核字（2023）第 225644 号

人工智能时代的计算思维培养新样态
RENGONG ZHINENG SHIDAI DE JISUAN SIWEI PEIYANG XIN YANGTAI
编著者：魏小山

出 版 人：阳　翼
责任编辑：姚晓莉　许碧雅　王燰丽
责任校对：刘舜怡　王雪琳　梁安儿　潘舒凡
责任印制：周一丹　郑玉婷

出版发行：暨南大学出版社（511443）
电　　话：总编室（8620）37332601
　　　　　营销部（8620）37332680　37332681　37332682　37332683
传　　真：（8620）37332660（办公室）　37332684（营销部）
网　　址：http://www.jnupress.com
排　　版：广州市广知园教育科技有限公司
印　　刷：广东信源文化科技有限公司
开　　本：787mm×1092mm　1/16
印　　张：17.25
字　　数：280 千
版　　次：2024 年 3 月第 1 版
印　　次：2024 年 3 月第 1 次
定　　价：69.80 元

前　言

计算思维作为智能时代人们认识世界、改造世界的重要方法论，对于中小学阶段的学生而言，既是一种观察和理解周边世界的新视角，也是一种利用计算的过程和方法来理解和解决问题的新能力，更是他们应对未来竞争与挑战的必备技能。世界各国都在加快步伐开设中小学阶段的计算思维相关课程，来帮助学生更好地适应未来。

计算思维是世界公认的普适思维方式。正因为它是一种思维方式，所以它非常容易被误解。有人从字面上理解，认为计算思维就是关于数学的思维，或者是计算机的思维；有人片面地理解，以为学习编程、懂得计算机技术就拥有了计算思维；有人误把算法、机器人理解为计算思维。对于信息技术教师而言，搞清楚计算思维到底是什么非常关键。

在我国，计算思维被列为高中信息技术课程，同时被最近出台的义务教育信息科技课程列为四大核心素养之一，非常受重视。可是在基础教育的具体实施中，计算思维的培养困难重重。一来是因为国内面向基础教育的计算思维研究还不够成熟，二来由于计算思维过于抽象。虽然高中信息技术新课标落地实施已经超过五年了，但是很多老师对计算思维仍然好似熟悉的陌生人，很难捕捉其核心，更别谈有效地发展学生的计算思维了。

本书以计算思维落地实施中遇到的六大问题为逻辑主线来组织内容：中小学的计算思维是什么；计算思维培养的框架是怎样的；计算思维培养该采取怎样的教学策略；如何对中小学生的计算思维进行评估，实现教学评一致性；要发展学生的计算思维，学生和教师自身该如何提升计算思维能力；计算思维不能局限在信息技术学科范畴，如何通过跨学科的课程和活动来发展计算思维。具体对应的每章内容如下：第一章介绍计算思维的起源、计算思维的内涵和计算思维的教育，来增加对计算思维的认识；第二章介绍计算思维的本质、计算思维培养框架和计算思维培养的核心要素，来形成对计算思维培养的全局观；第三章介绍中小学计算思维教学的六种常见策略，分别是体验式教学、游戏化教学、基于问题解决的教学、基于不插电式教学、基于人工智能的教学以及项目式教学，来提升中小学计算思维教育的丰富性；第四章介绍计算思维常用的评估方法以及如何实现计算思维的教学评一致性；第五章介绍青少年如何提升计算思维能力以及教师如何从专业发展和学科发展的双重视角更好地深度认知计算思维，以期知晓该如何努力才能实现计算思维能力的自我提升；第六章介绍跨学科教学对发展计算思维的作用，以及发展计算思维的跨学科主题设计、跨学科教学活动设计、跨学科教学实施建议，从而提升教师设计与实施跨学科主题教学的能力，最终发展学生的计算思维。

随着智能时代的到来，具备计算思维、利用计算的过程和方法来理解与解决复杂问题，已成为当今社会人人必须具备的素养。编写本书是为了帮助一线教师揭开计算思维的面纱，清晰地认识计算思维的内涵，掌握计算思维能力的发展规律，将计算思维的培养真正渗透到我们的课堂教学之中。由于水平有限，书中内容难免存在疏漏，欢迎广大读者批评指正。

魏小山

2023 年 3 月 16 日

CONTENTS 目　录

第一章 什么是中小学计算思维

一、计算思维的起源

（一）什么是计算

计算是一个我们并不陌生的概念。从借助木棒数数来做加减法到现在利用机器人解决人类都难以解决的问题，都属于计算。

桥梁工程专家在设计桥梁时需要参考百年来洪水、暴雨、台风等自然灾害的趋势，估算可能的最高水位、最大流量和最大风速；商店的老板打烊后开始盘算一天的结余；人们使用各类 App 线上购物、吃饭，通过电子支付完成消费结算……计算无处不在，计算极大地影响了我们的生活。

1. 计数与计算

（1）数与计数的概念。

“数”（shù）是数出来的。这句话阐述了数的概念产生的缘由。最早的人类因为资源匮乏，数数是没有必要的。大约距今一万年前，人类进入了农业社会后，得靠天吃饭，因而十分关心日月星辰的运行和季节的变化、粮食的种植和储藏、土地的划分和粮食的分配，以及随之而来的商贸和赋税，这些都促使“计数”成为人类生活中必不可少的技能，这也为“数”和“计数”概念的产生提供了坚实的物质基础。

“数”（shǔ）是建立物体集合之间的对应关系。在计数的活动中，我们不仅可以比较两个集合元素的多和少，还可以发现相等的关系，即所谓的“等数性”。在人类发展的历史过程中，计数也促使人们采取某种特定的方式利用等数性来反映集合元素的多少。

（2）计数方法的发展历史。

古人使用“具象化”的计数方法。根据考古资料，远古时期的人们使用“等数性”来计数的方法有很多，比如“实物计数法”“刻痕计数法”以及“结绳计数法”。人们利用小石头、贝壳、果核、树枝等实物与被计数对象建立等数性关系，这种方法被称为“实物计数法”。在我国的甲骨文中发现，人们会在兽骨或者石板上刻画痕迹用于计数，这就是“刻痕计数法”。古人还会为了统计每人每天打了多少猎物，通过打绳结的方式来计数，即“结绳计数法”。相传古波斯王曾命令手下兵马守一座桥，要守 60 天。为了让将士们不少守一天也不多守一天，波斯王拿来一根长长的皮条，在上面系了 60 个绳结。他对守桥的将士说：“我走后你们一天解一个绳结，什么时候解完了，你们就可以回家了。”这些计数方式在现在看来不是真正的、抽象的，而是集合的一类性质，是数量特征的形式转移。

后来，古人们逐渐开始使用一些比较容易携带的物品，比如小木棒来进行计数，这些小木棒被称为“算筹”，多用竹子制成，也有用木头、兽骨、象牙或金属等材料制成的。人们将它们放在一个布袋中，系在腰部随身携带。但在面对日益频繁和复杂的计算时，数量众多的算筹携带起来非常不方便，计算难度大的缺点也逐渐显现，因此算筹难以肩负庞大而复杂的计算，于是算盘应运而生。

现代产生了新的计数方式。当人们领悟到可以使用人类天生的计算器——“自己的手指”时，计数方式的发展有了质的飞跃。屈指计数有两个发展分支。一个是探求手指计数更理想的表达方式，即使用手势来计数。例如篮球场上，裁判员用右手食指举起，手腕向下弯曲一次表示计 1 分；右手食指和中指举起，手腕向下弯曲一次计 2 分；左右手同时举起，则表示三分球投篮成功，计 3 分……在海外的证券交易中，为保留传统，交易员依然会使用手势来表示交易价格。屈指计数的另一个发展分支是将屈指计数和实物计数相结合，创造出进位计数制以及完整的数的概念。

进位计数制

数制是使用一组固定的数字和一套统一的规则来表示数值的方法。按照进位方式计数的数制叫“进位计数制”。在采用进位计数制的数字系统中，如果用 R 个基本符号（如 0，1，2，3，…，$R-1$）表示数值，则称其为 R 进制，R 称为进制的基。R 进制数中可将数字符号称为数码，R 进制共 R 个数码。数码在一个数中所在的位置称为数位。一个数在某个位置上所代表的数值大小称为位权，位权的大小是以基数为底，以数码所在的位置（即位数）的序号为指数的整数次幂。整数部分最低的位权是 R^0，次低的位权为 R^1；小数点后第 1 位的位权为 R^{-1}，第 2 位的位权为 R^{-2}，依次类推。（万珊珊、吕橙、邱李华等《计算思维导论》）

目前，人们广泛使用十进制，但在数的概念形成的初期，人类还使用了二进制、五进制、二十进制和六十进制。据说二进制是最古老的计数制，甚至早于屈指计数。五进制也是一种古老的进制计数制，它的出现是因为人们在计数的过程中伸出一只手比较方便。当人们手指和脚趾并用时，二十进制就诞生了。远古时期的某些部落利用手指上的关节来计数，大拇指作为计数器，一只手除了大拇指以外就有 12 个关节，这样就产生了十二进制。因为 12 有 4 个约数（2、3、4、6），而 10 只有两个约数（2、5），因此不少数学家认为十二进制比十进制使用起来更加方便。在我们生活中，大多数度量衡中仍然沿用十二进制。比如 1 打等于 12 个，1 英尺等于 12 英寸，1 先令等于 12 便士。

各种常用的数制以及它们的特点如表 1-1 所示。

表 1-1　常用的数制及特点

数制	基数	数码	位权（第 n 位）	运算规则
十进制	10	0~9	10^{n-1}	逢十进一
二进制	2	0~1	2^{n-1}	逢二进一
八进制	8	0~7	8^{n-1}	逢八进一
十六进制	16	0~9，A~F	16^{n-1}	逢十六进一

（3）从计数到计算。

先有数，才有算。计数是计算中的最基础部分。“计数”是求出事物的个数或种类的过程，一般指的是我们所说的数数，其目的是求出事物的个数和种类。“计算”是根据“计数”得出的已知量算出未知量的过程。计算通过各种法则和原理来进行演算，是一个求解问题的过程。随着科技与社会的发展，越来越多的问题需要用计算来解决，因而也使得计算的难度不断增加，进而促进了计算工具的发展。

2. 计算定义的探究

计算究竟是什么？从词源上看，它无疑是一个数学用语。英语中的计算（compute）一词来源于拉丁文 com + pulare，意思为用数学的手段确定或得出某些东西。我国的汉语词典则把“计算”定义为“根据已知数，使用数学方法求得未知数”。（王荣良《计算思维教育》）由此可见，计算的本意是使用数学的方法来求值。随着社会科学的发展，最原始的计算的本意已经不能诠释隐含的科学与技术的内涵，也无法涵盖计算在自然科学、社会科学、人文科学或日常生活中的种种用法。事实上，进入信息社会后，计算的概念内涵已经发生了根本性的变化，而这种变化的产生与计算理论研究的运用、计算工具特别是计算机的问世和广泛使用有着密切的关系。

（1）计算的概念和本质。

从借助木棒数数来进行加减到现在利用智能机器人解决人类难以解决的问题，这些都属于计算。计算以各种形式存在于我们身边。计算实质上是对输入数据进行处理，得到一定输出结果的过程。抽象地说，计算就是从一个状态变换到另一个状态。（万珊珊、吕橙、邱李华等《计算思维导论》）

狭义计算是关于具体数状态的改变。人们对狭义计算的理解经历了初级、中级和高级阶段，如表 1-2 所示。

表 1-2　狭义计算阶段特征表

阶段	特点	工具
初级	直接运算简单数据	四则运算法则、简单的计算器
中级	逻辑、推导	公式、原理
高级	按照一定的算法进行数据转换	设计算法

广义计算，是指大自然中存在的一切具有状态转换的过程。它将所有自然界存在的过程都抽象为一种输入输出系统，所有自然界存在的变量都被看作是信息。简单地理解，广义计算就是信息的加工。由此可见，广义计算无处不在。

广义计算需关注两个问题。第一个问题——明确什么是信息。人们在认知和实践活动中慢慢地体会到世界的重要组成部分是“信息”，在不同的语境中，它被赋予了不同的含义。第二个问题——计算过程中用什么方法，即用什么算法。许多问题的计算，既可以用类似于计算函数的方法来进行，也可以用查表的方法来进行，还能用逻辑公式演绎推导的方式来进行。长期以来，由于数学研究中分析技术发达，人们常常习惯于使用演算的方法来进行而忽视了算法的思想。直到计算机科学之父阿兰·麦席森·图灵采用了算法的思想来研究并描述计算的过程，人们才意识到算法的重要性。图灵进一步解释了计算的概念，他指出计算的本质包括了计算的过程、是否可计算以及算法思想实现的问题。

（2）计算的演变。

计算的渊源可以追溯到数学和工程。计算作为数学的主要对象已有几千年了，经过长时间的研究，人们发现生活中的自然现象可以用计算来解读，并慢慢推导出其模型，用于预言那些自然现象。计算的演变，其实也是人类文明史中一部分工具的进化史。在远古时期，人类的始祖和其他动物一样必须依靠自己的肢体，付出体力来获取食物和其他生存资源。当人类进入了文明时代，人们发明了刀斧、弓箭之类的工具。工具的物理特性大大提高了人类获取生存资源的能力。当人类社会发展到工业文明时代，人们发明了蒸汽机、电动机等通过能量转化的方式实现自主运行的动力设备。到了 19 世纪，机械计算机和电子计算机技术得到发展，此时物化延伸的不仅是人类的肢体，还有人类的大脑。让人类从单调、重复、枯燥的活动中解放出来，成为计算演变的需求根源。自此，以计算机为中心的计算概念被拓展了，计算逐渐从我们熟知的元指令集的加减乘除，发展成图灵机意义下的算法处理，计算正不断被赋予新的含义，影响着我们看待世界和解决问题的观念和行为方式。计算成了自然的、人工的和社会的三大系统各个领域的基本处理过程。与此同时，计算环境的变革带来了一场计算技术的革命以及思维的革新。接下来我们从计算工具和计算技术的演变两方面，来进一步研究计算的演变过程（如图 1-1 所示）。

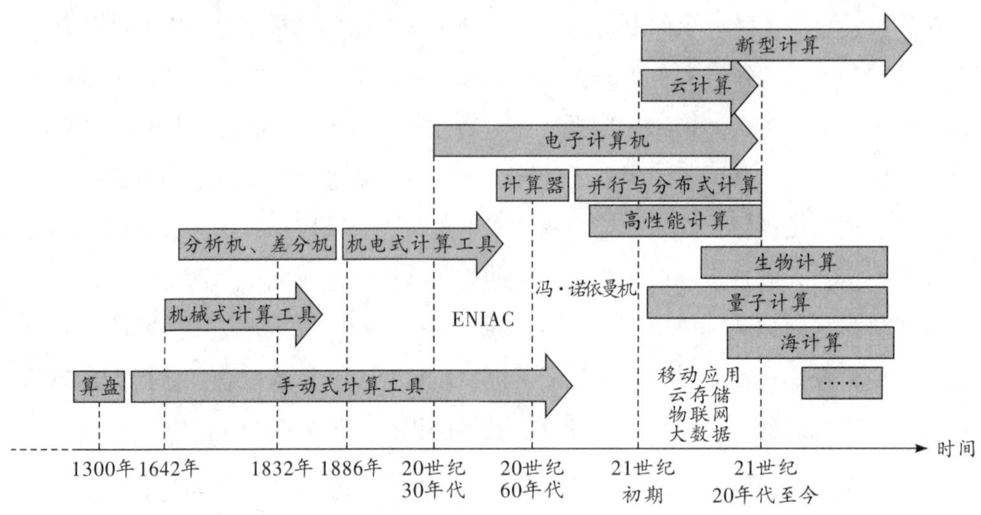

图 1-1　计算工具和计算技术的演变过程

（3）现代计算工具的演变。

随着大工业时代的到来，人类对计算的复杂度和精准度的要求不断提高。在新问题和新需求的不断冲击下，人们意识到必须尽快改进数值计算，缩短计算的时间，提高计算的精准度。机械式计算技术的发展使得机械式计算机应运而生。

帕斯卡加法器和莱布尼兹乘法器

在 1642 年，法国数学家、物理学家和思想家帕斯卡（Pascal）借助精密的齿轮传动原理发明了第一台能运行加法和减法的计算器。这是人类历史上第一台机械式计算器，是人类在计算工具上的新突破。这台计算器的意义远远超过了其使用价值。它告诉人们用机械装置可以代替人的思维和记忆。从此，欧洲兴起了“大家来造思维工具”的热潮。

1674 年，德国数学家莱布尼兹（Leibniz）发明了乘法器。乘法器是一台可以运行完整四则运算，有较高的使用价值的计算器。莱布尼兹同时还提出了“可以用机械代替人进行烦琐重复的计算工作”的伟大思想，这一思想至今仍鼓舞人们探求新的计算工具。

（唐培和、徐奕奕《计算学科导论》）

进入了19世纪蒸汽时代后，人类对自然界中的电磁现象进行了探索和研究，并掌握了电能和各种能量之间转化的技术。人们希望利用电力代替人力作为计算机的动力，这样的计算机称为机电式计算机。

机电式计算机

1889年，第一台电动式计算机由美国人霍勒里斯（Herman Hollerith）制成。这台以穿孔卡片来存储资料并排序的计算机，大大减轻了统计工作人员的工作量。原来需耗时10多年才能完成的人口普查统计工作，在当时只需耗费2年多。

同一时期，英国大数学家查尔斯·巴贝奇（Charles Babbage）认为人为的疏忽太多（如计算错误、抄写错误、校对错误、印刷错误等），便提出带有程序控制的完全自动的计算机思想，用蒸汽机作为动力，驱动大量的齿轮机运转，最终他发明了差分机。这台计算机除了“程序内存”外，已具备了现代计算机的主要特点，并且已经可以进行开平方运算，专门用于航海和天文计算。

在巴贝奇研制差分机的过程中，被誉为计算机领域“第一位软件工程师、第一位程序员”的艾达·奥古斯塔（Ada Augusta）的贡献是巨大的。差分机是一种自动机械计算器，用来计算多项式函数。在1937年她设计了分析机——一种通用计算机，其逻辑结构与目前的计算机设计基本相同，分析机现在被广泛认为是计算机的早期模型。

1941年，德国人朱斯（K. Zuse）在巴贝奇研究的基础上研制了第一台以继电器为主要元件的机电式计算机。该机器可以执行8种指令，包括四则运算和求平方根。

1944年，美国人艾肯（Aiken）在IBM公司的资助下制成了机电式计算机，使计算机性能有了较大的改善。此时，计算机已经能完成相当广泛的数学计算工作，如编制各种数字用表，求任意阶的微分、数值积分、最小二乘法计算、逐次逼近计算等。但是，受限于机械制造工艺，机械部分的存在使得计算机的速度无法提升，如继电器舌簧的运动频率很难超过10次/秒，更重要的是其可扩展性、可编程性受到了极大的限制，机电式计算机无法再进一步发展。

（万珊珊、吕橙、邱李华等《计算思维导论》）

20世纪40年代，人类的社会实践向计算工具提出了新的要求，例如，计算量越来越大，要求计算机能够进行各种复杂的计算，有较大的存储容量、更高的计算精度、更快的计算速度。大规模生产和科研的管理工作，还需要计算机满足“信息处理”的要求。为了满足以上需求，图灵提出了“图灵机”的概念。后来在“图灵机”的基础上，冯·诺依曼作了进一步改进（见图 1-2），才有了现代电子计算机的雏形。

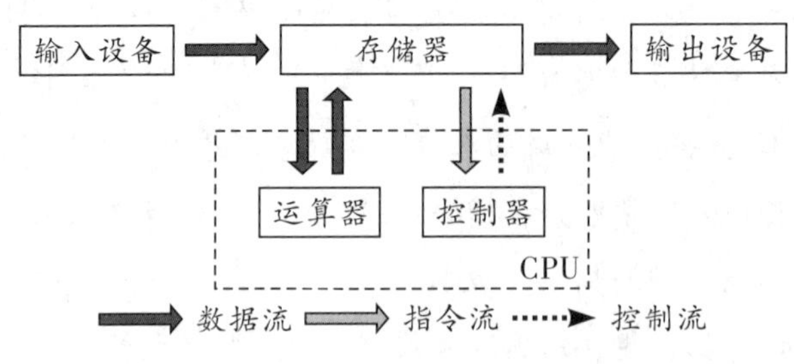

图 1-2　冯·诺依曼计算机的设计思想

从 1946 年第一台电子计算机 ENIAC 诞生，仅短短的 70 多年，计算机相关技术有了飞速的发展，人们根据计算机主要逻辑元器件的不同将电子计算机划分为四代（如图 1-3 所示）。

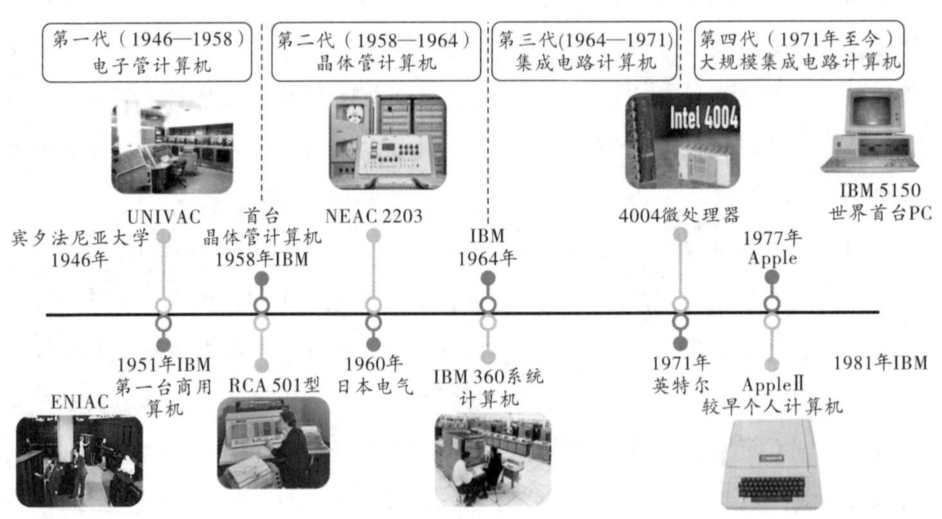

图 1-3　电子计算机发展史

第五代计算机目前还在研制和设想中，主要有以下几种设想：一些人按照前四代电子计算机的发展规律推断，认为第五代电子计算机将是超大规模集成电路计算机，即由集成度超过万个门或超过10万个元件的“集成电路组装的电子计算机”。也有人认为第五代电子计算机将在结构形式的元器件上有一个较大的飞跃，即“光计算机”。“生物计算机”的研制工作也取得了很大的进展。目前“生物计算机”的研制工作正沿着两个不同的方向进行。第一个方向，是在传统数字式计算技术的轨道上发展起来的，其主攻的是用某种有机物分子取代半导体元器件，因此这种生物计算机也被称为“分子计算机”。第二个方向，是设想计算机的转换开关由蛋白质（酶）来承担，这种生物计算机的运算过程实际上是蛋白质分子与周围环境相互作用的过程。“生物计算机”在图像识别和“感知”化学物质等方面将可能优于现在的电子计算机。另外一些专家对第五代电子计算机主要是从功能方面提出了设想。他们认为，第五代电子计算机除了在高速度、大容量方面继续保持发展势头外，在功能方面应从以计算为主过渡到以推理、联想和学习为主，它处理的对象应从以数据为中心过渡到以知识为中心。它的工作方式应对用户更为“友好”，用户可以使用自然语言、图像、声音等各种手段与它打交道，第五代电子计算机应该被称为“知识信息处理系统”。

（4）现代计算技术的研究和发展。

并行与分布式计算是在基于计算机网络的局域网/广域网的计算系统构建中发展起来的。网络作为重要的系统性、开创性创造，可追溯到20世纪中期东西方壁垒森严的“冷战”时期。自1969年互联网发明后，处于特权地位的中心被解构了。取而代之的是每个中心点，这些点既是重要的，也是不重要的。1997年，微软（Microsoft）公司总裁比尔·盖茨（Bill Gates）先生在演说中提出“网络才是计算机”，引起了全世界共鸣。人们改变了观念，进入了崭新的互联网时代。

在Web应用和信息技术高速发展的时代，一方面互联网应用环境日趋复杂，大数据、高维文件激增；另一方面，伴随着手机等移动终端的普及，用户对资源的共享需求成为常态。如何应对压力，以及满足用户按其喜好和需求索取和使用计算、存储能力，是现在面临的机遇和挑战。

2006年8月9日，谷歌首席执行官埃里克·施密特（Eric Schmidt）在搜索引擎大会（SES San Jose 2006）第一次正式提出“云计算”的概念。世界上已知最早使用“云计算”（Cloud Computing）一词的印刷物是1996年康柏公司

(Compaq) 内部的一份商业计划书——他们将互联网业务的未来称为“云计算”，这算是现代意义上的“云计算”的首次现身。“海计算”这个概念是2009年提出来的。海计算是一种新型物联网计算模型，通过把客观世界中的物体融入计算、存储、通信能力和智能算法，实现物物互联，通过多层次组网、多层次处理原始信息，将原始信息尽量留在前端，提高信息处理的实时性，缓解网络和平台压力。

云计算和海计算

云计算的正式流行始于谷歌、IBM、亚马逊等公司对云计算相关业务的大力投入。2007年10月，谷歌与IBM开始在美国大学校园，包括卡内基梅隆大学、麻省理工学院、斯坦福大学、加州大学柏克莱分校及马里兰大学等，推广云计算计划。这项计划希望能降低分布式计算技术在学术研究方面的成本，并为这些大学提供相关的软、硬件设备及技术支持（包括数百台个人电脑及BladeCenter与System x服务器，这些计算平台将提供1 600个处理器，支持包括Linux、Xen、Hadoop等开放源代码平台）。而学生则可以透过网络开发各项以大规模计算为基础的研究计划。① 云计算运行示意图如图1-4所示。

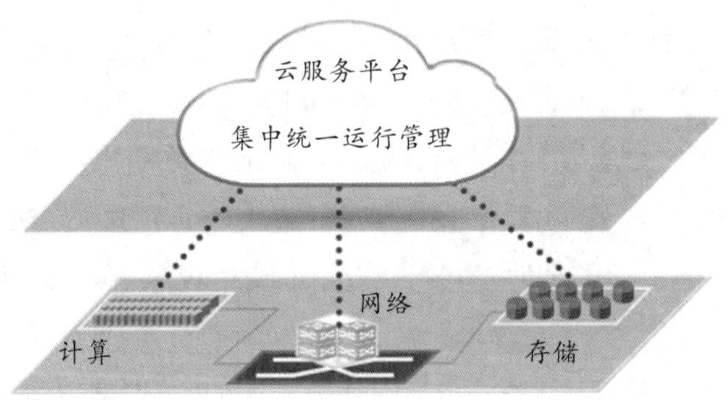

图1-4 云计算运行示意图

2015年1月30日，我国出台了《国务院关于促进云计算创新发展培育信息产业新业态的意见》，提出了云计算是推动信息产业发展的全新业态，是信息化

① 王启隆. 历史上的今天［EB/OL］.（2022-08-09）. https://blog.csdn.net/Byeweiyang/article/details/126242246.

发展的重大变革和趋势。

海计算是基于物联网的，把智能推向前端的计算。智能化的前端具有存储、计算和通信能力，能在局部场景空间内前端之间进行协同感知和判断决策，对感知事件及时作出响应，具有高度自治性。海计算为用户提供基于互联网的一站式服务，是一种最简单可依赖的互联网需求交互模式。用户只要在海计算输入服务需求，系统就能够明确识别这种需求，并将需求分配给最优的应用或内容资源提供商处理，最终返回给用户匹配的结果。例如，高通公司研发的智能灯泡，就是一种海计算的应用产品，它通过Wi-Fi与移动设备或家用电器连接，可以实时检测异常，通过颜色变化吓跑小偷，并把温度、湿度、安全异常信息发送到主人的手机。

早在1979年，美国著名的计算机专家魏泽尔在《科学美国人》上发表的文章 *The Computer for 21st Century* 中说到，文字是人类社会最古老，也是最好的信息技术。文字可以存储信息，也可以传播信息，文字非常易于使用，当你使用它时，不会意识到在使用它。因此，这个世界到处充满文字。他大胆地预言：未来技术将具有文字的特征——为人类使用，但不为人所知，且无处不在。他还专门创造了一个当时看来有些生僻的词语“Ubiquitous Computing”，即“普适计算”，意为计算无处不在。

现在，这个世界似乎正沿着魏泽尔所预言的轨迹变化：光纤通信和移动通信加速宽带化，物联网正逐步成熟，智能终端的大范围普及，智能手表等智能穿戴设备随处可见，我们正在走向一个机器与人共生共享的社会，走向一个“连接一切”的社会，走向一个虽然瞬息万变，但一切趋于结构化、数据化、可管理化的社会。

（二）科学思维的兴起

科学是人们对自身及周围客观世界的规律性的认知。随着各种认知活动的不断丰富和深化，逐渐形成了对某些事物比较完整且系统的知识，科学由此产生。一种思维模式实际上就是一种看待世界和认识世界的方法和观点，也就是我们所说的世界观，任何思维都是以产生某种结论为目标的。对于结论的判断标准，构成了思维模式的独有特质。科学思维是指在人类科学活动中所使用的思维方式，人类在认识世界和改造世界的活动中离不开思维活动，因而科学思维孕育而生，并逐渐形成和发展起来。

1. 什么是科学思维

(1) 思维的概念。

思维是一种心理现象，也是一种反映，它是认识世界的一种高级的反映形式。具体说，思维是人脑对客观事物的一种概括的、间接的反映，它反映客观事物的本质和规律；思维是在人的实践活动中，在感性认识的基础上，借助于语言，且以知识为中介而实现的。实践活动是思维的基础，表象是对客观事物的直接感知过渡到抽象思维的一个中间环节，语言是思维活动的工具。（王荣良《计算思维教育》）思维的发展历程是从原始思维到抽象思维，再到科学思维的萌芽以及发展的过程。

思维的发展历程

关于“思维”的探讨，可以追溯到原始社会时期，但到目前为止，人类学家们并没有形成一致的认识。法国社会人类学家列维·布留尔将“原始思维”的具体特征概括为“集体表象”“前逻辑”和“互渗律”三个互相联系的概念。“集体表象”是指一个群体共有并世代相传的那些神秘的观念，其中虽有“整体印象”的智力成分，但感情或运动因素很多，因而主观色彩很浓。这些表象的联结与活动不受逻辑规律的支配而靠“神秘的互渗”起作用。例如有些“野蛮人”宣称，他们的图腾动物就是他们自己，他们自己也是图腾动物。尤其是这种思维完全不关心矛盾（它可以容许同一实体在同一时间存在于两个或几个地方，容许单数与复数同一、部分与整体同一等）。所以从表象关联的性质上看，列维·布留尔又把这种思维叫作“原逻辑的思维”。概言之，在布留尔看来“原始人”的思维就是以受互渗律支配的集体表象为基础的神秘的、原逻辑的思维。（列维·布留尔《原始思维》）

我们在承认原始思维的神秘性、混沌性的同时还应注意到它实在性的一面。况且人类思维能力是不断进化的，随着原始人改造自然的能力不断加强，其思维也由低级向高级不断进化，考古学证明人类的抽象思维能力在旧石器时代中晚期就已形成。

正如英国人类学家马林诺夫斯基所说：“倘若科学是一套规则与概念，以经验为依据，以逻辑的推论为起点，包括在物质的成就与固定的传统里面，用某种社会组织来延续——倘若科学是这样，则最低的野蛮社会也毫无疑义地具有科学的起点，不管是怎样初始的起点。”（马林诺夫斯基《巫术科学宗教与神话》）

科学作为人类认识自然的活动，是对自然界客观规律如实正确的反映。原始人的日常生产活动水平虽然极其低下，但古代人类要获取食物、在恶劣的自然环境中求得生存繁衍就必须去认识自然，因而必然逐步积累了关于自然的正确认识。“人渴望知道眼前发生的每一件事的动因，渴望知道他所观察的事物的某种状态是这样，而不是那样的原因。这种渴望不是高级文化的产物，而是在最低级文化阶段上业已表现出来的人类特征。在粗野蒙昧的人中，精神需要就已经出现了。为了满足这种需要，人们费去了除战争、操练、饮食、睡眠之外的大部分时间。即使是在博托库多人或澳大利亚人当中，他们每天的经验都带有‘科学思维’的萌芽：他们学会了为获得某种结果而完成某种动作，学会了观察在其他情况下动作和某种结果的一贯性，学会了由结果再返回到引出这个结果的原因来作结论，以及用事实来证明自己的结论。”（泰勒《原始文化》）

（2）思维的特质。

人类社会发展的历史是人们不断创新的历史。科学的发明和创造，是靠人的思维来实现的。思维存在于人脑之中，可以用文字、符号来表征。思维最初是人脑借助语言对事物的概括和间接的反映过程。思维以感知为基础，又超越感知的界限。通常意义上的思维，涉及所有的认知或智力活动。它探索与发现事物内部的本质联系和规律性，是认识过程的高级阶段。思维对事物的间接反映，是指它通过其他媒介作用认识客观事物，以及借助已有的知识和经验、已知的条件来推测未知的事物。

思维的特质包括：

①概括性。

思维的概括性表现在它对一类事物非本质属性的摒弃和对其共同本质特征的反映。思维是在人的感性材料基础上，把一类事物的共同本质特征的规律抽取出来加以概括。（王荣良《计算思维教育》）概括性是思维最显著的特点。感觉、知觉只能反映个别事物或事物的个别属性，而思维则能反映一类事物的本质和事物之间的规律性联系。思维主要是通过抽象的过程，在思想上区分出事物的本质和非本质属性，从而提炼出本质属性，舍去非本质属性，同时区分出某种事物的一般的、共同的属性或特征，从而将区分出的某事物的本质属性或特征推广为同类事物的本质属性和特征。例如，“笔”有铅笔、钢笔、毛笔、马克笔、画笔、彩笔、粉笔等，具有不同的形状、长短、粗细、颜色、材质和结构等外部特征，但是“笔是人类创造的专门用来书写的工具”就是笔所具有的概括性特质。

②间接性。

所谓的间接性，是指非直接地、以其他事物作为媒介来反映客观事物。思维是凭借知识经验对客观事物进行的间接反映。例如，医生在看病的时候，会根据病史间接了解病人的具体情况，结合医学知识和临床经验，对病人的现状作出判定并给出治疗方案。思维还可以凭借着知识经验，对没有直接作用于感觉器官的客观事物加以反映。例如，考古学家通过现存的古迹遗址、古董物件、古文记载推测古代王朝的经济情况、生活情境。

③问题性。

思维指向解决某个任务或问题。当人们在实践活动中接触到某种新的、不能理解的事物时，会因为好奇心而主动认识它，或者因其他客观原因被迫去揭示和理解它，从而达到解决问题的目的。思维过程主要是解决问题的过程，在因果关系上，它受人类认识未知事物的程度所限制。

④能动性。

思维是客观世界在人脑中的主观反映，但是思维不是被动的，它具有能动性。首先思维能认识和反映世界，这种反映和认识是有选择的。其次，思维能动性的主要表现是思维对客观世界的改造。思维能动性不仅在于主动地、有选择地认识世界，也不仅在于认识事物的本质和固有规律，更在于通过实践对世界的认识和对世界的改造，把思想化为行动，使得世界符合人的目的，使得世界打上人类意志的烙印。最后，思维的能动性表现在思维对人的大脑和生理的作用。

(3) 思维的过程。

思维是人类所具有的高级认识活动。按照信息论的观点，思维是对新输入的信息与脑内储存的知识经验进行一系列复杂的心智操作的过程。马克思在谈到人类思维的起源和发展过程时指出：“思维过程本身是在一定的条件中生长起来的，它本身是一个自然过程。”（马克思、恩格斯《马克思恩格斯选集》）

思维作为人脑的机能，当然有其自然的方面。同时，思维又和人类的实践活动密切联系。从发生上说，思维起源于劳动。劳动创造了人类，也创造了人的思维。正是在劳动的过程中，人的抽象和推理能力才能发展起来。每一个个体的思维活动，都是在实践的基础上进行的。实践为思维提供了感性材料，事物的本质也是在实践中逐步显露出来，从而被人类所认识。也就是说人的思维所服从的规律和规则，也是从实践中产生出来的。这些规律和规则是实践活动中所显示出来的客观现实关系的概括化反映。

2. 三大科学思维

从科学发展的历史来看，理论科学和实验科学是两个典型的学科类，同时也形成了独特的学科形态。数学是理论科学中的典型学科，对应的是数学思维或理论思维。物理是实验科学中的典型学科，对应的是物理思维或实验思维。随着计算机科学与技术学科的研究与应用的深化，计算开始作为理论与实验之外的第三种学科类，成为第三种从事一类学科研究与发展的文化方式。

目前，自然科学领域公认的三大科学方法是：理论方法、实验方法与计算方法①。而每一种科学方法都可被划分为思想方法与操作方法两个层面，如果说其中思想方法层面大致被视为是思维方法层面的话，则与三大科学方法相对应，有三大科学思维，即理论思维、实验思维和计算思维。

（1）理论思维。

理论思维即人们运用概念、判断、推理等把感性认识抽象成理性认识。我国当代著名的认识论专家冯契先生认为理论思维就是“用概念来摹写和规范现实，化所与为事实，揭示事物之间的本质联系”②。

（2）实验思维。

在计算机出现之前，科学研究和工程设计主要依靠实验或试验来提供数据，计算处于辅助地位。实验思维起源于物理研究。实验思维形成的过程是从物理视角探索客观事物的本质、内在规律及相互关系的认识过程，也是基于经验事实建构理想模型的抽象概括过程；是分析综合、推理论证等方法的内化过程，也是基于事实证据和科学推理，对不同观点的结论进行质疑、批判、检验和修正的过程。

（3）计算思维。

计算思维作为一种与计算机及其特有的问题求解紧密相关的思维形式，让人们可以根据自己的工作和生活需要，在不同的层面上利用这种思维方法去解决问

---

① HSU C L, WU T S, WU T C. New nonrepudiable threshold proxy signature scheme with known signers [J]. Journal of systems and software, 2001, 58 (2): 119-124.

② 哈贝马斯. 现代性的地平线 [M]. 李安东，段怀清，译. 上海：上海人民出版社，1997：46.

题。早在20世纪下半叶，因为受计算机等同于编程的观念的影响，那时的学者认为计算思维与计算机编程密切相关，将计算思维等同于程序思维和算法思维。

3. 三大思维的关系

20世纪80年代关于理论思维和实验思维的主题有很多，存在很多的方法论。从理论思维落实到实验思维，中间经历了很多转化，中间环节的转化依赖于计算思维将复杂问题分离成合理的部分，从而有助于学习者习得问题解决、算法设计、软件与项目设计等内容，从而完成理论思维到实验思维的转变、实现教学目标。①

理论思维是系统化的理性认识思考，实现理论思维到实验思维的应用，中间包含了许多黑盒式的转化，同理，从实验思维到理论思维，也存在黑盒式的转化。理论思维和实验思维的相互转化过程被忽视，计算思维刚好成为两者的中间过程。

三大思维都受到目标的支配。从理论思维到实验思维，实验思维蕴含和吸收理论思维；从实验思维到理论思维，理论思维有机兼容与主动投射实验思维，计算思维成为联结两者的中间环节（如图1-5所示）。② 三大思维的统一性将为解决理论思维与实验思维的交互共生形态问题提供新方法。

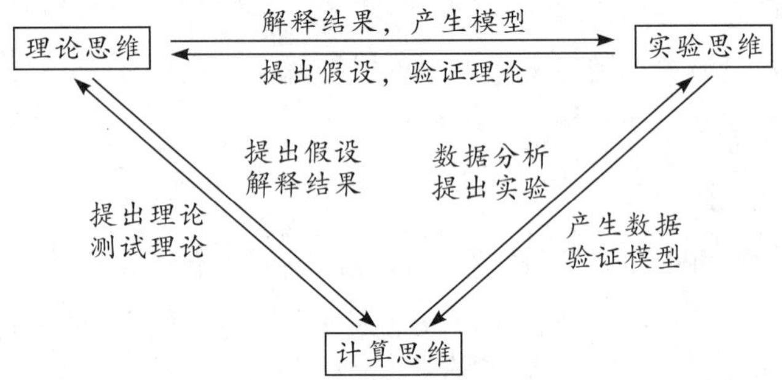

图1-5　理论思维、实验思维与计算思维关系图

① 何明昕. 关注点分离在计算思维和软件工程中的方法论意义［J］. 计算机科学，2009，36（4）：60-63.

② 龙宝新．“互涉”与“互摄”：教育理论与教育实践关系的时代解读［J］. 教育研究，2012，33（9）：32-37，43.

二、 计算思维的内涵

（一）计算思维的学科起源

学科是学术的分类，指一定科学领域或一门科学的分支，是一个相对独立的知识体系。自然科学、社会科学、人文科学组成了人类的学科大类。在每个学科大类下，还有具体的学科，比如数学、物理、化学等。一个独立的学科，有相应的研究对象、理论体系、学科思维与方法。研究对象确定了该学科的研究领域；理论体系是指对应的概念、原理、命题和规律等构成的知识体系；学科思维与方法是指学科知识的研究与生成方式。

1. 计算学科

计算作为一门学科，是经过长期探索研究最终确定的。计算学科的基础深深根植于数学和工程学，吸收了数学的“分析”和工程学的“设计”。同时，计算学科还应该包含自己的理论、实践方法和工程学。

计算作为一门学科，其基本要素主要包括了研究对象、理论体系和方法论三个方面。从最开始的 ACM 报告到后续科学家的不断探讨，我们发现，其核心问题是计算学科有没有自己的“新思想方法”。这种“新思想方法”应该是对计算领域几十年来的概括和总结，目标就是要构建计算学科自己的方法论。因而，学术界很多研究者在“新思想方法”的基础上对计算学科的方法论展开了研究。

计算学科的三大问题

1985 年，ACM 和 IEEE-CS 联合对“计算作为一门学科”作了存在性证明。经过四年的努力，ACM 工作组提交了研究报告《计算作为一门学科》（*Computer as a Discipline*），报告刊登于 1989 年 1 月的 *Communic Ations of the ACM* 杂志上。

首先，计算学科的定义。计算学科是对描述和变换的信息的算法过程进行的系统研究，包括理论、分析、设计、效率、实现和应用等。计算学科包括对计算过程的分析以及计算机的设计和使用。计算学科的研究包括从算法与计算性的研究到跟进可计算硬件和软件的实际实现问题的研究，涉及理论研究、实验方法和工程设计，反映了学科的广泛性。

其次，计算学科的核心课程设置。报告中把计算学科划分为九个子领域：算法与数据结构、程序设计语言、体系结构、数值符号计算、操作系统、软件方法与工程、数据库与信息检索、人工智能与机器人、人机交互。每个子领域都有自己的研究问题和对象，以及相关理论。

最后，构建计算学科课程。基于前面的基础，整个科学的综述性引导课程构建，寻求一种统一的思想来认识计算学科的本质，并对计算学科进行系统化和科学化的描述。

2. 计算机学科

几千年以来，计算一直是数学中人们最关心的内容。在人类历史上，很多物理现象用数学方程式表示，即用数学的方法对物理现象进行模型化，并通过计算该方程式对物理现象进行预测。随着计算的复杂度越来越高，人们对计算的范围、精度、广度、速度的要求也相继提高，计算逐步从简单计算发展到复杂计算，也就是我们说的科学计算。其复杂度往往超越人脑运算的能力，因此必须使用计算机进行求解。

计算机学科的诞生

自 20 世纪 30 年代起，数学家们围绕计算理论开展研究，尝试寻求计算的数学理论模型，弄清计算的极限。由于图灵和冯·诺依曼等人的贡献，存储程序式通用计算机在 20 世纪 40 年代问世，人类使用自动计算装置代替人工计算和手工劳动的梦想成为现实。计算机的诞生就是为了更快、更准、更精确地为计算服务。20 世纪 50 年代后期，高级程序设计语言的发展促进了硬件、软件与理论的融合，计算的数学理论、通用电子数字计算机系统、科学计算、高级语言程序设计等多方面的研究使得计算机科学作为一门学科出现。1980 年，IBM 推出了个人电脑——PC（Personal Computer），正是因为个人计算机的普及以及 IBM PC 技术资料的公开，企业和个人得以在其计算机系统上开发软件和硬件，这种开放性的思想促进了计算机学科的建立。

（二）计算思维的概念

计算思维作为计算时代的新产物，是一种可以灵活运用各种计算工具与方法求解问题的思维活动。计算思维早在20世纪50年代就开始出现，随着人们对计算思维的深入研究，国内外知名的专家学者们在不同时期，对计算思维进行了多维度的解读。

1. 西摩·帕尔特的“程序性（表征性）”计算思维

1980年，计算思维的概念在麻省理工学院（MIT）西摩·帕尔特（Seymour Papert）教授的《头脑风暴：儿童、计算机及充满活力的创意》[①]（*Mindstorms: Children, Computers, and Powerful Ideas*）一书中首次被提及。西摩·帕尔特使用LOGO编程语言教授学生数学概念时发现，计算机编程可以影响学生的思维。他发现程序思维强调学生使用程序化表征和符号系统来解决问题，像“计算机一样思考”的“程序思维”将是学生思维技能的重要组成部分。1996年，西摩·帕尔特教授在发表的文章中第一次界定了“计算思维”，指出计算思维是使用计算表征的功能表达重要观点，使其更加清晰、明了的过程。[②]

2. 周以真对计算思维概念的迭代定义

周以真教授提出的计算思维，经过了四次的迭代完善。2006年，她首次提出计算思维的概念，认为计算思维是运用计算机科学基础概念，进行问题求解过程中的一系列的心智技能集合。2008年，她指出计算思维是数学思维、工程思维和科学思维的综合应用。2010年，她再次丰富了计算思维的内涵，认为计算思维是一种解决问题的思维过程，要能够形式化表达问题解决方案。2011年，她指出计算思维是形成问题和制订问题解决方案的思考过程，并能将解决方案表示成能够通过信息加工代理有效执行的方式。综上所述，周以真教授认为计算思维是一种运用计算机学科基础知识和概念，在问题解决的不同阶段运用多种思维的综合分析思维，并能够将问题解决方案描述成信息加工代理有效执行的形式。

3. 美国（ISTE & CSTA 2011）K-12教育计算思维操作定义

2011年，美国国际教育技术协会（ISTE）和计算机科学教师协会（CSTA）

---

① PAPERT S. Mindstorms: children, computers, and powerful ideas [M]. New York: Basic Books, 1980: 285-286.

② 刘敏娜，张倩苇. 国外计算思维教育研究进展 [J]. 开放教育研究，2018，24 (1): 13.

与来自高等教育、工业和K-12教育领域的负责人联合推出了针对中小学K-12教育计算思维能力的操作定义。这个定义不仅将计算思维描述为问题过程，还给出了计算思维六个阶段要素（如图1-6所示）。

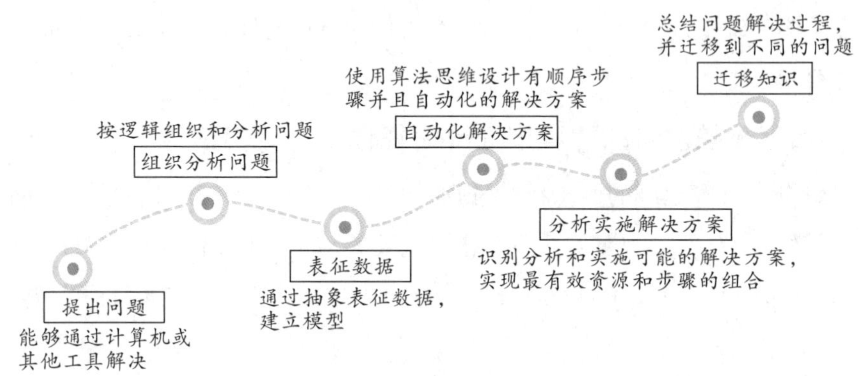

图1-6 计算思维六个阶段要素

2011年，计算思维被纳入美国《K-12计算机科学标准（2011）》。K-12教育中的核心计算思维概念和能力，包括抽象、数据表示、数据收集、数据分析、问题分解、自动化、并行化、模拟、算法和程序。

4. MIT计算思维三维框架①

2012年，美国麻省理工学院MIT实验室Karen Brennan和Mitchel Resnick的研究小组经过多年的实践研究，从Scratch交互式媒体设计活动的特征出发，建立了计算思维的三维框架，主要包括三个维度：计算思维概念（Computational Concept，指设计者在编程时所使用的概念）、计算思维实践（Computational Practices，指设计者在编程中所发展的实践）和计算思维观念（Computational Perspectives，指设计者形成的有关他们身边世界和他们自己的观念）。而三层框架之下，又细分为不同的部分。具体划分如表1-3：

① BRENNAN K, RESNICK M. New frameworks for studying and assessing the development of computational thinking [C]. AERA, 2012: 1-25.

表 1-3　MIT 计算思维的三维框架

三维框架	项目	具体说明
计算思维概念	顺序	识别某项任务的一系列步骤
	循环	将同一“顺序”执行多次
	并行	同时执行多个事件
	事件	能够触发其他操作的行为
	条件语句	基于条件作出决定
	运算符	支持逻辑计算与数值计算
	数据	存储、检索、更新
计算思维实践	试验与迭代	先开发一些，再尝试一些，让开发更多
	测试与调试	保证运行正确，出现问题时，找出并解决问题
	复用与重组	在已有基础上进行开发
	抽象化与模块化	发掘整体与局部的关系
计算思维观念	表达	意识到计算只是创作的中间步骤
	联系	认识到“与人创造”和“为人创造”的强大力量
	质疑	敢于质疑这个世界

5. Google 计算思维的过程定义

Google 公司的创始人之一拉里·佩奇（Larry Page）、首席执行官桑达尔·皮查伊（Sundar Pichai）和计算机科学家皮特·诺维格（Peter Norvig）都是计算思维的倡导者和实践者，在公司发展过程中他们把计算思维运用于内部各种业务和项目，如搜索引擎、地图、广告系统等。随着 Google 公司不断壮大，计算思维逐步成了 Google 公司的一种核心价值观和工作方式。Google 公司提出的计算思维是指将计算机科学中的思考方式和工具应用到解决问题中的一种思维方式。它不仅仅是一种技术，更是一种思维方式。计算思维的核心是通过分解问题、模式识别、抽象建模、算法设计的过程来解决问题（如图 1-7 所示）。

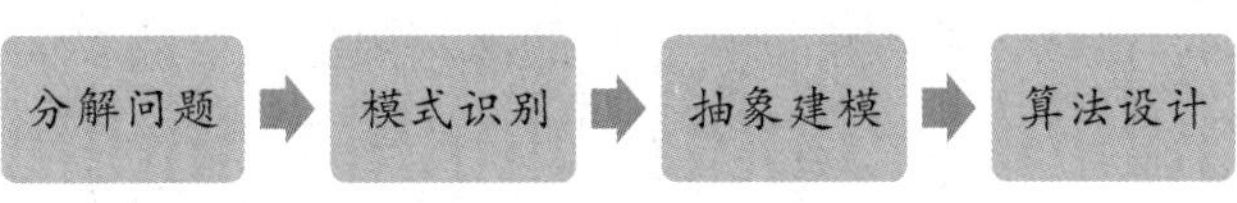

图 1-7　Google 计算思维四步骤

6. 我国信息技术课程标准对计算思维的定义

2018年1月，我国教育部印发《普通高中信息技术课程标准（2017年版2020年修订）》，突出“立德树人”的核心目标，新课标包含了“信息意识”“计算思维”“数字化学习与创新”“信息社会责任”四大学科核心素养。计算思维作为信息技术四大核心素养之一，以其“面向学科”的特性备受关注。高中信息技术新课标中指出，计算思维需要采用计算机领域的学科方法界定问题、抽象特征、建立结构模型、合理组织数据；通过判断、分析与综合各种信息资源，运用合理的算法形成解决问题的方案；总结利用计算机解决问题的过程与方法，并迁移到与之相关的其他问题解决中。计算思维具体表现为解决问题过程中的形式化、模型化、系统化、自动化。

2022年4月21日我国《义务教育信息科技课程标准（2022年版）》出台，计算思维被定义为：个体运用计算机科学领域的思想方法，在问题解决过程中涉及的抽象、分解、建模、设计算法等思维活动。具备计算思维的学生，能对问题进行抽象、分解、建模，并通过设计算法形成解决方案；能尝试模拟、仿真、验证解决问题的过程，反思、优化解决问题的方案，并将其迁移运用于解决其他问题（如图1-8所示）。新课标中强调，计算思维是信息科技教育的基础和核心，学生应该通过学习计算机科学的基本知识和技能，培养计算思维能力，提高解决实际问题的能力和创新能力。

图1-8　2022年义务教育信息科技新课标中的计算思维要素

7. 王荣良教授对计算思维的多角度解读

我国著名计算机科学家和教育家——王荣良教授，对计算思维的探究是深刻且融入教学中的。他认为要理解计算思维的深刻内涵，要从多个角度认识计算思维。

计算思维是一种反省的、有目标的、科学的思维。从计算机科学视角分析，计算思维作为源于计算机学科的思维，是以计算机为具体事物，围绕计算机这一事物的表象，或者通过表象形成概念、规则等进行分析、综合、判断、推理等一系列的认知活动。

从计算机专业的从业人员角度分析，计算思维是以解决计算机学科问题为目标，开展研究、设计与应用等行为活动的一种与众不同的思维。从计算思维角度分析，拥有计算思维的人不一定是计算机专业从业人员，拥有计算思维的人可以是计算机科学家、计算机专业从业人员、计算机应用人员甚至是一般人，一般人拥有的计算思维被称为大众计算思维。大众计算思维支持与计算机相关的应用与设计活动，且以计算机应用为主，设计活动则是针对非计算机专业类的应用学科。但是，无论是专业计算思维还是大众计算思维，都以计算机学科的方法论为基础，按照适应计算机求解问题的基本描述和思维方式考虑问题的描述和求解。

8. 计算思维五论说

国内外不同学者从各自的角度对计算思维进行了界定，他们用词频分析法筛选已有概念的核心词汇，通过核心词汇的词频、出现率等指标反映其重要性，提出了计算思维五论说。

第一，问题解决说。问题解决说是业界关于计算思维较为共性的认识，计算思维可能存在多种属性，但是问题解决是其必备的属性之一。[①] 计算思维的核心是将大的问题分解成很多小的问题直到小的问题能够自动化解决。

第二，系统说。计算思维被界定为人对自然、社会及其相关交互的深度理解，是一种系统性的思维，要注重人对现实世界及其规律的认知。

第三，过程说。过程说的发展具有一定的历史，是指将计算思维看作一种信息处理的过程。这个过程可以通过计算机等工具来模拟和实现。过程说的主要特点是强调计算思维中的计算特征，即通过一系列的计算过程来解决问题。

第四，活动及方法说。不少研究者从行为学角度出发，认为计算思维本质上是一种活动，同时也是思考问题的方法，是人们认识世界及改造世界的方法论及实践论。[②]

第五，工具说。工具说在计算机工程领域，尤其在机器学习方向较为流行，“工具理性主义”倾向较为显著，其基本观点可以表述为计算思维是解决现实问

① 张立国，王国华. 计算思维：信息技术学科核心素养培养的核心议题［J］. 电化教育研究，2018，39（5）：7.

② 张立国，王国华. 计算思维：信息技术学科核心素养培养的核心议题［J］. 电化教育研究，2018，39（5）：7.

题的工具。①

由此可见，“过程说”突出了复杂系统设计及计算的过程，“活动及方法说”更加注重人们的现实行为，“工具说”则将计算思维看作问题解决的工具。计算思维概念的发展经历了从“计算机科学中的思维方法”到“社会领域的思维方法”的转变，其聚焦对象也从“计算机算法”转向了社会的主体——“人”。不同概念的界定有其理论及技术发展的局限性，无论是“问题解决说”还是“系统说”，乃至“过程说”，都不能有效地涵盖计算思维的核心意蕴，不足以凸显基础教育阶段信息技术课程的基础性、思想性及社会性的价值。

综上所述，计算思维是计算学科最本质的东西，它从学科思维这个层面直接讨论学科的本质问题与学科的思维方式，计算思维的本质是抽象和自动化。计算思维的抽象更丰富、更复杂，它超越物理的时空观，可以完全用符号表示。计算思维的抽象，是为了最终能够机械地按步骤自动执行和解决问题。因此为了确保机械地自动化，抽象过程中必须进行精确、严格的符号标记和建模。

（三）计算思维的特征

周以真教授在对计算思维概念作出相应解释后，为了帮助人们更清晰地理解计算思维，她进一步从以下六个方面对计算思维的特征进行界定：

1. 计算思维是人的思维，不是计算机的思维

刚接触计算思维概念之初，人们对其的理解容易产生偏差，部分人会误把计算思维等同于计算机思维，认为计算思维就是像计算机一样认识。计算思维是人的思考，它不是对计算机的认识，也不是像计算机那样思考。它是人类求解问题的一种思维方式。计算机是教条、刻板、按部就班的，是人类的思维让计算机具备了生命力。

人工智能中的计算思维

计算思维作用的人工智能领域是当代最具代表性的技术之一，其发展离不开三大要素：算法、数据和算力（见图 1-9）。“算法”是机器智能的灵魂所在，

① 张立国，王国华. 计算思维：信息技术学科核心素养培养的核心议题［J］. 电化教育研究，2018，39（5）：7.

从模式识别到机器学习，人类开发的算法不断推动着人工智能的发展。“数据”挖掘技术更是让机器学习如虎添翼，为人们预测和决断提供坚实基础。“算力”被称为支撑人工智能走向应用的“发动机”，指机器通过不断提高计算能力来满足算法运行和数据处理的需求。显而易见，这三要素都是人类思维和智慧的凝结。在人工智能发展的过程中，机器只是借以解决问题的工具，如果没有人的思维参与其中，人工智能不可能得以实现。同时，人们解决问题依靠机器强大的计算能力，因此具备良好计算思维的人，一定是很好地理解计算机如何工作的人。

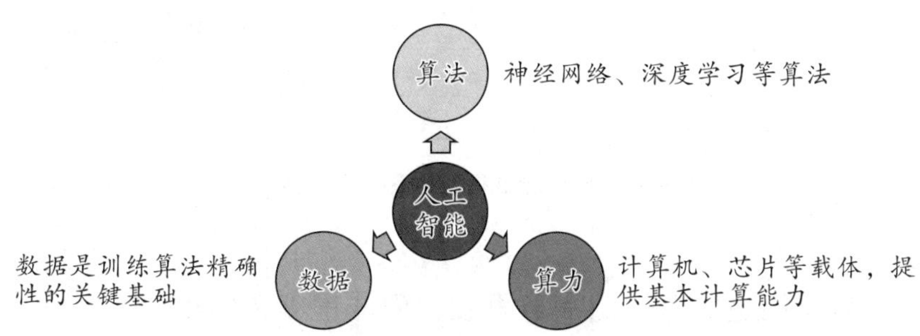

图 1–9　人工智能三大要素

2. 计算思维是思想，不是人造物

首先，计算思维是思想。MIT 给出的“计算思维三维框架”将计算思维分解为“计算概念”“计算实践”与“计算观念”三个维度，“计算概念”与“计算观念”是计算学科最基本的解决问题的方法与习惯，它们是人类解决问题的思想方法，指导着人们通过“计算实践”创造性地解决问题。其次，计算思维不是人造物。从本质上讲，虽然人们利用计算思维解决实际问题时，常常会以各类软、硬件资源的形式来呈现成果，但是计算思维指向的不是具体的人造物，而是指向问题解决过程中人们使用的思想。

人脸识别中的计算思维

随着技术的发展，人脸识别技术已经非常成熟，被广泛应用于门禁管理、考勤管理、刷脸支付等场景。虽然人脸识别系统是人们利用计算思维设计出来的，但计算思维并非系统本身，而是体现在系统设计中的计算思想、方法和过程。设计者利用其计算思维参与到项目启动、需求分析、编码（迭代开发与迭代测试）、测试、发布的全过程中（如图 1-10 所示）。

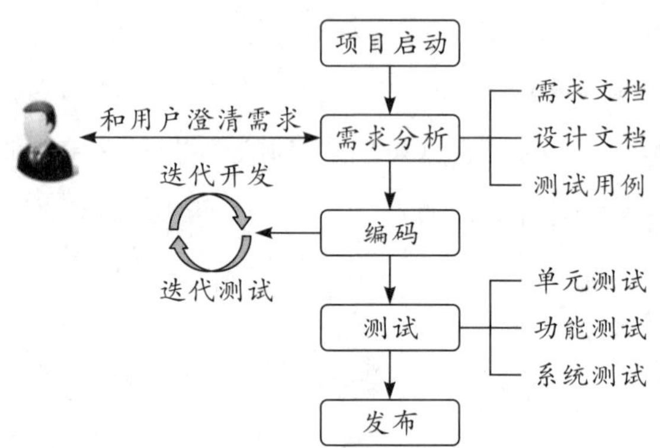

图 1-10　计算思维参与的系统开发全过程

3. 计算思维是概念化的抽象思维，而非程序化思维

周以真教授指出计算思维是要让人们像计算机科学家那样去思考，能够运用计算机科学的基础概念进行问题求解、系统设计以及人类行为理解等涵盖计算机科学之广度的一系列思维活动。同时周以真教授指出，计算思维的本质是 abstraction（抽象）和 automation（自动化），这就意味着计算思维远不止编程，还要求能够在抽象的多个层次上思考。计算思维是一种思维模式，它主要包括问题分解、模式识别、抽象及算法设计四个过程。计算思维不是编程技术或工具。人们通过编程来实现算法，编程仅是计算思维实现自动化的手段。

4. 计算思维是数学思维与工程思维的互补与融合

2010 年，周以真教授指出计算思维是与“形式化问题”及其“解决方案”相关的思维过程。“形式化问题”靠的是数学思维。人们通过数学思维形式化地表达现实问题，将现实问题转化为可计算问题，此过程是问题解决的前提。从这一角度看，数学思维是物理世界与计算机世界的联结，是计算思维的基础。“解决方案”的设计具备工程特性。人们在应用计算思维进行问题分解、系统化分析、结构化程序设计时，同时要应用工程思维。因此，计算思维不是单一的数学思维或工程思维，而是两者的互补与融合。

姿态识别中的计算思维

人体姿态识别是计算机视觉研究领域的一个研究热点，通过对人体姿态的识别可以获取比语言更加精准的信息，因此具有广泛的应用前景。现在姿态识别的应用研究主要侧重于：步态识别安防、体感游戏、异常行为检测、体育训练、人机交互、短视频特效等方面。在人们应用计算思维解决姿态识别的过程中，很好地体现了数学思维和工程思维的融合。人们使用工程思维系统性地思考，分析整个项目的关键要素，思考怎么在逻辑、顺序以及功能方面进行有效连接；再使用数学思维对具体问题进行建构，把人体首先想象成由多个关键点连接的结构；最后通过关键点坐标的变化来检测特定部位的运动，将问题转化为可计算问题。

5. 计算思维是基础的技能，不是机械的技能

随着人工智能、大数据、云计算等新兴技术的发展，其所隐含的计算方法已经融入人们的实践应用中，并成为衡量一名合格的数字公民的标准。计算思维这种基础性技能不是生搬硬套的机械技能，也不是一种简单、机械的重复，而是一种能够被广泛应用于生活，帮助人们全面理解和适应数字化社会的基础技能。

蒋宗礼教授提出计算思维作为一种基础技术，其能力的培养需要做到如下几点：建立“计算”的基本意识；了解“计算”的基本功能；掌握“计算”的基本方法；会用“计算”的基本工具；具备“计算”的基本能力。[①]

6. 计算思维面向所有人，所有领域

在这个数字化时代，计算几乎已经深入人们生活的所有领域，计算思维必定成为衡量人们能否适应这个时代的标准。一个人若不具备计算思维能力，必将在从业竞争中处于劣势；一个国家若不能使广大受教育者都得到计算思维能力的培养，那么这个国家将容易在竞争激烈的国际环境中处于落后地位。因此，计算思维能力不仅是计算机专业人员应该具备的能力，也是所有受教育者应该具备的能力。[②] 计算思维就如所有人都应该具备的读、写、算的能力一样，要人人会用、处处可用，成为人们必备的一项思维能力。

① 蒋宗礼. 计算思维之我见 [J]. 中国大学教学，2013（9）：6.
② 蒋宗礼. 计算思维之我见 [J]. 中国大学教学，2013（9）：6.

三、计算思维教育

随着人类进入数字化时代，数字技术已经将物理世界重构为数字世界，人们生活的重心也从原子世界步入比特世界。现在人们热衷谈论的话题多与大数据、物联网、新能源、人工智能、生命科学、太空探索等相关，计算机和移动设备也逐渐消失在其他物体中：自清洁衬衫、无人驾驶汽车、服务机器人、智能门把手，乃至一粒能够进行智能服药监测、健康监测、内窥镜检查的智能药丸。正像尼葛洛庞帝说的："我们将住在计算机里，把它们穿在身上，甚至以它们为食。"① 作为新一代的数字原住民，人们生活方式的改变究其根本靠的是计算，因此人们计算思维构建的好坏会直接影响其自身生活状态的好坏。

（一）计算思维教育的历史延承

计算思维源于计算机科学，又高于计算机科学，它不仅作用于计算机专业领域，还作用于所有与计算相关的学科和领域，并且与我们的生活密不可分，它被认定为一种普适的技能。虽然，近年来各国才开始积极筹划并实施计算思维教育，但其实计算思维教育的历史早已开始。从某种程度上来讲，计算思维教育的出现伴随或早于计算学科教育的产生，只是当时不够清晰化和系统化。李锋和王吉庆两位教授在《计算思维教育：从"为计算"到"用计算"》一文中指出，计算思维教育的历程可以划分为"计算知识接受""认知工具应用"和"普适性价值推广"三个阶段。②

1. 知识取向的计算思维教育

计算机科学成为一门真正的学科是在 20 世纪 60 年代，从 70 年代末开始，个人计算机的兴起引起国际教育界的关注，世界许多国家纷纷将计算机纳入中小学教育内容，此时可认定为计算思维教育的萌芽期。

计算思维教育的萌芽

《因计算机而强大》一书的作者，美国计算机教育家西摩·佩珀特认为：

① 尼葛洛庞帝. 数字化生存［M］. 胡泳，范海燕，译. 北京：电子工业出版社，2017：18.

② 李锋，王吉庆. 计算思维教育：从"为计算"到"用计算"［J］. 中国电化教育，2015（10）：6-10.

“计算机可以将儿童的认知思维具体化，儿童在通过计算机做各种整改的过程中，可以学会学习、掌握方法和发展能力。”1968 年，他与 MIT 的同事一起发明了 LOGO，这是一种专门针对儿童教育的编程语言，致力于帮助儿童掌握计算机思考的方式，以此来影响学生的思维。

1981 年 8 月，苏联计算机教育家叶尔肖夫提出了“程序设计是第二文化”的观点，他指出，人们生活在一个程序设计的世界里，人类的工作、生活和学习的方式与计算机运行原理相似。人们善于还是不善于编排与执行自己工作的程序，是人们能不能有效地完成各种任务与能不能得到一种有条理生活的重要影响因素。① 该理念强调现代人除了掌握传统的读、写、算的意识与能力外，还应该具有程序设计的意识与能力，程序思维可以帮助我们解决很多现实问题。比如人们排队办事，如果只有一个窗口，那么顾客要花费较长的等待时间。如果多设置一个窗口，那么必定会减少等待时间而占用更大的空间。这里隐含着程序设计中的串行与并行的原理以及时空开销的权衡观点。因此，如果人们掌握了程序设计，人们可以更有效地管理和安排工作和生活。这一观点在某种程度上体现了计算思维教育的目标，希望人们能够应用计算思维有效地管理、安排工作和生活。

在这一时期，虽然思维教育已经开始引起教育界的关注，但是该阶段的教育受到了“计算机文化观”的影响，人们认为计算机课程的核心是传授计算机文化知识。因此在教学中，尽管课程内容以程序设计为主，但更倾向于程序设计语言及程序设计知识的学习。这种过于强调程序读写能力的教育方式，脱离了学生的生活经验，忽略了对学科思维的培养，导致学生的学习兴趣大大下降。

2. 面向认知工具的计算思维教育

进入 20 世纪 90 年代，随着计算机技术、通信技术以及建立在此基础上的网络技术的迅猛发展，微型机开始普及并深入家庭，此时对大多数人来说，人们的主要任务是学会如何使用计算机。此时“计算机工具论”已经被提出（1985 年），计算机教育已经从学习程序设计转向以学习应用工具为主。人们开始意识到计算机可以帮助认知，以及支持学习过程，人们对计算机有了更深层的认识，计算机从应用工具升级为一种认知工具。

① 李锋. 中小学计算思维教育：STEM 课程的视角［J］. 中国远程教育，2018（2）：7.

面向认知工具的计算思维教育

乔纳森教授认为计算机作为认知工具要能够帮助学习者完成认知操作、促进学生思考、形成批判性思维及迁移能力。1996 年，他在《课堂中的计算机：支持批判性思维的认知工具》一书中指出："课堂中的计算机不仅要成为学生操作练习的效能工具，更应是学生思维发展的认知工具。利用计算机应用程序，使学生对正在学习的学科内容进行建构性、批判性的思考。"此时人们开始关注利用各类工具软件在解决问题的过程中，对批判性思维、创造性思维和综合思维的培养。①

进入 21 世纪，网络通信技术发展日新月异，信息总量以几何级数量迅速增长，信息处理手段也越来越丰富，中小学计算机课程逐步被更名为信息技术。学科教育从关注计算机知识和技能的培养转向信息素养的培养，并将信息素养纳入 21 世纪能力素质当中。在此背景下，我国 2003 年制订了《普通高中信息技术课程标准》，以提升学生信息素养为宗旨，强调通过合作解决实际问题，让学生在信息的获取、加工、管理、表达与交流的过程中掌握信息技术，感受信息文化，增强信息意识，内化信息伦理。此时信息技术作为认知工具以"运用信息技术进行实践创新"的方式，来促进学生计算思维的发展。

由于在这个阶段课程内容设置过于侧重认知工具的学习，教师在教学过程容易只注重工具技能操作的训练，而忽略了对利用技术创造性地解决问题的能力的培养，从而没有在真正意义上促进对学生计算思维的培养。

3. 指向普适性价值的计算思维教育

随着高度信息化社会的来临，计算思维已经超越传统计算机环境中"为计算来思维"的学术观念，形成了"用计算来思维"的数字化生存的普适理念，成为信息化社会中人们处理问题的一种重要思维方式。2006 年周以真教授深入探讨了计算思维的内涵，强调计算思维作为人们利用计算机解决问题的一种思维方式，代表着一种普遍的认识和一项普适的技能。

① 李锋，王吉庆. 计算思维教育：从"为计算"到"用计算"［J］. 中国电化教育，2015（10）：6-10.

指向普适性价值的计算思维教育

在这一时期，人们真正意义上地把计算思维作为一种学科独特的解决问题的思维方式，并使其逐步走出学科专业领域，成为数字化生存的一种普适能力，并应用到各个领域中。李锋教授提出计算思维作为信息社会公民的一项普适性能力，其应用特征主要表现为三个方面。其一，掌握信息技术学科领域的思想方法；其二，能够将信息技术学科领域的思想方法与其他领域相结合，探寻利用计算机创造性解决问题的模式，即“计算思维+”；其三，依据学科领域思想方法合理地选用信息技术工具解决问题，并能实现这种解决问题能力的迁移。这是新时代背景下对计算思维提出的新要求，是作为合格的数字化公民必备的基本素养。①

普适性价值取向的计算思维教育旨在让我们能够学会数字化生存，人们要学会应用计算思维，能够把计算思维应用到更广阔的领域，能够把学科思想迁移到相似问题的解决中。举个简单的例子，比如我们要对所有学生进行排队：男生一列，女生一列，这是计算思维中分类的概念，同一列中矮的在前，高的在后，应用了计算思维中的选择排序算法（如图 1-11 所示）。

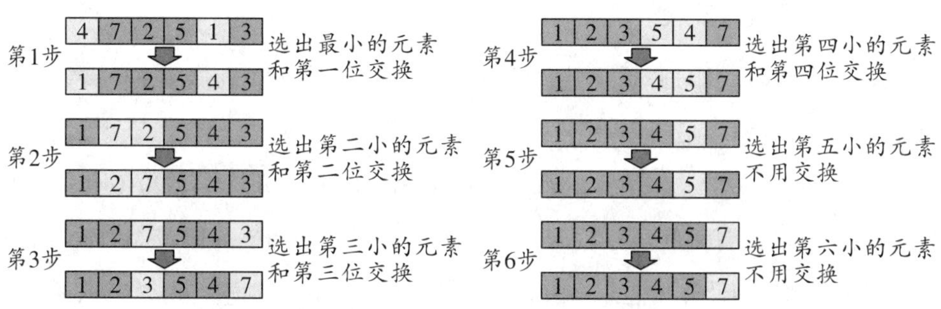

图 1-11 选择排序算法的执行过程

计算思维教育发展从“以知识学习为导向”到“以认知工具应用为导向”再到“以普适性价值为导向”，跨越了学科教育的“文化观”“工具论”和“素养论”三个重要历史时期。人类历史的车轮在不断前进，教育理念在不断更新，那么计算思维的概念内涵也必定会更加丰富。教育者必须以史为鉴，认识到计算

① 李锋. 中小学计算思维教育：STEM 课程的视角［J］. 中国远程教育，2018（2）：7.

思维教育既不能局限于计算机基础知识的传授，也不能停留于认知工具的应用性教育，而是要注重学科思想方法与其他领域结合的普适性教育，以帮助人们更好地理解与适应信息社会，推进信息社会的发展。

（二）国内外计算思维教育现状

在数字化时代，计算思维成为人们必须具备的最普遍、最适合、最不可或缺的思维方式，它与人们的学习、生活密不可分，它是对每个人的基本技能要求，它是21世纪学生核心素养之一。2010年前后，随着越来越多的专家学者呼吁重视培养计算思维，世界各国开始重新审视信息技术课程，陆续将计算思维教育作为学校教育的重要内容。

1. 国外教育现状

国外计算思维教育研究涵盖了从K-12到大学的所有学段，但主要集中在K-12阶段。因为专家学者认为，计算思维作为一种普适性思维可扩展应用到所有学科，可以帮助学生掌握通过计算方法来解决问题的手段。同时计算思维的培养与对21世纪学生核心竞争力的培养在许多方面是一致的。

（1）美国教育现状。

在美国，2011年计算机科学教师协会（CSTA）推出了新版本K-12计算机课程标准，计算思维是其重要课程内容之一，对小学、初中、高中三个不同阶段的学生在计算机科学上需达到的水平提出了相应的要求和标准。2016年10月，美国《K-12年级计算机科学框架》正式发布，进一步明确界定了K-12每个阶段学生必须掌握的计算技能。在教育实施过程中，美国特别重视对教育从业者资格的培养与认定。他们会针对教学从业群体制订培养方案，提高从业者素质，还会为一线教师提供教育教学资源和教育支持，促进教师专业成长。在教学实施方面，美国非常重视针对低龄段学生的计算思维的培养，他们推出众多隐含计算思维的玩具及图形化的程序设计软件。其中影响力较大的是Scratch，它贯穿于从小学到高中全学段的学习当中。美国高中学段的课程分为两类：一类为面向所有学生的计算机入门课，另一类则是和专业取向相关的选修课。其课程内容包括多媒体制作、网络技术、数据库、绘图、机器人、智能手机App设计制作及大学预修课（简称 AP）等。①

（2）英国教育现状。

在英国，2013 年教育部将原来的信息通信技术（ICT）更名为计算（Computing）课程，并于 2014 年 9 月正式实施。计算课程的目标包括四个方面：培养学生应用和理解计算机科学的基本原理和概念；帮助学生形成使用计算术语分析问题编写程序的实践经验；提高学生评价和使用信息技术解决问题的能力；培养有责任、有能力、有创造力的、自信的 ICT 使用者。

教师培养方面，2013 年微软剑桥研究院的西蒙·琼斯教授等人成立了 CAS（Computing at School）计算机教育研究组织，通过专门的网站为教师开设计算课程，提供专业的指导和丰富的交流活动。

在课程设置方面，英国皇家学会将计算课程分为：计算机科学（CS）、信息技术（IT）、数字素养（DL）三大指标，并为每一指标设置具体的课程目标（如表 1-4）。

表 1-4 英国皇家学会计算课程目标

指标	课程目标
计算机科学（CS）	①能够理解并通过抽象化、逻辑化的算法及数据呈现的方式将计算机科学的基本原则和概念应用于实际 ②能够运用计算的术语进行问题分析，并且能够熟练编写计算机程序来解决问题
信息技术（IT）	能够应用和评价新的信息技术，以及能够通过自己的合理分析来解决问题
数字素养（DL）	能够负责、有能力、有自信以及有创造性地应用信息和通信技术

计算机科学指标主要从科学和计算的实用性进行定义，包括确定计算的对象、计算的方法，以及如何利用计算解决问题。信息技术指标包括：计算机和通信设备的工作模式，以及这些设备进行数据的存储、恢复、传递和处理的方式。数字素养指标主要指向运用各种数字技术有效、可靠、安全、批判性地操控、评

① 李婧. 美国 K-12 计算机教育现状及对我国信息技术教育的启示［J］. 中小学信息技术教育，2015（11）：4.

估以及创造数字化产品的能力。[①]

美英两国针对中小学的计算思维教育都走在了我国前面，他们在课程目标的确立、教师培训、内容设置等方面都做了许多实践和研究，为我国中小学计算思维教育的开展提供了很多可以借鉴的经验。

2. 国内现状

2009 年，国防科技大学人文学院的朱亚宗教授把计算思维归类为三大科学思维（实验思维、理论思维、计算思维）之一，强调了计算思维在科学发展中的重要作用，引起了教育界以计算思维为培养目标的教育改革浪潮。从总体上看，我国的计算思维教育在高等教育领域起步较早，研究成果颇多，而在基础教育领域起步较晚，研究成果较少。当前国内计算思维研究正逐步从理论研究转向应用研究，各阶段的教育应用也在有序推进中。

（1）高校计算思维教育。

2010 年 7 月在西安交通大学举办的首届九校联盟计算机基础课程研讨会上，发布了《九校联盟计算机基础教学发展战略联合声明》。此声明中提出计算机基础教学的核心任务是“对计算思维能力的培养”，同时倡导高等学校应加强以计算思维能力培养为核心的计算机基础教学课程体系和教学内容的研究。自此，我国以高校为主要阵地，针对大学计算机基础课程开展大规模的计算思维教育研究与实践。计算机基础课程的主要施教对象为非计算机专业的学生，因此可以看出，此次改革旨在培养所有高校学生的计算思维，提高他们的综合素质和创新能力。

高校计算思维课程

2012 年我国教育部为推动大学计算机课程改革，正式批准了“以计算思维为导向的大学计算机基础课程研究”的计算机课程改革项目。在此次改革中大部分高校采用三个层次的课程模式，分别为：计算机文化基础、计算机技术基础、计算机应用基础。课程开设采用 1+X+Y（文科）或 2+X+Y（理科）模式，即开设一到两门计算机文化基础课，若干门（X）计算机技术课程，和几门（Y）与

① 唐瑞，刘向永. 英国中小学计算思维教育评介［J］. 中国信息技术教育，2015（23）：5.

专业相关的计算机应用课程。我们可以看出，高校不只注重学生计算机基础知识与技能的学习，同时关注计算机技术在本专业的应用，以此提高学生的知识迁移，以及计算思维跨学科应用的能力。[①]

（2）中小学计算思维教育。

随着我国计算思维研究与实践的深入，我国开始尝试将计算思维教育向中小学进行渗透。2017 年教育部颁布了《普通高中信息技术课程标准（2017 年版）》，在新课标中，计算思维作为四大核心素养之一，首次被列入信息技术学科教学的范畴，这标志着计算思维的培养将在中小学教学日程中占据重要地位。[②] 随后多省市着手将计算思维的培养渗入义务教育阶段，如江苏省修订的《江苏省义务教育信息技术课程指导纲要》中明确提出，学生要尝试运用计算思维识别与分析问题，并能通过抽象、建模设计系统性解决方案。2022 年 4 月，义务教育阶段新版课程方案正式颁布，将信息科技从综合实践活动中独立出来，成为一门学科，该标准再次将计算思维作为培养目标纳入四大核心素养之中。

中小学计算思维课程

我国《义务教育信息科技课程标准（2022 年版）》中设置的课程内容以数据、算法、网络、信息处理、信息安全、人工智能为逻辑主线，按照义务教育阶段学生的认知发展规律，统筹安排各学段的学习内容。并针对每一学段的发展特点，制订详细的计算思维学段目标、内容模块和跨学科主题。《普通高中信息技术课程标准（2017 年版）》中的课程内容涵盖了数据处理、算法设计、网络、人工智能、软件开发、开源硬件等学科核心知识与技术，课程形式分为必修、选择性必修及选修三个类别。

通过与国外的计算思维教育研究作比较，可以发现我国的计算思维教育研究还不够成熟，研究成果主要集中在高校阶段，基础教育阶段的教育研究起步较

① 李建芳. 内蒙古地区高校师范类专业大学生计算机基础课程体系研究与计算思维培养［D］. 呼和浩特：内蒙古师范大学，2014.

② 刘丽君，周雄俊. 国内中小学计算思维培养研究综述［J］. 中国信息技术教育，2018（11）：7.

晚，缺乏大量的理论和实证案例作支撑。因此，为了从整体上提高我国的计算思维教育水平，教育研究必须向基础教育阶段倾斜，不断深化和夯实中小学计算思维理论和实践研究。

（三）中小学计算思维教育

1. 中小学计算思维教育的意义

（1）生存需求。

尼葛洛庞帝曾说："我们无法否定数字化时代的存在，也无法阻止数字化时代的前进，就像我们无法对抗大自然的力量一样。"世界的数字化趋势无法逆转，人类只有更好地了解数字化运转机制，才能获得高质量的生活。段永朝教授为《数字化生存》一书写的序中有这样一段描述："我们睁眼看手机，泡在网上，低头刷屏，极度依赖 Wi-Fi，碎片化、下单、交友、导航、支付——所有这一切，已经像空气一样自然了。但这种状态只能说是'数字化活着'，而不是'数字化生存'。"[①] 他非常形象化地描述了"数字化活着"和"数字化生存"的区别。"数字化活着"的人把计算机作为一种生活必需品，作为一种消遣工具来使用，"数字化生存"的人能够利用计算机创造性分析问题、解决问题。正如尼葛洛庞帝在他的《数字化生存》一书中提到的"计算不再只是和计算机有关，它决定我们的生存"，在这个时代如果一个人不懂得计算、不懂得计算的原理、不具备计算思维，则不能在这个社会立足，而且会像原始人穿越到现代一样手足无措。

（2）内在需求。

近年来，随着信息技术、网络技术的广泛应用，人们已经开始适应数字化生活方式，在这个全新的数字化环境下人们开始审思自己的内在需求，以获得更高境界的心理满足（真、善、美），并以此为内驱力，从容地面对数字生活带给我们的各种挑战。

通过计算思维，获得"真"。随着信息技术的发展，尤其是人工智能、大数据、云计算的广泛应用，技术应用越来越智能化，收集信息越来越便利，网络环境也越来越复杂，这些促使人们探求技术的"真"。计算思维能够帮助人们认清计算机解决问题的"真"（本质），并赐予人们辨别"真"（真伪）的能力。

---

① 尼葛洛庞帝. 数字化生存［M］. 胡泳，范海燕，译. 北京：电子工业出版社，2017：33.

免费 Wi-Fi 暗藏危机

手机已经成为现代人生活的必备品，无论我们到哪里，连接免费 Wi-Fi 已经成为我们的生活习惯，然而大多数人没有意识到免费 Wi-Fi 可能暗藏危机。2016 年央视 3·15 晚会就曾曝光公共免费 Wi-Fi 盗取个人信息隐私一事。晚会现场，主持人带领观众进行了一个实验：观众现场连接一个免费的公共 Wi-Fi，然后人们惊讶地发现，观众手机连上 Wi-Fi 后，再用手机上网、购物、浏览视频等过程统统被记录，甚至包括用户的手机相册、个人电话、家庭住址、身份证号码、银行卡号等隐私信息都出现在了现场屏幕上。自此人们开始更加谨慎地连接免费 Wi-Fi，甚至使用专用的软件来连接 Wi-Fi，但意想不到的是这样操作可能更加危险。2022 年 3·15 晚会揭露了几款可以“破解”Wi-Fi 密码的软件，测试结果显示这类软件不但不能破解密码还会在后台疯狂获取手机用户信息，一天之内，获取用户位置信息的频次，高达 67 899 次，这台手机还莫名其妙出现了很多软件。

由此可以看出，由于网络空间的虚拟化、行为的隐蔽化，网络已经成为各类违法行为滋生的沃土，随着技术的发展，不法分子不断地翻新犯罪的手法套路，甚至将人工智能、机器学习、大数据挖掘等新型技术应用到违法活动中。那么，在如此复杂的网络环境下人们该如何更好地保护个人信息安全呢？我们只能靠不断提升个人的计算思维能力。计算思维能够帮助人们了解计算机的运行机制和计算机解决问题的本质，同时帮助人们认识技术的两面性，警醒人们不要轻易被事物的表象所迷惑，具备辨别真伪的基本能力。

通过计算思维，获得“善”。这里的“善”包含两层含义：一是“善良”，二是“善用”。一方面，在人们尝试运用计算思维解决实际问题时，通过为自己、为他人、为社会作出贡献，不断提升自我价值感和社会责任感，从而促发人心向“善”。另一方面，随着人类计算思维能力的提升，人们还会不断探索，而且越来越“善用”技术来进行跨学科研究。计算思维在各领域发挥作用，正是我们的终极价值取向和实践目标。

3D 仿真技术的应用

1946 年 2 月 14 日在美国的宾夕法尼亚大学，第一台通用计算机 ENIAC 诞生了，其初衷是为了满足弹道导弹的计算研究，也就是说计算机从诞生开始就背负着推动科学研究的历史使命。随着数据处理、人工智能、3D仿真等技术越来越成熟，计算技术的应用也越来越广泛，在各大领域中都发挥了至关重要的作用。十几年来，从神舟五号到神舟十五号，中国的载人航天技术越来越成熟，其中计算机及通信技术的发展起着决定性的作用。神舟系列飞船从轨道计算、飞船动力学设计、燃料能效比实验、航天员训练、燃烧模拟实验到飞船内实验数据的采集与处理、天人对话等都离不开计算。比如，工程师们在研究过程中依靠3D仿真技术进行各类模拟实验，一方面，通过采集海量的实验数据进行深度学习，另一方面，通过上万次的仿真实验获得高精度的实验数据。模拟实验代替传统实验不但可以提高实验效率及精度，还可以节约大量的能源及资金。

人们通过计算思维在创新创造活动中，获得成就感、荣誉感、使命感。这些正能量鞭策着人们成为“善”的使者，不断为他人、为国家、为人类作出贡献。国家在科技创新、基础建设、国民生活水平提高等方面都需要具备创新型计算思维的人才。

通过计算思维，获得“美”。随着知识社会的来临，以创客为代表的创新2.0模式正逐渐取代以科研人员为主体的创新1.0模式，技术创新沿着从“个人通讯”到“个人计算”再到“个人制造”的方向发展。新模式以用户创新、开放创新、协同创新、大众创新为特点，试图构建以用户为核心的全民创新时代。人们利用计算思维解决实际问题，通过创新创造活动来美化生活，从中获得了幸福感和满足感。近年来，基于对学生创新能力、探究能力的培养，许多中小学积极参与到创新活动中来，部分学校还开设专门的创客课程和创客实验室，因此涌现了大量的优秀作品。

基于物联网的鱼塘监控系统

珠海市位于广东省南部，濒临南海，优越的地理位置为珠海市渔业的发展提供了便利条件，水产养殖业一直是珠海市的优势产业。但传统鱼塘养殖存在两大问题，首先，传统鱼塘养殖水质检测比较麻烦，每次只能用仪器检测一项水质数据，更不能实时获得水质数据。其次，传统鱼塘养殖绝大多数采用的增氧方式是定时给水体增氧，导致水体中溶氧值波动比较大，而且在溶氧值达标情况下持续供氧会导致浪费。虽然现有新式增氧机可以监测增氧机电机的工作，但养殖户反映新式增氧机不能监测溶氧值，并存在电机叶片脱落仍显示正常等情况。了解到以上情况后，就读于珠海市第二中学的高一学生周皓铭基于物联网技术设计了一套鱼塘监控系统。该系统主要有以下 4 个创新点：

①可以利用电导率、pH 值、水温、溶氧等四种水质传感器实时监测水质，并将监测数据反馈到管理者的电脑和手机上。

②增氧机可根据鱼类生活习性设定不同溶氧值。白天鱼类活动多，溶氧值设定为 5.3mg/L，低于此值时增氧机启动工作，高于此值时停止工作。晚上鱼类活动减少，溶氧值设定为 4.3mg/L，低于此值时增氧机工作，高于此值时停止工作。

③建立鱼塘养殖的数据平台。该系统可以进行实时监测，并反馈各项养殖数据到数据中心，为以后科研和改进养殖方法提供数据资料。

④本系统采用船式设计，通过电机带动巡航，达到对鱼塘进行大范围监测的效果。

周皓铭同学以物联网为基架设计的鱼塘监控系统，实现了鱼塘的智能监测与管理，很大程度上解决了渔民鱼塘管理难的问题。这项发明在第七届澳门国际发明展中荣获金奖特别奖。在这个全民创新时代，以前需要由科研人员、专家团队才能解决的问题，现在人们可以依靠个人或团体来解决。计算思维让人们获得更多的参与感、满足感、成就感和幸福感。

2. 中小学计算思维教育的学科思维与方法

计算思维被定义为一个问题解决的过程，它是数理思维发展到一定程度的高级形态。在计算思维教育过程中，我们要关注计算思维的综合性和复杂性，它涉及人们在解决问题过程中的数学思维、工程思维和算法思维，这些思维的好坏会直接影响人们计算思维的构建。计算思维通过工程思维从问题解决与用户需求出发把控整个项目实施过程，通过数学思维中的抽象、归纳、推理等将现实问题转化为可计算问题，通过算法思维将可计算问题转化为计算机能够解决的具体步骤。如果把计算思维解决问题的过程比作盖楼，那么建筑师需要利用其工程思维进行整体规划和设计，利用数学思维抽象建模来确定图纸，再利用算法思维规划建楼的具体步骤，最后交由工人施工建楼（编程）。

(1) 计算思维中的数学思维。

“万物皆数”最早由毕达哥拉斯学派提出，他们认为数是万物的本原，事物的性质是由某种数量关系决定的，它们按照一定的数量比例构成和谐的秩序。虽然此观点有其偏颇之处，但是它揭示了数学作为基础学科在解决问题过程中的重要性。从学科角度来看，计算机学科起源于数学学科，计算机的发明是为了科学计算。起初人们利用计算机来解决科学和工程中极其复杂的数值计算，后来随着微型机出现，计算机越来越多地被应用于生产和生活中。但从本质上讲，计算机的功能并未发生根本性的改变，人们都是利用其强大的计算能力来代替人完成各项任务。王荣良教授认为：“计算机学科的根本问题可以用两个关键词来表述——‘可计算’和‘构造’，即在计算机科学理论的基础上判定问题是否可计算，并且可以运用由其学科理论所支持的技术来构造可计算。而可计算问题通常可以用一种抽象的形式系统即计算模型来刻画。”人们通过构造计算模型在可计算问题与计算机之间建立联系，在此过程中，计算思维汲取了数学思维解决问题的一般方法，人们借助数学思维中的抽象、归纳、推理、演绎等数学方法来定义数据、建立数学模型、确立计算方法。有一点值得我们关注的是，数学思维依赖人脑作为解决问题的工具，而计算思维使用计算机作为解决问题的工具，这两种工具具备截然不同的属性，因此它们在解决问题的策略上会存在明显差异。在帮助学生利用数学思维进行数据分析与建模时，教师要提醒学生充分考虑计算机机械化计算的特点，建立适配计算机的可实现的模型。

数学奇才、计算机之父——约翰·冯·诺依曼

1903年12月28日，在匈牙利布达佩斯诞生了一位神童。他开创了现代计算机理论，其体系结构被沿用至今，他早在40年代就已预见计算机建模和仿真技术对当代计算机将产生的深远影响。他是二十世纪最重要的数学家之一，被人们称为“现代电子计算机之父”。他就是约翰·冯·诺依曼。

冯·诺依曼的工作大致可以分为两个时期：在1940年以前，他主要从事纯粹数学的研究；1940年以后，冯·诺伊曼开始转向应用数学，在力学、经济学、数值分析、气象计算、原子能和电子计算机等多领域发挥重要作用，其中最大贡献莫过于对计算机科学、计算机技术和数值分析的开拓性工作。冯·诺伊曼参与设计和研制的 ENIAC 是世界公认的第一台电子计算机，ENIAC 证明了电子真空技术可以大大提高计算技术。后期为了改进 ENIAC 没有存储器及利用布线接板进行控制的缺点，1945 年他带领一批科研人员发表了《存储程序通用电子计算机方案》——EDVAC（电子离散变量自动计算机）方案。该方案明确了新机器由五部分组成：运算器、逻辑控制装置、存储器、输入设备、输出设备，并描述了五部分的功能和关系，对以后确定计算机的结构起到深远影响。1946 年 7、8 月间，冯·诺依曼和戈尔德斯廷、勃克斯在 EDVAC 方案的基础上，为普林斯顿大学高级研究所研制 IAS 计算机时，又提出了一个更加完善的设计报告《电子计算机逻辑设计初探》。以上两份既有理论又有具体设计的文件，首次在全世界掀起了一股“计算机热”，它们的综合设计思想，便是著名的“冯·诺依曼机”。它的精髓有两点：二进制思想与程序内存思想，这两个思想至今仍被电子计算机设计者所遵循。

在整个研究生涯中，冯·诺依曼渊博的数理知识，在问题探索和综合分析中起到决定性作用。如果说他的纯粹数学成就了数学界，那么他在数值分析和电子计算机方面的工作则成就了全人类。

（2）计算思维中的工程思维。

百度创始人李彦宏，在新工科技论坛上曾说：“每个人都要具备工程思维，这也是许多毕业生的短板。”那么什么是工程思维呢？工程思维又为什么那么重要呢？李伯聪曾提出“科学—技术—工程三元论”，认为人类有三种社会活动方式：科学活动、技术活动和工程活动。他认为科学活动是以发现为核心，以科学概念和理论为产物；技术活动是以发明为核心，以发明或创造为产物；工程活动是以建造为核心，以物质产品或基础设施等为产物。[①] 工程思维是人们在进行工程理论与实践活动中所形成的特有的思维方式。首先，工程思维是一种系统性思维。人们依靠它系统性地分析项目任务中的各个元素，思考怎么在逻辑、时间、顺序以及功能方面进行有效链接，并分析元素在哪些条件下能够起作用，哪些条件下不起作用。其次，工程思维是一种实践性思维。工程的本质是实现，工程思维最大的目标是“要把事情做成”，当人们具备工程思维时，人人都可以成为创造者。计算思维教育的目标是培养人们利用计算机解决实际问题的能力，而现实

① 李伯聪. 略谈科学技术工程三元论［J］. 工程研究：跨学科视野中的工程，2004，1（1）：42-53.

问题的解决最终还是要体现到具体产品的开发和设计上，因此在计算思维教育过程中必须重视工程思维的训练。

(3) 计算思维中的算法思维。

计算机的机器属性决定了它运行必须遵循一定的步骤，而算法的职责就是描述计算过程中的具体方法和步骤，它是计算思维四个核心要素（问题分解、模式识别、抽象和算法）之一，也是计算思维的灵魂所在。“算法思维”是一种通过明确定义的步骤来解决问题的方法，是让学生们自主开发一组指令或规则，通过执行这组指令或规则就可以得出问题答案的解决问题的方法。在前面我们已经提到王荣良教授的观点：计算机学科的根本问题为“可计算”和“构造”。人们利用数学思维来协助构造计算模型，利用算法思维构造具体的操作步骤。如果说计算模型是采用系统的方法对计算这一概念的刻画，那么，算法就是对计算过程步骤或状态的刻画，是计算方法的可行性实现。① 另外，算法不止作用于计算学科及领域，它对人们的生活也同样具有指导意义。教育中我们要引导学生关注算法的深层影响，使用算法思维有序、高效地规划生活，帮助学生从容、积极地面对世界。

3. 中小学计算思维教育学科知识基础

思维教育的基础是知识教育，计算思维教育的开展离不开对计算机学科知识的学习。综合分析我国中小学信息技术学科新课标，义务教育阶段计算思维教育主要渗透于六大主题板块（数据、算法、网络、信息处理、信息安全、人工智能），高中阶段将计算思维教育融入四个学科大概念的学习中（数据、算法、信息系统、信息社会）。虽然离 2006 年周以真教授提出计算思维的概念已经过去了十几年，然而我国计算思维这一概念真正进入中小学教师的视野是以新课标颁布为节点的，至今不过两年多的时间。现在还有部分中小学教师对计算思维概念把握不准，想要精准地找到学科大概念或六大主题与计算思维教育的切入点，难度非常大。

针对这一困境，冯友梅教授团队提出了计算思维二维知识框架，这对中小学教师非常有参考价值。该团队指出计算思维是解决复杂问题的动态思维过程，其培养需要各种类型的静态知识体系作为基础和支撑，其中最为核心的是策略型知

---

① 王荣良. 让大脑成为计算模型的容器：算法、编程在计算思维教育中的作用［J］. 中国信息技术教育，2022（20）：35-38.

识体系。于是，他们提出了计算思维二维知识框架："计算概念"和"计算策略"，并针对 K-12 阶段课程标准、学科基本理念及学生特点，给出两个维度的核心要素集合。"计算概念"是剥离出策略性知识后剩余的所有信息技术学科知识，可进一步细分为对象与属性、过程与控制、目标与实践三个维度。"计算策略"主要针对策略性知识，共包含 13 个核心要素：分治、减治、变治、封装、重用、可视化、迭代、统筹、折中、贪心、蛮干、回溯、动态规划（如图 1-12 所示）。①

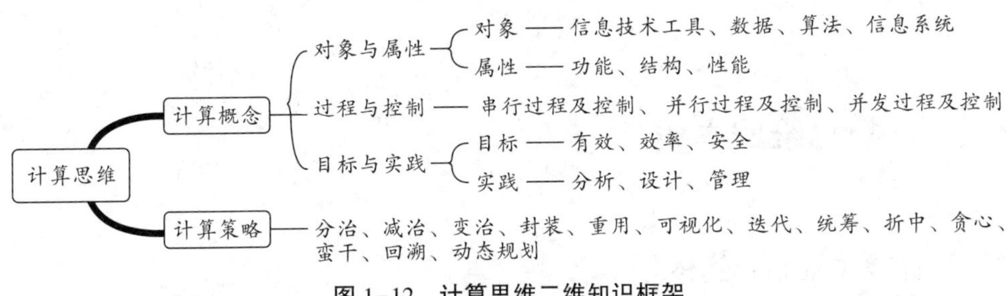

图 1-12　计算思维二维知识框架

此框架是冯教授团队将信息技术课程标准进一步地凝练与解读的成果，能够有效辅助一线中小学教师将计算思维教育平稳落地。教育者可以从计算思维的二维框架知识出发，从"概念"及"策略"两个维度确定教学内容及培养目标，通过这两类静态知识支持动态计算思维过程的运转。二维框架属于对计算思维在知识范畴的一个界定，它能够帮助中小学教师把握学科本质特征的核心知识与要素，其在计算策略维度的诸要素更是学生在本学科所要掌握的核心方法，只有掌握了这些方法，学生才能具备在面对复杂问题时系统规划的意识和能力。

① 冯友梅，王珊，王昕怡，等. 支持我国信息技术课程评价体系构建的计算思维描述框架设计［J］. 电化教育研究，2022（6）：43.

第二章　中小学计算思维的培养框架

一、计算思维的本质

（一）计算思维培养的核心

计算思维的培养一直备受教育工作者的关注，如何培养学生从小掌握利用计算机科学的概念和逻辑解析问题、认识事物的思维，已经成为教育领域的重要任务。综合不同学者关于计算思维的定义分析可以发现，目前人们对计算思维的统一认识存在学科基础和功能属性两个方面，但在计算思维的培养内容、核心要素、操作过程等方面均有不同的认识，而产生不同认识的主要原因就是计算思维本身内涵的丰富性和所处环境的多样性。①

计算思维是一种运用计算机科学的方法进行问题解决的过程，计算思维的培养强调对学生的引导和启发，为学生提供多种多样的数据资源，引导学生选择适用的资源并制订出相关问题的解决方案。计算思维的培养在依托学科知识的基础上，更需要关注知识之间的逻辑关系、概念的产生过程、各种问题解决的策略与技巧，旨在帮助学生理解计算机科学的工作原理和实现方法，以及采用这些实现方法的缘由。

（二）计算思维的行为表现

1. 问题求解中的计算思维

计算思维是问题解决能力的一种，遵循问题解决的一般思路。而问题解决作

① 史文崇，刘茂华，杨大志. 计算思维教育的困惑与博弈［J］. 中国远程教育，2019（8）：59-67.

为一种过程，从行为表现角度看可以被分成若干个阶段。

问题解决过程模型

比较经典的问题解决过程模型由数学家、教育家波伊亚（George Pólya）博士于1945年在《如何解决它》（*How to Solve It*）一书中提出。他认为解决问题可以分为四个步骤，分别是理解问题、制订计划、执行计划、评价效果。[①] 另外一种比较经典的问题解决模型是布朗斯福特（Brandford J.）和斯特恩（Stein B.）于1984年提出的“IDEAL问题解决器”，两位学者认为问题解决有五个阶段，分别是识别潜在问题、定义与表征问题、探求可能的解决方案、执行方案、反馈和评价上述阶段的效果。[②] 斯滕伯格（Robert J. Sternberg）在《认知心理学》一书中将问题解决分为七个环节：确定问题、定义和表征问题、形成策略、组织信息、分配资源、监控、评估。[③] 乔纳森（David H. Jonassen）博士则认为问题解决有两个关键部分，一是进行思维表征和建模；二是对问题模型进行操作和测试，以找到问题解决途径。[④]

从上述学者对问题解决过程的行为描述来看，问题解决一般包含四个过程：表征、策划、执行和控制。本书将上述各家理解进行整理和总结（见表2-1）。

表2-1 问题解决的四个过程

学者	表征	策划	执行	控制
波伊亚	①理解问题	②制订计划	③执行方案	④评价效果
布朗斯福特和斯特恩	①识别潜在问题 ②定义与表征问题	③探求可能的解决方案	④执行方案	⑤反馈和评价上述阶段的效果
斯滕伯格	①确定问题 ②定义和表征问题	③形成策略	④组织信息 ⑤分配资源	⑥监控 ⑦评估
乔纳森	①进行思维表征和建模		②对问题模型进行操作和测试	

① PÓLYA G. How to solve it [M]. Priceton: Princeton University Press, 1945: 3-5.

② BRANDFORD J, STEIN B. The ideal problem solver: a guide for improving thinking, learning and creativity [M]. New York: W. H. Freeman, 1984: 2-18.

③ 斯滕伯格. 认知心理学 [M]. 杨炳钧，陈燕，邹枝玲，译. 北京：中国轻工业出版社，2006: 288.

④ 戴维·H. 乔纳森. 学会问题解决：支持问题解决的学习环境设计手册 [M]. 刘明卓，金慧，陈维超，译. 上海：华东师范大学出版社，2015.

近半个多世纪以来，计算学科得到了蓬勃发展，它已经渗透到人们生活的各个方面以及各个学科领域。一方面，当代人们以各种形式和方法生活在计算的世界中；另一方面，生物学、脑科学、化学、物理、地质学、工程学、经济学、社会科学、医疗、娱乐、艺术、体育、教育等学科的领域都用到了计算学科的知识和方法。① 周以真教授将计算学科特有的思维方式称为计算思维，并给出了计算思维的定义：计算思维运用计算学科的有关概念求解问题、设计系统及理解人类行为，它选择合适的方式陈述问题、建立数学模型并用有效的方法实现问题求解。

当今，培养复合型创新人才是高等教育的重要任务，其中的一个重要内容就是培养学生的计算思维，让他们在学习的过程中潜移默化地养成这一新的思维方式。而这一思维方式便是运用计算机科学的基础概念，求解问题、设计系统、理解行为。由上可知，计算思维在社会、经济、科学和技术等领域非常重要。作为教育工作者，培养创新型人才需要对学生渗透计算思维思想。

在生活和学习中，当遇到类似问题时，我们可以尝试运用计算思维的方法去分析和解决问题。首先，要能准确地描述问题，并将问题有逻辑地分解为若干求解步骤；其次，从这些步骤中抽象出本质性的操作数据，并寻找能通过计算机等工具自动化执行实现的模型；最后，选择一种最有效的自动化方案让计算机执行，实现问题的解决，如图 2-1 所示。

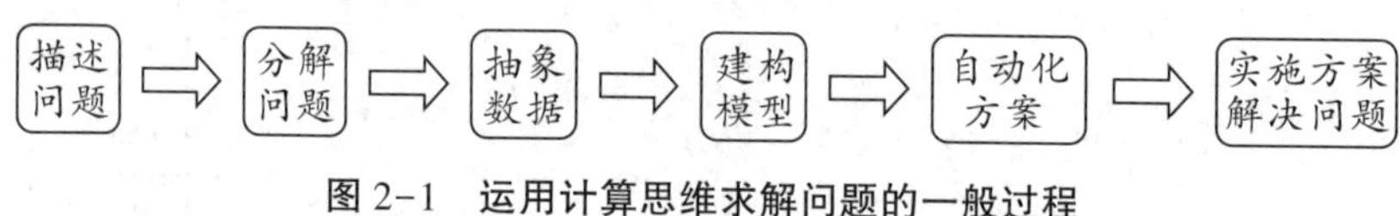

图 2-1　运用计算思维求解问题的一般过程

另外，在编程解决问题背景下的计算思维，通过人与计算机的有效沟通来体现计算思维的主要内涵，主要面向青少年学习群体所接受的 K-12 阶段的编程教学，NRC 指出将计算思维传递给学生的最有效手段是将其融于 K-12 阶段的教学中。通过 K-12 阶段的编程教学，一方面培养学习者在计算科学方面的知识，另一方面提升学习者在利用编程进行问题解决的高效性和全面性，提升学生的计算

① DENNING P J. Computing as a discipline [J]. Communications of the ACM, 1989, 32 (1): 63-70.

思维能力，进而发展核心素养。[①] 其目的是培养学生能够在不插电活动中通过计算思维解决问题。作为与计算机学科有密切联系的计算思维，从编程教学的视角下对计算思维进行培养能够很好地提升学习者在问题解决方面的方法和手段。[②]

2. 系统设计中的计算思维

在信息技术的高速发展下，设备虚拟化已经成为虚拟化研究领域的重要方向，系统设计作为设备虚拟化的关键环节，其中所包含的思维方式引起了学者们的广泛关注与研究。[③]

基于计算思维的虚拟操作系统软件运行时，系统进入初始化模式，用户借助载体设备进行虚拟操作。用户下发指令或者请求，此时串口模块开始运行，并调用可视化程序，打开可视化界面方便用户操作。将用户下发的指令或请求当作任务，调用任务调度模块，该模块接收到任务之后，调用相应子程序，并依据任务的优先级完成任务。判断是否存在优先级插队现象，如果是，则返回上一级运行程序；如果否，则完成当前任务。基于计算思维的系统设计环节如图 2-2 所示。

图 2-2　基于计算思维的系统设计环节

（1）与用户建立连接。

系统设计要以人为本，设计师需要在实时环境中观察客户，了解客户的喜

---

① 张立国，王国华. 计算思维：信息技术学科核心素养培养的核心议题［J］. 电化教育研究，2018，39（5）：115-121.

② LYE S Y，KOH J H L. Review on teaching and learning of computational thinking through programming：what is next for K-12?［J］. Computers in human behavior，2014（41）：51-61.

③ 宋中越，马姣姣，甄冬，等. 基于流媒体技术的风力发电机全景监测虚拟现实系统研究［J］. 计算机测量与控制，2016，24（7）：247-248.

好，例如记录用户试用和用户测试。更好的是，真实的用户测试，在用户不知道他们被观察的情况下，可以产生最诚实的结果。观察之后必须有同理心，在这种同理心中，设计师使用情感来解释和理解他们所看到的。设计师需要联系真实情境，理解问题是如何融入人们的日常生活。

（2）明确问题。

设计中的思维必须旨在解决现实问题。首先将问题定义为清晰简明的问题陈述，在明确问题的基础上，为设计人员提供可操作的目标，以及系统评估的标准和方法。

（3）形成方案。

针对问题生成解决方案，设计初期要通过交流与讨论形成尽可能多的想法，可以借助一些比较通用的方法，如集体头脑风暴、思维导图、角色扮演、素描，或者是简单的列表。形成想法后，对方案进行可行性分析，可以分成“是”“否”和“可能”三大类来帮助自己整理思路。

（4）系统原型设计。

原型是产品的准系统测试版本，设计者可以将原型阶段视为上一步的更实际的版本，和构思阶段一样，一般创建多个原型，并快速地为自己提供选择，判断自己的想法是否站得住脚。要创建原型，可以使用从笔和纸到软件的多种工具，帮助自己在尽可能短的时间内创建足够准确的产品运行方式。

（5）测试。

测试包括将系统原型放置在实际的问题情境当中，以评估问题解决的程度。观察用户在测试时所呈现的问题，重新定义问题，并构思和设计更多的解决方案，然后再次测试。同时，收集有意义的反馈，扩大测试样本从而总结共性的反馈因素。

3. 人类行为中的计算思维

人类的行为由 5 个基本要素构成，即行为主体、行为客体、行为环境、行为手段和行为结果（见图 2-3）。

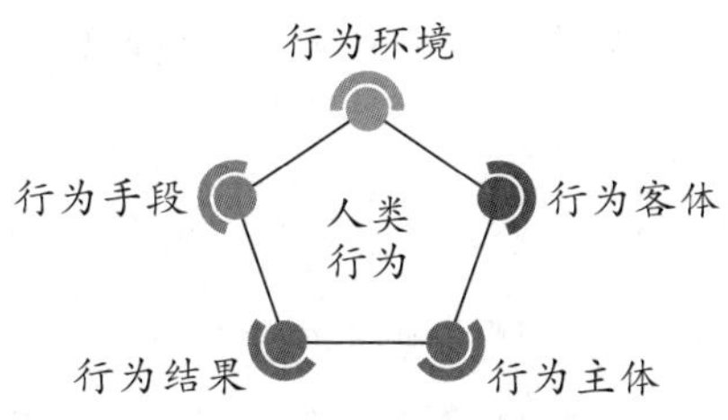

图 2-3 人类行为的基本要素

①行为主体：人。

②行为客体：人的行为所指向的目标。

③行为环境：行为主体与行为客体发生联系的客观环境。

④行为手段：行为主体作用于行为客体时的方式、方法及所应用的工具。

⑤行为结果：行为对行为客体产生的影响。

人类的行为表现主要体现在特定的环境中：

①在特定的环境之中，具有特定个性的人，有特定的行为表现。

②在相似的环境之中，具有相似个性的人或相似共性的群体，有相似的行为表现。

③任何一种行为，都会相应产生一种以上的后果。任何一种控制行为的行为，也都会相应产生一种以上的后果。而任何一种行为的后果，都有其自身固有的演化规律，与行为者和实施控制行为者的主观愿望无关。

人类行为与计算思维

人类控制自己行为的方法可以分为两个大的层面：其一是自我控制，其二是社会群体的控制。其中自我控制的主要目的，是要使自己能与其他的社会成员和谐相处，其办法为“修养”，包括自学、自省、自律等方面。而社会行为控制的主要目的，不但要使社会成员彼此之间能够和谐相处，还要使人类社会与自然环境之间也能和谐相处，对社会群体行为的控制为“统治”，其办法十分复杂，可以归纳为两个方面：

一是教育。教育是获得知识的主要方法和塑造灵魂的首要工作，也是控制社会行为、把握社会发展的根本办法。

二是律制。律制是社会群体为了适应生存环境的需要，而必须共同遵守的行为规范和准则。

语言决定了我们的思维，帮助我们认识现实世界，同时语言还使人类具有特殊的智力和行为。Bickerton 认为这里所说的智力不是平常所说的聪明的程度，而是指人类有别于动物的不同的思维方式。他指出动物的思维只是线上思维，即受外界事物的刺激引起的神经元的反应，如某一动物看到老虎立即爬上树，巴甫洛夫的狗听到铃声就知道食物到了。这种线上思维遵循的是此时此地的原则。而人类具有线下思维的能力，因为人类具有抽象的语言，并且它成了我们与现实之间的一个缓冲器，因此人类的线下思维不一定需要外界因素，也不必立即作出机械反应。线下思维是对自然界的间接表现。如听到有人喊一声“老虎”，你不一定知道该如何反应，你可能要先观察一下出了什么事情，然后再决定你的行动。① 人类在作出反应之前，会先对事情本身和周围环境运用特有的思维方式，作出有利的判断。

（三）计算思维核心要素

1. 计算思维要素的提取

为了确定中小学阶段的计算思维培养框架，首先需要确定计算思维培养的核心要素，为目标体系的分类和编码提供依据。小学、初中阶段最具有参考价值的是《义务教育信息科技课程标准（2022 年版）》，高中参考的是《普通高中信息技术课程标准（2017 年版 2020 年修订）》，面对新时代的人才发展要求，计算思维教育内容需要进一步研究推进。

本书以国内中小学信息技术课程标准中计算思维培养的相关标准为基础，参考美国、英国和澳大利亚三个国家与计算思维培养相关的教育标准或目标体系，通过概念共性分析与词频分析，从而确定计算思维教育内容的核心要素。具体做法是将美、英、澳三国的目标分别进行编码，模块按照主题罗列在一起，进行比较分析，如表 2-2 所示。

① BICKERTON D. Language and human behavior [M]. Washington: University of Washington Press, 2017: 27-80.

表 2-2 美、英、澳三国的目标模块主题比较分析表

<table>
<tr><th colspan="2">美国</th><th>英国</th><th>澳大利亚</th></tr>
<tr><td colspan="2">—</td><td>—</td><td>抽象</td></tr>
<tr><td rowspan="5">算法与编程</td><td>算法</td><td>算法</td><td rowspan="5">规范、算法和实现</td></tr>
<tr><td>变量</td><td rowspan="4">编程与开发</td></tr>
<tr><td>控制</td></tr>
<tr><td>模块化</td></tr>
<tr><td>程序开发</td></tr>
<tr><td rowspan="4">计算系统</td><td>设备</td><td rowspan="2">硬件与加工</td><td rowspan="4">数字系统</td></tr>
<tr><td rowspan="2">硬件与软件</td></tr>
<tr><td rowspan="2">信息技术</td></tr>
<tr><td>故障排除</td></tr>
<tr><td rowspan="4">数据与分析</td><td>收集</td><td rowspan="4">数据和数据表示</td><td rowspan="4">数据收集、表示、解释</td></tr>
<tr><td>储存</td></tr>
<tr><td>可视化和变换</td></tr>
<tr><td>推断与模型</td></tr>
<tr><td rowspan="3">计算的影响</td><td>文化</td><td>—</td><td rowspan="3">相互作用和影响</td></tr>
<tr><td>社会互动</td><td>—</td></tr>
<tr><td>安全、法律和道德</td><td rowspan="3">通信与网络</td></tr>
<tr><td rowspan="2">网络与因特网</td><td>网络通信和组织</td><td>—</td></tr>
<tr><td>网络安全</td><td>—</td></tr>
</table>

将三个国家均出现的词汇作为我国中小学计算思维培养课程的目标主题关键词，即“算法”“数据”；将两个国家均有出现的词汇根据内涵进行合并，共同组成主题关键词，即“编程与开发”“系统和硬件”“网络、通信与影响”。

其中“系统和硬件”在目标具体描述中离不开“软件”相关概念的比较和分析，因此本书将关键词调整为“系统和软、硬件”。由于不同国家对概念的理解和表述不同，仅根据模块名称的归类比较分析，可能会产生一定偏差，因此，为了尽可能避免目标内容表述不同对研究编码的影响，本书对三个国家具体目标的所有内容表述进行词频分析，并对关键词相关的概念主题词进行搜索定位，检

验概念与模块之间的对应关系以支撑和验证分类的有效性。

美英澳课程目标词频统计分析

在对三个国家的目标的具体内容进行词频统计分析时，结果显示三个国家在计算思维培养类课程目标的具体描述中，出现频率最高的词汇均为 data（数据）。与其他关键词相关的名词如 algorithm（算法）、program（与“编程与开发”直接相关）、system（与“系统和软、硬件”直接相关）均出现在三个国家词频排序前十的列表中。与“网络、通信与影响”相关的概念虽然没有一致的词汇出现在三个国家的具体目标中，但有内涵相近的词汇出现，如 network 与 Internet 以及 interaction 等。另外，information（信息）一词在三个国家的具体目标中出现频率非常高，分别排在第 2（美国）、第 6（英国）和第 5（澳大利亚）。有必要将其提取，补充到关键词当中。本书在三个国家的目标体系中对 information 一词进行搜索，发现其首先与“数据”联系紧密，如英国目标体系中 information 一词 40% 出现在与数据相关的目标表述中。与数据联系紧密的 information 一词主要表现为与信息的本质和内涵相关。其次，information 与“网络、通信与影响”联系紧密，美国目标体系中近六成（59.3%）的 information 出现在与“网络、通信与影响”相关的目标表述中，出现在这一部分的 information 一词主要表现为信息安全；最后与“系统和软、硬件”比较相关，主要表述为信息系统（information system）或信息的传输或信息技术。由于信息的本质和数据的联系十分紧密，所以本书将“数据”这一关键词扩充为“数据与信息”。

词频分析结果进一步支持和验证了关键词提取的概念是较为核心的，覆盖面较为全面。因此，根据提取的关键词，本书将我国中小学计算思维培养课程的内容核心要素表述为：①系统和软、硬件；②抽象与算法；③编程与开发；④网络、通信与影响；⑤数据与信息。

计算思维的思维过程是问题解决中逻辑思维、算法思维和系统思维的具体作用过程，也是计算思维特质的集中表现。研究中最常出现的计算思维组成部分是：抽象、分解、算法和调试。框架中，本书将思维过程分为五部分，分别是：数据与信息、抽象与算法、编程与开发、评估与验证、应用与迭代。

2. 计算思维要素的编码与分类

本书将提取的数据与信息、抽象与算法、编程与开发、评估与验证、应用与迭代五大核心要素作为编码的一级类目，在此基础上结合我国《义务教育信息科技课程标准（2022 年版）》和《普通高中信息技术课程标准（2017 年版 2020 年修订）》进行总结归类，最终提炼出问题分解、数据处理、抽象归纳、模式识别、模型构建、算法设计、形成方案、编程实现、可视化分析、模拟与仿真、评估与概括、实施验证、迭代优化、迁移运用 14 个子要素作为二级类目，要素分类与解释如表 2-3 所示。

表 2-3　计算思维要素分类与解释

一级类目	二级类目	解释
数据与信息	问题分解	将数据或问题分解为更小、更易于处理的子问题
	数据处理	采集相关数据并按相应规则处理数据
抽象与算法	抽象归纳	确定产生这些模式、趋势和规律的一般原理
	模式识别	观察数据，从中找出相同的模式、趋势和规律
	模型构建	构建问题解决模型
	算法设计	找出解决这类问题或者相似问题的方法步骤
	形成方案	形成较为完整的、可实施的问题解决方案
编程与开发	编程实现	运用编程工具测试问题解决方案
	可视化分析	借助可视化工具分析方案的可行性
	模拟与仿真	建立模型代替真实系统进行实验研究和测试
评估与验证	评估与概括	对方案进行评估与概括
	实施验证	在实施过程中验证方案的有效性
应用与迭代	迭代优化	根据测试反馈对方案进行迭代优化和升级
	迁移运用	将解决方案运用到新的情境中解决问题

二、计算思维培养框架

计算思维已成为当今国际学术界多学科领域关注的热点议题，随着人工智能等新一代信息技术的飞速发展，计算思维培养需要全新的教学策略框架。本书基于计算思维的核心要素，结合计算思维培养原则和培养目标，构建中小学计算思维的培养框架，并给出相应的实施建议。教师在具体教学活动中可以根据实际问题，选取相应的模块，将计算思维培养融入课堂。

（一）计算思维培养原则

教学原则反映了教与学的客观规律，是指导学生学习活动的基本原理，也是教师在信息技术教育教学过程中优化教学应当遵循的基本要求。基于计算思维培养的课程教学，需要兼顾教学内容和教学方法两条途径来开展教育实践。

1. 强调教学内容与学生认知特征相符合

学生的认知发展有着客观的自然规律，特别是教学对象是中小学生时，他们绝大部分都还处于重要的成长阶段，无论是哪一个学科所设定的教学目标及实施的教学内容，都应该遵循他们认知思维发展的规律，计算思维培养也不例外。在有关学生认知发展的理论研究中，皮亚杰关于儿童认知发展阶段的理论最具影响力。皮亚杰提出儿童认知发展的过程可以划分为四个主要阶段：感知运动阶段（0~2 岁）、前运算阶段（2~7 岁）、具体运算阶段（7~11 岁）和形式运算阶段（11~16 岁），如图 2-4 所示。中小学生主要集中在具体运算阶段和形式运算阶段，在具体运算阶段，学生能够利用符号进行有逻辑的思考活动，能够处理较为复杂的问题，到了形式运算阶段，学生的认知发展水平逐渐成长到趋近成人的水平，抽象思维逐步发展完善。在计算思维培养过程中，培养目标的确立和教学方法的选择都需要建立在对学生认知发展深入分析的基础上，以适应学生的认知发展水平。

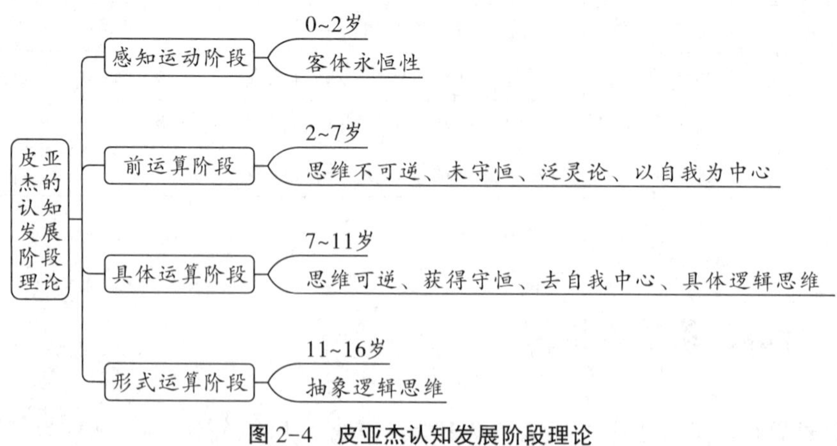

图 2-4　皮亚杰认知发展阶段理论

2. 关注学段之间的衔接性

发展心理学研究学者伍新春指出，在一定的社会和教育条件下，学生在不同阶段会形成典型的、一般的、本质的心理特征。① 因此在计算思维培养过程中，教师需要结合小初高不同年龄段学生的发展心理学阶段特点进行课程设计。综合国内外发展心理学研究，各学段表现出的阶段性特点可以概括为：小学阶段善于模仿，对实践类如绘画、做手工等活动比较感兴趣，虽难以解决科学问题，但是希望了解并尝试从不同角度看待问题，处于皮亚杰认知发展理论的具体运算阶段；初中生的思维发展水平得到进一步提升，并且开始建构自我同一性，与同伴的关系更密切，开始从不同角度探索、研究并解决问题；高中生的注意力、科学推理能力、辩证逻辑思维和创造性思维逐渐占据优势，适合开展综合性的项目探究活动。此阶段性特点为计算思维培养提供理论支撑，在相应的教学目标、内容、实施和评价上应该充分考虑不同阶段学生在身体、认知、语言、情绪和社会化等方面的差异。

3. 落实教学内容的有效性

培养学生的计算思维，不能照本宣科，需要联系生活实际，培养学生解决问题的能力。选取教学内容时以贴近生活为中心，整合相关资源。要进行有效的课堂教学，在保证教学内容符合学生认知发展的同时，还需要采取有针对性的措施来实施教学，设计和创设出有效的课堂活动，以促进学生进行有效学习。

在课堂教学中应突出学生的主体地位，在学生“自主”的基础上“互动”；同时创设丰富的课堂内容，调动全体学生主动参与学习的全过程，使学生自主地学习、协调地发展。计算思维的培养目的不仅仅是使学生增加知识，更重要的是培养学生的思维能力，提高学生的问题意识，形成有效的问题解决能力。

4. 注重直观性与思想性相结合

计算思维是人们利用计算机科学原理思考问题的过程，计算思维的培养大多时候是抽象的，是存在于思维层面的，因此在教学中要充分结合直观性教学帮助学生理解与学习。直观性教学原则主要是根据教学活动的需要，让学生直接感知学习对象。这一原则是针对教学中词、概念、原理等理论知识与其所代表的事物之间相互脱离的矛盾而提出的，一般分为三大类：实物直观、模象直观、语言直

---

① 伍新春. 儿童发展与教育心理学［M］. 北京：高等教育出版社，2013：41-76.

观。教学活动中要靠教师通过创设直观性教学情境启发诱导学生，使学生处于积极的状态，充分发挥学生的主动性。因此，教学中教师要把学生置于主体地位，激发学生的学习兴趣和求知欲，启发学生积极思维，引导他们独立思考、主动探索，以及生动活泼地学习，自觉地掌握科学知识和技能，发展自己的能力。

（二）计算思维培养目标

计算思维是思维方式的一种，是关注问题解决方案的形成过程，其核心是基于问题需求，进行过程设计、结果评估，提升内化成思维能力。计算思维让的宗旨是让学生像计算机科学家那样去思考，提高学生的问题解决意识。针对不同学段的学情特点，需要关注计算思维培养目标在不同学段的具体体现。小学阶段主要提高学生对计算领域的兴趣，促使学生形成计算思维意识，培养简单的问题解决能力；初中阶段引导学生基于编程语言，能够进行基本的计算思维过程以及简单的创作；高中阶段培养学生熟练使用编程语言，能够进行复杂的系统设计和项目创造。计算思维各阶段培养目标如图 2-5 所示。

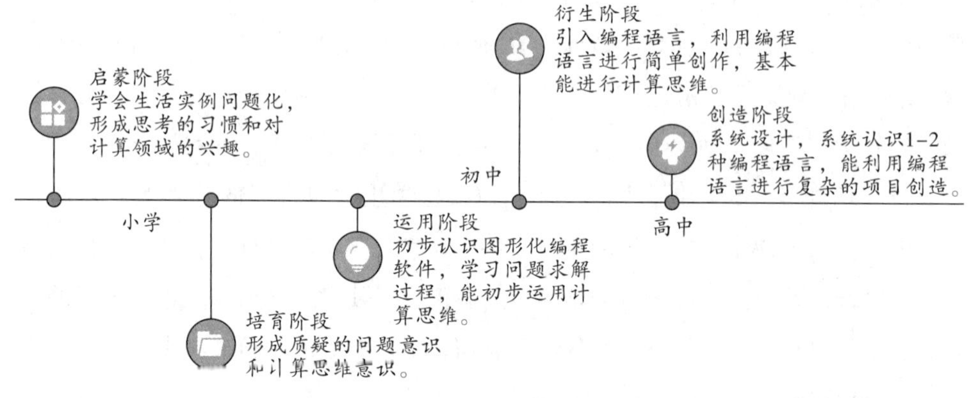

图 2-5　计算思维各阶段培养目标

1. 小学计算思维培养目标

（1）阶段特征。

小学生年龄一般为 6 岁到 12 岁，处于由儿童向青少年的过渡期，学生的思想与思维方式开始发生转变，是培养学习能力、学习习惯以及发展期思维能力水平等的最佳时期。这个阶段是学生的思维由具体形象思维向抽象思维过渡的关键时期，同时小学生语言发展水平也由口头语言逐渐向书面语言过渡。而且，小学中高年级的学生开始偏重对自己喜欢的事物进行分析、探究，从过去笼统的印象转变为具体的分析。

①小学生思维跳跃性较强。

小学阶段，学生往往活泼开朗，对事物有浓烈的好奇心，在学习过程中，这类好奇心往往会带领学生进行跳跃式思维想象，能够发现更多开放性的问题。但过强的跳跃性思维也存在着不足之处，就是缺乏持久性，小学生的身心并未发育成熟，在学习过程中常常由于思维跳脱而出现走神的情况，往往会前一刻还在想着某件事，后一刻注意力又被另一件事所吸引。因此在培养小学生计算思维的过程中需要充分考虑保持学生的注意力和积极性。

②从以具体形象思维为主要形式向以抽象逻辑思维为主要形式过渡。

小学低年级学生的思维虽然有了抽象的成分，但仍然是以具体形象思维为主。比如，他们所掌握的概念大部分是具体的、可以直接感知的，他们难以区分概念的本质和非本质属性，而小学中高年级学生则能区分概念的本质和非本质属性，能掌握一些抽象概念，能运用判断、推理等方法进行思考。小学生的思维由具体形象思维向抽象逻辑思维的过渡存在着一个转折期，一般出现在四年级。如果教育得当，训练得法，这一转折期可以提前到三年级。

③抽象逻辑思维发展不平衡。

在整个小学时期，儿童的抽象逻辑思维水平不断提高，思维中抽象的成分日渐增多，但在不同的学科、不同的教学内容中表现出不平衡性。例如，对于儿童熟悉的学科、难度小的任务，儿童思维中抽象的成分较多，抽象的水平较高；而对于儿童不熟悉的学科、难度大的任务，儿童思维中的具体成分就较多。

④抽象逻辑思维从不自觉到自觉。

小学低年级学生虽然已掌握一些概念，并能进行简单的判断、推理，但他们尚不能自觉地调节、控制自己的思维过程。而小学中高年级学生，他们在教师的指导下，反省和监控自己的思维过程的能力有了提高，能说出自己解题时的想法，能弄清自己为何出错，这表明他们思维的自觉性有了发展。

⑤辩证逻辑思维初步发展。

抽象逻辑思维的发展要经历初步逻辑思维、经验逻辑思维、理论逻辑思维三个阶段。小学生的思维主要属于初步逻辑思维，但却具备了逻辑思维的各种形式，并具有了辩证逻辑思维的萌芽。研究表明：小学儿童辩证逻辑思维发展水平随着年龄的增长而提高。小学一、二、三年级是辩证逻辑思维的萌芽期，四年级是辩证逻辑思维发展的转折期。整个小学阶段辩证逻辑思维发展水平尚不高，属初级阶段。

（2）培养目标。

部分国家和地区小学阶段计算思维培养目标体系

许多国家和地区都针对小学阶段计算思维的培养制订了相应的目标体系，如美国、英国、澳大利亚、中国香港等都提出了明确的标准。本研究在对计算思维操作性定义理解的基础上，参考CSTA于2011年发布的美国《K-12计算机科学标准》中对K-6年级阶段学生应达到的计算思维能力水平要求，结合小学信息技术课程标准，确定本研究中小学生计算思维的培养目标。计算思维的操作性定义将其界定为一种问题解决的思维过程，清晰指出了解决问题的方法步骤。

首先，该定义所提出的问题解决的六个环节对学生有着不同方面的能力要求，这几方面的能力构成了发展计算思维的基本要素，它涵盖了适应于计算机的问题表述能力、数据组织与分析能力、抽象建模能力、算法与程序设计能力、知识与方法迁移能力等多个方面，融合在从分析问题到形成解决方案，再到灵活应用的各个步骤之中。其次，该定义提出的六个环节指明了在计算思维教育中学生需要达到的目标，计算思维的培养应以阶梯式进行，可将其划分为三个阶段，即基础培养阶段、进阶培养阶段与综合培养阶段。其中基础培养阶段包括前四个环节，后两个阶段分别对应第五、第六环节，后一个阶段是在前一个阶段的基础上进行的，是培养学生从计算思维的入门者到精通者的进化过程。同时这也表明，计算思维是具有层次等级的，像计算机科学家一样的思维水平显然已经是计算思维的高阶水平。而针对小学生主要是开展基础阶段的培养，通过学生在数据分析、问题分解、抽象等方面能力的显性效果来判断其计算思维的发展水平。最后，操作性定义描述的是问题解决的基本流程，而非培养计算思维的过程，它是对计算机科学家解决问题流程的高度概括，是一种比较普遍的形成问题解决方案的方法，是基于计算思维进行问题解决的一种形式化步骤。但是，培养学生的计算思维，并不意味着要照搬其流程，具体的培养方法还需要根据具体的内容或者具体的问题来定，在教学活动中强化学生解决问题的流程方法，促进学生计算思维的提升。

我国《义务教育信息科技课程标准(2022年版)》将小学1~6年级分为3个

学段，在总体目标的基础上分别提出了每个阶段学生计算思维能力应达到的目标要求。新标准的修订改善了之前以信息素养为本位的课程标准的弊端。人工智能、大数据的发展，进一步使计算思维的培养占据信息科技课程目标的核心地位。本书以计算思维核心要素为出发点，对小学阶段计算思维培养的目标进行分析（见表 2-4）。

表 2-4 小学计算思维培养目标分析

维度	培养目标描述
信息意识	①知道信息的表示方式 ②能够识别任务的实施步骤，用符号进行表达 ③能够规范地表达和交流信息
问题分解	①将复杂问题逐步分解成几个简单问题 ②确保分解后的问题保持完整性和一致性
数据处理	依据问题解决的需要，组织与分析数据
算法设计	①能用自然语言、流程图等方式描述算法 ②认识到不同方法解决同一问题的效率不同
形成方案	①形成初步的解决问题的方案 ②能够清晰表述自己的方案实施步骤
编程实现	①能将任务分解为可操作的实施步骤 ②使用顺序、分支、循环三种基本控制结构描述实施过程，并进行编程验证
可视化分析	用可视化方式呈现数据之间的关系
迭代优化	了解反馈对系统优化的作用

2. 初中计算思维培养目标

（1）阶段特征。

①初中生认知特征分析。

初中阶段学生的认知正处于一个形式运算阶段，思维方式开始趋于成熟，具有一定的事物推理能力。他们在面对新的问题情境时，能够提出一系列的假设，并会根据假设设计相应的过程去验证假设，从而得出结论。同时，该阶段的学生是具有一定程度的图形化编程学习基础的，在小学时都接触过图形化编程工具。所以在图形化编程教学中，要在学生原有的认知基础上切实了解学生们的学习状态与需求，根据具体的教学目标和教学内容为学生搭建合适的学习支架，在完成编程知识教学的过程中有效地促进学生计算思维能力的发展。

②初中生学习特征分析。

初中阶段的学生正处于一个充满好奇、勇于探索、敢于挑战和学习积极性高昂的时期。他们的思维非常发散，喜欢创作一些有意思的作品，动手能力也比较强。同时，他们喜欢尝试新的东西，倾向与伙伴合作探究，善于交流。所以在图形化编程教学中要以学生为主体，多为他们设置一些有挑战、有难度的任务，调动学生创作的积极性与欲望，并增加小组合作探究的机会，充分锻炼他们的沟通交流能力。

（2）培养目标。

《义务教育信息科技课程标准（2022 年版）》将初中阶段的计算思维培养目标作为义务教育的第四学段。综合学者对课程标准的研究，本书对计算思维培养目标的分析也从具体的维度出发，探讨初中阶段的计算思维培养目标，如表 2-5 所示。

表 2-5　初中计算思维培养目标分析

维度	培养目标描述
基础知识	熟悉网络平台中技术工具、软件系统的功能与应用
问题分解	①将复杂问题逐步分解成几个简单问题 ②确保分解后的问题保持完整性和一致性 ③最后一层的问题可以转化为明确的行动
抽象归纳	①按步骤分析问题，找出问题本质 ②把分析问题的过程借助不同的形式表示出来 ③进行具体的设计，在不同抽象水平上思考
模型构建	①找出系统中的变量并对变量进行分类 ②创建变量并确定变量之间的关系 ③在虚构世界里确定结构模型
形成方案	①形成初步的解决问题的方案 ②验证方案的实施效果
模拟仿真	①不断测试检验模型应用效果 ②反复迭代改进与修正模型 ③将模型应用于实际
迭代优化	①总结问题解决过程中的一系列步骤 ②优化问题解决方案 ③迁移运用已有知识来解决其他问题

3. 高中计算思维培养目标

（1）阶段特征。

高中阶段的学生能脱离具体事物，运用抽象的概念进行逻辑思维，抽象逻辑思维的科学性、理论性更强，思维步骤更完整。他们能按照发现问题、明确问题、提出假设、制订解决问题的方案、实施方案、检验假设的完整过程去解决问题。高中生生活经验丰富，科学知识增多，对事物之间的内在联系了解得更深入。他们能对事物之间的规律联系提出猜想和假设，并设计方案检验假设。

高中生的思维特点是从形象思维逐渐向抽象思维过渡，辩证逻辑思维日趋发展。这一时期是他们思维发展的“黄金时期”，而这一时期如果思维没有得到有效的启发，思辨能力的发展会受到制约，进而影响其创造性思维能力的发展，甚至影响其终身全面发展。因此在教学中培养学生的计算思维和思辨能力，尤为重要。

（2）培养目标。

《普通高中信息技术课程标准（2017 年版 2020 年修订）》明确指出计算思维作为信息技术学科的四个核心素养之一，是指个体运用计算机科学领域的思想方法，在问题解决过程中涉及的抽象、分解、建模、算法设计等思维活动。该课程标准中计算思维的内涵主要包括三个方面：基于计算机科学领域的方法解决问题的基本过程；应用算法形成解决方案；将过程与方法迁移到其他问题的解决中，并且围绕计算思维的内涵，对计算思维水平进行划分。本书依据信息技术学科核心素养水平划分，对高中计算思维培养目标进行分析（如表 2-6 所示）。

表 2-6　高中计算思维培养目标分析

维度	培养目标描述
问题分解	①明确问题，将复杂问题逐步分解成几个简单问题 ②确保分解后的问题保持完整性和一致性 ③将最后一层的问题转化为明确的行动
数据处理	①正确区分问题解决中涉及的各种数据 ②采用适当的数据类型表示 ③运用数据来分析数据
抽象归纳	①按步骤分析问题，找出问题本质 ②把分析问题的过程借助不同的形式表示出来 ③进行具体的设计，在不同抽象水平上思考

（续上表）

维度	培养目标描述
模式识别	①能运用形式化方法描述问题 ②识别问题中的模式类别
模型构建	①找出系统中的变量并对变量进行分类 ②创建变量并确定变量之间的关系 ③在虚构世界里确定结构模型
算法设计	①设计或选择合适的算法 ②利用编程语言或其他数字化工具实现各模块功能
形成方案	①采用模块化和系统化方法设计解决问题的方案 ②利用适当的开发平台整合各模块功能，形成整体解决方案
模拟仿真	①不断测试检验模型应用效果 ②反复迭代改进与修正模型 ③将模型应用于实际
评估验证	①能够依据信息系统设计的普遍原则进行较全面的评估 ②方案验证
迭代优化	①总结问题解决过程中的一系列步骤 ②优化问题解决方案
迁移运用	①方案创新，举一反三 ②迁移运用解决其他问题

（三）计算思维培养框架

我国中小学计算思维的培养处于起步阶段，还有很多问题需要进行深入研究。在培养中小学计算思维的课堂实践中，既要坚持对计算思维本质内涵的科学阐述，也要关注不同学段教育的特征和学生的特点，特别是在培养内容的选择、计算思维和学科教育之间关系的处理、培养目标的确定等关键问题上，需要遵循一定的培养原则，符合学生的认知发展规律。

本书从计算思维过程出发，梳理计算思维核心要素和教学环节之间的映射关系，指向计算思维的培养目标，设计了中小学计算思维培养框架，如图 2-6 所示。

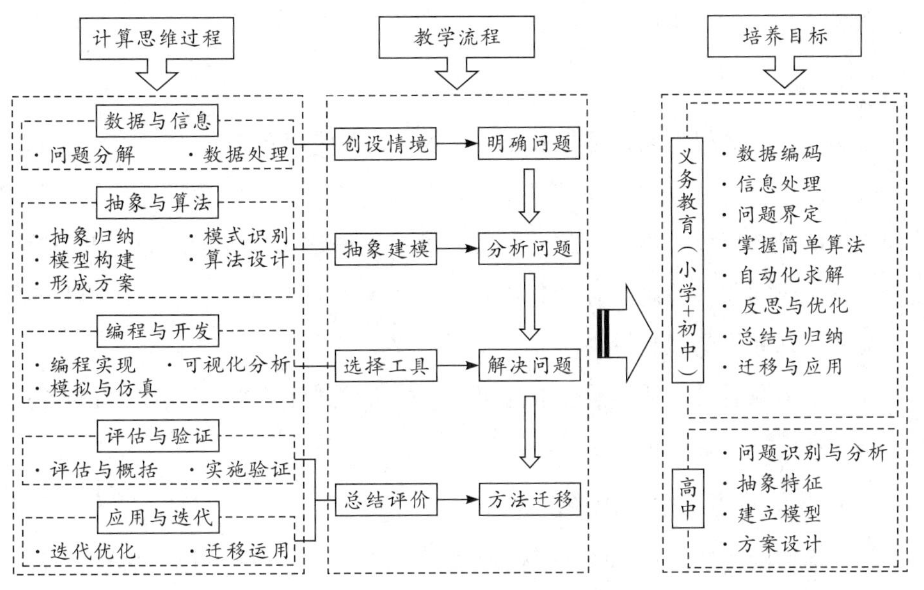

图 2-6 中小学计算思维培养框架

在计算思维培养的教学实践中，从问题解决的角度设定教学流程，主要包括明确问题、分析问题、解决问题、方法迁移四个环节。在明确问题阶段，需要教师提供相关数据与信息，创设情境，引导学生分解问题，对数据进行简单处理；在分析问题阶段，教师教授学生掌握基本的算法模型，帮助学生进行抽象建模，形成问题解决方案；在解决问题阶段，学生选择合适的工具，实施解决方案；在方法迁移阶段，学生将已经掌握的方法应用到新的问题情境中，教师组织学生进行方案评估与验证，并对学生的问题解决过程进行总结评价。

三、 计算思维培养的核心要素

计算思维是一种解决问题的思维方式，它强调通过计算机科学的思维方式来解决问题。计算思维的核心要素是在计算思维的实践应用中逐渐形成和确定的。随着计算机技术的不断发展，计算思维的应用广度和深度被逐渐扩展。同时，计算机科学、数学、统计学、信息科学等多个学科的交叉融合也影响着计算思维核心要素的构成，并促使计算思维不断演化和完善。在计算思维的实践应用中人们逐渐认识到：问题分解、抽象与建模、模式识别、算法设计、编程实现、模拟仿真、迭代优化、迁移运用是构成计算思维的要素。这些要素相互作用，共同构成了计算思维的核心。①

1. 问题分解

现实生活中的很多问题都是复杂多样的，因此使用计算思维解决问题，首先就是分解问题。通过问题分解，可以将复杂问题转化成多个容易处理的子问题，从而降低问题的规模和难度。分解后人们可以根据整体的各个部分来思考算法、流程、系统或问题。无论面对多么复杂、规模多大的问题，人们只要找到合适的拆解方法，都能将其顺利解决。

在教学中我们可以帮助学生根据问题的特点找到分解的方法，常用的方法有缩小规模和功能分解两种。

（1）分治思想，缩小规模。

如果面对的是规模较大的单一性问题，可以使用分治的思想来缩小处理的规模，这种方法的步骤是“一分”“二治”“三合”。首先“分”——问题分割，将预处理问题不断分割成子问题，直到不能分割为止；其次“治”——解决子问题，得出每个子问题的解；最后“合”——合并子问题的解，直到得到最终解。归并排序就是典型的利用分治思想来处理问题的方法，该方法先将待排序数组分成若干组（比如 2 组），依照此方法不断分割直到分成每组只有一个元素，然后逐层两两合并进行排序，直到合并成原数据集，整个数据集就变成了有序的数组（如图 2-7 所示）。

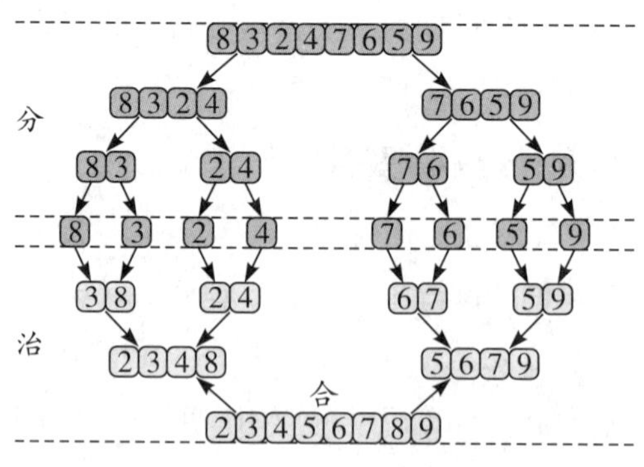

图 2-7　归并排序过程

① 李盼盼，张维，曾鑫耀，等. 基于布鲁姆教育目标分类的计算思维核心要素测评框架构建［J］. 软件导刊，2023，22（2）：6.

（2）系统思维，功能分解。

如果是具有多种功能的复杂系统，则可以引导学生通过功能进行划分。功能分解是系统设计中最常使用的一种分解方法，此方法不但可缩小问题规模，而且符合用户的使用习惯。比如，医院门诊处的智能终端分为：办卡、挂号、缴费、报告模块，每个模块又被分解为多个功能，依次下去层层分解为最小单元（如图2-8 所示）。

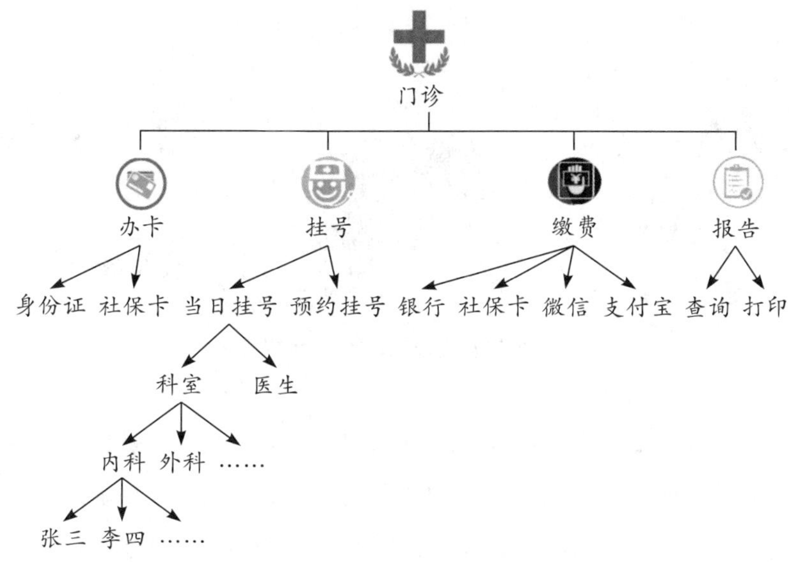

图 2-8　医院门诊系统功能分解

2. 抽象与建模

问题抽象、特征提取是计算思维培养过程中最为关键的一项技能。抽象的过程就是删除细节，忽略无关因素，发现关键性、本质性要素的过程。人们通过计算思维解决问题时，识别问题的关键部分有助于人们找到问题的解决办法，确定产生这些模式、趋势或规律的一般原理，得到问题解决的数学模型，从而将真实物理世界映射到计算机的数字世界中。

图像数字化过程的抽象

计算机的功能简单地说就是采集、存储、处理和传输信息，而计算机内部所有的信息都只能以二进制形式进行表示，因此计算机处理自然界中的信息之前必须先对其进行编码，而编码的过程就是一个不断抽象化的过程。比如，我们要把一张图片存入计算机中进行处理，首先我们要把这张图抽象成一幅由特定数量的点（像素）组成的集合，这个过程被称为采样。其次，我们再将每个像素点的颜色抽象成一个颜色，用特定位数的二进制来表示（1 位代表黑白两色，n 位代表 2^n 个颜色），这个过程被称为量化。最后，再将所有像素点的颜色抽象成数，用具体的二进制数据来表示，这个过程被称为编码，这样图像数字化的过程就完成了（如图 2-9 所示）。

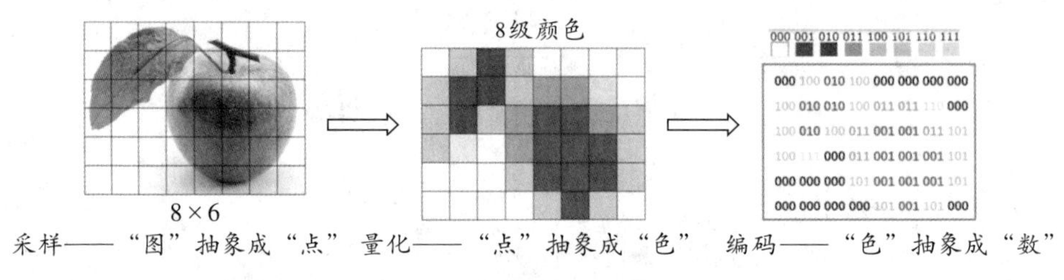

图 2-9　图像数字化的过程

由上例我们可以看到，整个图像数字化的过程就是依靠计算思维不断抽象的过程，如果没有抽象的参与，任何编码都将无法实现。数学模型则建立在抽象基础上，模型的确立是计算思维求解问题的起点，人们通过数学建模将一个现实问题转化为可计算问题。如果说抽象是形式化的基础，那么建模就是自动化、系统化的前提。

导航软件中的抽象建模

导航软件随着智能手机的普及和全球经济的持续上行在快速发展，自面世以来就受到市场的追捧。导航系统在设计时要把所有地点抽象成地图上的一个点，把两地之间的路程 S 抽象成连接地图上两点的曲线，再把所有车的运动方式抽象成速度为 V 的匀速运动（V 根据拥堵程度进行实时调整），抽象完成后建立数学模型：时间 T=路程 S/速度 V，通过此模型来预估人们到指定地点的时间（如图 2-10 所示）。

图 2-10 导航电子地图

我们可以看到在问题解决过程中，抽象是数学建模的关键，数据建模是问题解决的基础，一旦问题被抽象成计算机可以理解的形式，那么这个问题就迎刃而解了。

讲授这部分内容时，教师必须重视对学生抽象思维的培养，抽象的重点可以放在确定对象或系统的关键性数据、数据的特征以及各数据之间的关系这三个问题上，这三点确定好了，建立数学模型就容易了。比如，让计算机绘制一张脸，这张脸上具备五个关键数据（耳、眉、眼、鼻、嘴）。数量分别为：两只耳朵、两条眉毛、两只眼睛、一个鼻子、一张嘴巴。位置关系为：两耳在两侧，面部特征从上至下依次为眉毛、眼睛、鼻子和嘴巴。如果以上五官缺少任意一个，或者五官的数量或位置关系有误，都不能被称为一张正常的脸。

3. 模式识别

事物之间往往会存在共同属性或相似点，人们把这些属性称为“模式”。“模式识别”指在解决问题时寻找类似问题之间的共同点或相似点，从而利用类似问题的解决方案来解决当前问题的方法。因此，在解决问题的过程中，找到模式是非常重要的，模式识别可以让问题的解决更简化。人们利用计算思维解决问题时，首先会将复杂的问题分解为多个子问题，然后再对子问题进行模式识别，从而找到解决当前问题可参考的解决方案。①

① 赵军．计算思维与算法入门［M］．北京：机械工业出版社，2019：21.

算法设计中的模式识别

算法设计过程中的模式识别指在算法设计过程中，通过分析同类问题的解决方案进行模式匹配，从而确定适合当前问题的解决方案。我们知道，在计算机学科有很多经典算法，比如：分治法、动态规划法、贪心算法、回溯法等，当我们遇到某一特定问题时，我们可以首先考虑，当前问题的解决是否适用于某类经典算法，如果适用我们就找到了问题的解决方案。

比如，我们使用计算机制订一个自驾游计划。假设用户需要访问多个城市，已知每两个城市之间的距离，程序需要帮用户制订一条路线，该路线要走遍所有城市且要考虑距离因素，尽量合理。在解决该问题时，我们发现该问题可以应用贪心策略，使用最近邻域算法来解决，具体如下：

①选择起点城市。

②找到距离当前城市最近且未走过的城市，将它作为下一个城市，标记并移至下一个城市。

③以此类推，直到所有城市都被访问。

假设起点为 A 城，按以上算法首先选择与其距离最近的 C 城，然后选择未走过且距离 C 城最近的 D 城，按此规则直到全部走完，从而得到路线 A→C→D→E→B（如图 2-11 所示）。

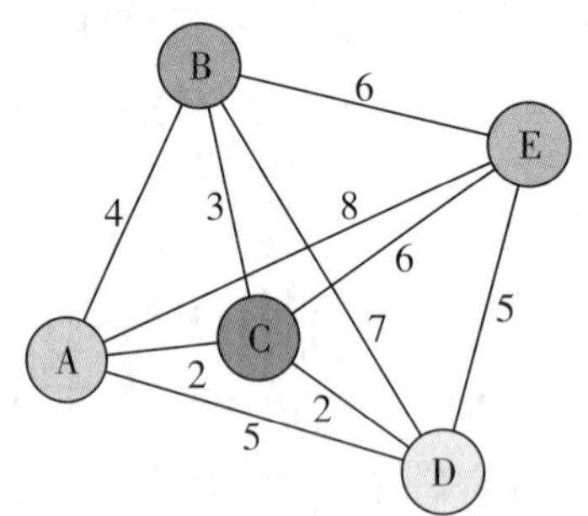

图 2-11　自驾游遍历城市示意图

由此可以看出，在解决实际问题过程中，通过模式识别可以帮助人们快速匹配合适的解决方案。虽然案例中的解决方案不一定是最优方案，但在不追求最优解的情况且城市数量较少时，此方案还是会被广泛使用。

教学过程中教师要帮助学生理解模式识别就是找规律、找相同或不同的点，透过现象看本质。引导学生发现同类问题在本质上的一致性，使用相似方法来解决同类问题。另外，我们还要引导学生在模式识别时要在一组数据中找出特征或规则，用于对数据进行识别与分类，以作为决策判断的依据。

4. 算法设计

算法指的是问题解决方案的准确而完整的描述，是一系列解决问题的清晰指令。计算思维能够高效快速地解决问题，物理层面上靠的是机器强大的计算能力，软件层面上靠的是算法对问题解决过程的描述。当计算机具备同等计算能力时，其是否高效很大程度上取决于算法是否高效。人脑的工作方式是灵活的，只要建立足够的知识链接，人脑可以理解很多隐晦的指令，但是计算机是机械化的、死板的，计算机能够理解的指令必须是清晰的、流程化的。因此，算法设计需要学生具备流程化思维，要将问题解决过程清晰地描述成计算机可处理的具体的步骤。比如下面使用流程图描述的判断数据奇偶性的算法（见图 2-12）：

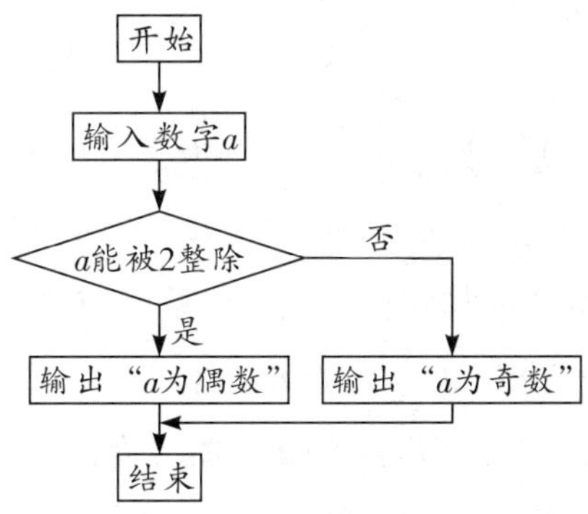

图 2-12　判断数据奇偶性的算法

教学中我们可按照难度梯度从三个层次上帮助学生掌握算法：第一层为“过程与控制”。学生能够掌握算法的概念、特征、描述方法及控制结构，能够解决简单问题并描述其计算过程。第二层为“方法与策略”。学生能够掌握常见的算法策略，比如枚举法、递推法、递归法、贪心算法、分类算法、查找算法、排序算法等，并能借此来解决实际问题。第三层为“时空权衡”。当问题解决的算法不唯一时，学生能够从时间效率和空间开支进行权衡，选择恰当的算法。这三层递进能力目标的确定，可以帮助教育者结合学生的实际情况选择恰当的培养目标。另外，算法是一种求解问题的思维方式，教师要帮助学生理解学习算法的意义远不止于算法本身。研究和学习算法可以锻炼人的思维，让人们的思维更加清晰、有逻辑，对我们的学习和生活都会产生深远影响。例如人们可以在图书管理中应用计算思维。

图书管理中的计算思维

图书馆是搜集、整理、收藏图书资料以供人阅览的机构，图书登记、整理和查阅是图书管理员每天的常规工作，而图书馆书目众多，少者上千本，多者达百万本，如果没有系统的管理和摆放，书籍管理和使用都会成为问题。图书管理员可以按照不同的类别先对书进行分类排序，比如文学、哲学、历史等，同一类别书目再按照特定的标准进一步分类和排序。比如计算机类的书目可以按照作者分类排序，同一作者再按撰写方向或年份进一步分类排序。当购入新书时，按照分类及排序的方法将其插入特定区域即可。

人们在管理图书时，应用了分类及排序的算法思想。当然算法在生活中的应用不仅限于此，无论是在现实世界，还是计算机世界，任何需要我们按一定步骤解决的问题，都蕴含着算法的灵魂。

5. 编程实现

上面我们已经介绍，基于计算机解决问题机械化、流程化的特点，人们使用计算机解决问题时，必须使用算法清晰地描述计算的过程和方法，这是实现自动化的基础。然而，如果算法的描述使用人类的语言或符号（自然语言、流程图、伪代码），计算机是无法直接执行的，因此并未在真正意义上实现自动化。在算法设计完成后，人们还必须使用机器能够处理的语言形式（程序代码）来描述算法，从而实现计算的过程，我们把这个过程称为编程实现。从这个层面上讲，程序的运行才是真正意义上实现了自动化的过程。1984 年瑞士计算机科学家尼古拉斯·沃斯（N. Wirth）提出：算法+数据结构=程序，因此程序设计又不仅限于对算法的描述，它还包括在算法实现过程中对数据的描述和处理，比如数据的定义、数据的存储方式、数据的运算、数据的输入输出等。

教学中，编程教师可以从以下几个方面着手：

(1) 选择编程语言。

教师可以根据学生的心智水平选择恰当的编程语言。针对义务教育阶段的学生，推荐教师使用图形化编程语言，比如 Scratch、慧编程等。图形化编程将复杂的编程语言转变成简单的积木块，操作简单、趣味性强，对于低龄的学生更友好。学生通过积木块的堆砌，可以很好地理解和掌握计算的过程及其控制。针对高中阶段的学生，由于他们的学习能力、逻辑能力和理解能力都趋于成熟，教师可以选择学科专业的编程语言进行教学，比如 Java、Python、C++等，进一步培养学生的抽象思维及计算思维。表 2-7 列举了部分各学段学生常用的编程工具。

表 2-7　各学段学生常用的编程工具

学段	编程工具
小学	Scratch、CodeCombat、Kittenblock、Ucode、Micro: bit、Blockly
初中	App Inventor、Ucode、Kittenblock、Python、Arduino、Raspberry Pi
高中	Python、MATLAB、Java、C++

（2）**编写代码。**

根据算法设计的功能和逻辑，在编程环境中进行数据的描述、处理及代码的实现，包括定义常量和变量、编写算法、编写函数等。在教学中教师要把握好学生对核心概念（常量、变量、数据类型、数据运算、函数、输入、输出等）及程序控制结构（顺序、选择、循环）的掌握情况，以灵活使用恰当的程序结构和表达方式。

（3）**调试运行。**

在编写完代码后，需要进行程序调试，检查是否存在语法错误或逻辑问题并修正，这是保证程序正确性的关键。调试过程中出现的问题大部分是由于设计者对编程语言掌握不熟练或是算法设计能力不足所致的，教学中教师要及时发现学生的问题所在，分析其原因，及时解决问题。

（4）**测试迭代。**

我们编写程序的目的是解决实际问题，而现实问题往往是复杂多变的，用户的需求也非一成不变。因此，在程序设计完成后，设计者往往还会对程序进行各类模拟测试或应用测试，验证程序是否满足项目及用户需求。教学中教师要引导学生在有新的功能或要求出现时能够及时修改或升级程序，通过测试不断提升程序功能，实现程序的升级迭代。

猜数字游戏程序的实现

教学中教师经常会通过设计一些有趣的小游戏来增加学习的趣味性，比如猜数字游戏。

【游戏规则】

程序将在1~100之间随机生成一个整数。用户需要输入一个整数进行猜测，如果猜错了，程序会提示用户“猜小了”或“猜大了”，直到猜中为止。输入正确的数字后，程序将输出“恭喜你，猜对了”。

【知识基础】

输入语句、输出语句、变量、条件语句、循环语句、随机函数

【算法描述】

①使用随机数函数生成number（1~100之间的一个随机整数），作为待猜测的数字。

②初始化guess为0（初始猜测值）。

③当guess不等于number时循环：

要求用户输入一个1~100之间的整数，赋值给guess，如果guess<number，则输出“猜小了”；如果guess>number，则输出“猜大了”。

④跳出循环，即guess等于number时输出“恭喜您，猜对了”。

【编程实现】

教学中，小学、初中的学生可选择图形化编程工具Scratch来实现，如图2-13所示：

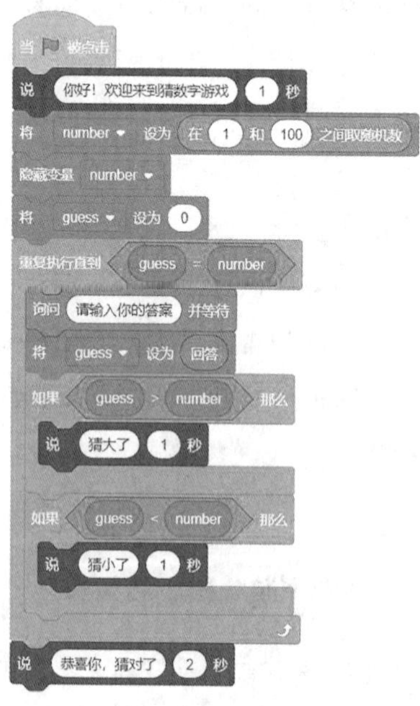

图2-13　猜数字游戏Scratch实现

高中生可选择使用 Python 来实现，如图 2-14 所示：

```
import random
number=random.randint(1, 100)
guess=0
while guess!=number:
      guess=int(input('请猜一个1到100之间的整数：'))
      if guess<number:
          print('猜小了')
      if guess>number:
          print('猜大了')
print('恭喜你，猜对了！')
```

图 2-14　猜数字游戏 Python 实现

从上例我们可以看出，编程实现需要学生掌握“抽象、建模、算法、编程、调试、优化”等方法，需要具备良好的逻辑思维和问题解决能力，明确每个步骤的关联性。编程教学过程中，不要急于让学生熟练掌握特定的编程语言，选择不同编程语言的区别仅仅是选择了不同的算法实现工具，计算思维的培养重点应该强调理解计算的过程，即对算法的理解及设计。教学中还可以多尝试利用生活中简单的多步计算或经典问题的求解过程来融入计算思维的培养，通过案例研究传递学科基本概念和思想。①

6. 模拟与仿真

“模拟与仿真”指通过使用计算机模拟技术来实现对复杂系统、过程或现象的建模和仿真，以便更好地理解其性质、行为、特征和性能。在模拟仿真中，计算机程序利用建立的模型对现实或虚构场景进行计算，通过观测系统模型中的变量取不同值时，输出将会如何变化，从而实现对模拟对象的行为进行观察和测试，进而帮助我们更好地理解问题本质，分析其规律，制订合适的应对措施。

模拟仿真通过模拟计算，可以用来探索不同决策和变量设置的结果，预测系统或模拟对象可能面临的挑战，并在实际设备部署之前测试和验证。它可以应用于设计新产品、分析交通流量、优化工厂流程等领域。模拟仿真还可以模拟一些实验难以进行的条件，比如天气、自然灾害等，从而在更安全和经济的环境中获得有关真实系统或过程的数据。因此，模拟仿真技术在现代工程设计、生产控

① 候薇. 关于程序设计与计算思维关系的思考［J］. 信息与电脑，2014（1）：2.

制、医疗诊断以及资源管理等领域都得到了广泛应用。

通过模拟仿真进行天气预测

近年来，越来越多的科学家和研究机构开始使用模拟仿真技术进行天气预测。比如，我国的天气预报模拟仿真系统——中国气象局全球集合预报系统（CMA-GEPS），该系统由中国气象局开发。

中国气象局全球集合预报系统是目前中国气象局大气环流预报的主要方式之一，也是国内极具代表性的高分辨率天气预报系统之一。CMA-GEPS 包括：普通集合数值预报、特殊集合数值预报和天气灾害集合数值预报三部分。与其他国际先进天气预报系统相比，CMA-GEPS 系统基于数值天气预报理论和全球大气海洋耦合模式，利用气象卫星、探空观测等各种实时观测数据，对全球大气环境进行掌握。同时，该系统还可提供对特定地域短期和长期的天气预测，如行业气象预报和区域灾害性天气事件预警等服务，为各种行业提供重要的气象决策支持。比如，风电场发电量预测、城市污染扩散预报、农业生产气候适应性预报等。该系统不仅在“特色预报”方面成果突出，同时在预报技术、预报效果等方面也处于国际先进水平。随着计算机硬件和预报技术的不断升级，CMA-GEPS 系统将继续为中国气象事业作出更大贡献。

实际上，全球范围内的气象预报系统都是基于模拟仿真技术开发的，具有很高的精度和可靠性。通过对复杂的气象系统建立数学模型，可以模拟各种天气现象的演变过程，从而提供科学的气象预报服务，为人们的社会生活和经济活动提供保障。由此可以看出，模拟仿真可以有效地提高我们对复杂系统的认识和理解，加速研究的进程，同时避免进行复杂实验所带来的高成本、大风险和长时间，显著提高问题求解的效率和精度。

在教学中，教师可以选择一些简单的典型案例引导学生体验模拟仿真的具体过程：

（1）系统分析。

通过收集实际数据和信息，对研究进行分析，以确定建模目标和对象。

（2）模型设计。

将系统或过程抽象成数学模型或计算机模型，设计运行所需的算法与参数。

（3）**计算模拟。**

使用计算机执行模型，以获得系统行为的仿真结果。

（4）**结果分析。**

分析仿真结果，如实验数据、时间序列、图像、视频等格式的输出。结果分析可能会产生新问题，需要再进一步反馈到新的计算模拟中。

（5）**结果应用。**

将仿真结果用于问题求解、改进设计、优化策略等实际应用领域。

在引导学生通过模拟仿真解决问题时，要善于培养学生的抽象思维和严谨的科学精神，引导学生结合实际场景，思考模拟对象在实际应用中的关键性数据、制约条件、所需资源、过程控制、精度要求及目标设定等要素，以确保模拟计算的正确性及精确度。

7. 迭代优化

“迭代”指通过不断重复、反馈的处理，使状态渐进地逼近最终目标的思维和实践活动。在这个活动过程中，每一次重复处理都被称为一次迭代，每一次的迭代结果再作为下一次迭代的起始状态。①

基于迭代的概念，“迭代优化”指通过重复运算的方式，逐步优化问题的解决方案，以达到更好的结果。其基本思想是通过反复迭代，不断寻找可行、最优或近似最优解的目标。在迭代优化过程中，每次计算都会给出一个新的解决方案，并且这个新的解决方案又可以作为下一次计算的起点，使得算法或模型逐渐趋向于最优解。迭代优化是一个非常常见和重要的优化方法，主要应用在各种计算机算法和模型的优化问题上。比如，数值优化、机器学习、人工智能等领域中的模型参数求解、神经网络训练等。迭代优化也可以被应用于软件开发，每一次基于问题解决或基于客户新要求而进行的软件更新、版本升级都可以被称为一次迭代优化。

通过迭代优化进行体重控制

数字化时代的个人体重控制过程，变得更加科学与智能，人们可以使用管理软件来记录个人每天的饮食和运动情况，例如，MyFitnessPal、Lose It 等都得到了大众的认可和喜爱。人们还可使用一些专业的智能体脂秤，通过与手机应用连

① 熊璋，吴建锋. 数据与计算：课程设计［M］. 北京人民教育出版社，2022：40.

接来进行数据记录和分析。借助这些工具，用户只要输入自己的身高、体重、性别、年龄、目标体重等信息，软件就可以计算出其每日的食物摄入量和推荐的食谱及运动计划，并提供饮食营养成分、卡路里、糖分和脂肪等详尽数据。在软件的应用过程中通过采集用户的数据，使用迭代优化的方式，可以更好地帮助用户有效地控制体重。

比如，一个人希望通过控制饮食和运动，让自己的体重从 100 公斤减到 80 公斤。优化目标是降低体重，控制参数为饮食和运动。初始时，软件会为用户设定每天吃 500 卡路里以下饮食，进行固定时间的有氧运动。在这个过程中，通过记录体重，并与目标体重进行对比，如果发现用户体重没有下降或者变重了，则需要进行重新调整，分析哪些参数设置不良，并重新设定下一阶段的控制参数，例如增加运动量或者减少每日摄入量等。经过多次迭代优化，最终实现在规定的时间内完成体重控制的目标。

总的来说，迭代优化可以应用在各种不同的领域，在问题较为复杂并且难以通过简单方式求解时，迭代优化一直都是一种非常有效的优化方式。

在教学中，教师可以结合简单实例或算法让学生真正理解迭代的概念及迭代优化的过程，在此过程中要帮助学生掌握迭代优化的几个关键性要素，比如，明确优化目标是什么、影响参数有哪些、迭代过程如何设计、迭代次数的把握、收敛条件的设计等。

8. 迁移运用

“迁移”是指使用其他领域的知识来帮助目标领域的学习，通过迁移学习掌握不同的实现方法。在计算思维的培养过程中，迁移运用是非常重要的一环。学生在运用计算思维解决问题时，能够提炼问题解决过程中使用的学科思想方法，并能将此方法应用于其他领域解决同类问题，通过计算思维的迁移运用，为解决跨学科问题提供更多的新方法、新思路。

比如，算法思维不仅可以应用于编程，它还可以帮助人们用于其他流程性事务的处理和规划，同时算法思维中还包含了分解的思想，在解决复杂问题时可以引导人们考虑将问题分解为更小或可处理的单元，再按照一定的规则组合起来。抽象思维的迁移可以帮助人们将复杂的现象或问题抽象为更简单、更基本的模型或概念，以便更好地理解和解决问题。系统思维则可迁移应用于管理和组织领域中，帮助人们理解各个部门和员工之间的相互作用和影响，以便更好地制订管理策略。

将分治法应用于企业战略规划

“分治”是计算机科学中常用的一种思想方法，指通过将一个大问题划分成若干个小问题来解决整个问题。在计算机科学领域中，这种思想方法被广泛应用于算法设计和程序开发中，以提高程序的效率和可维护性。同时，这种思想方法也可以被迁移到其他领域，帮助我们更好地解决问题，一个将分治法迁移到经济管理领域的案例就是企业战略规划。企业战略规划是企业管理中的重要环节，它涉及企业的长远发展方向，需要综合考虑各种内外部因素，为企业制订可行的发展战略。在这个过程中，分治法可以帮助企业管理者分解问题、分别处理和优化问题，最后通过合并得到最优的战略规划方案。分治法应用于企业战略规划的步骤如图 2-15 所示。

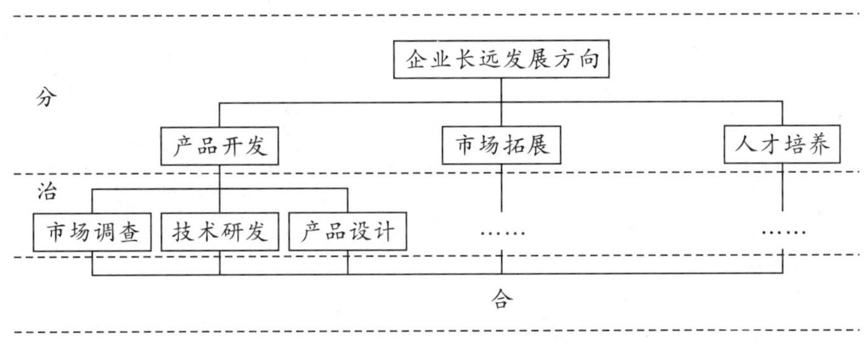

图 2-15 分治法应用于企业战略规划的步骤

一分：将企业长远发展方向拆分成若干个小的问题，例如将企业长远发展方向拆分成产品开发、市场拓展、人才培养等小问题。

二治：对每个小问题进行分别处理，例如针对产品开发问题，可以进行市场调查、技术研发、产品设计等处理。

三合：将各个小问题的处理结果合并起来，得到最终的战略规划方案。

通过这种方式，企业管理者可以将一个复杂的战略规划问题拆分成若干个小问题，并通过分而治之的方法分别解决这些小问题，最终得到最优的战略规划方案。这种分而治之的思想方法使得战略规划具有较高的准确性和效率，被广泛应用于各种企业管理场景中。

除了企业管理领域，分治思想方法还可以被应用于其他经济管理领域，例如在股票投资领域，可以将一个复杂的投资组合问题拆分成若干个小的投资问题，分别进行处理和优化，最后将这些结果合并起来得到最终的投资组合结果。

计算思维是一种综合性的思维方式，被广泛应用于数学、计算机科学、物理、生物、化学等领域。教学中，教师可以尽量多地采用跨学科应用计算思维的案例，帮助学生更好地理解计算思维的应用场景，让学生理解“计算无处不在”的理念。

第三章　中小学计算思维教学策略

一、体验式教学

（一）体验式教学策略解析

1. 体验式教学与计算思维的关系

体验式教学是教师以一定的理论为指导，有目的地创设教学情境，充分发挥学生的主体性，激发学生情感，引导学生通过亲身体验感知和领悟知识的一种实践活动。学生在体验中得到情感陶冶和升华，在体验中发展创新精神和实践能力。[①] 与以往灌溉式、接受式学习不同，体验式教学关注学生的主体地位，关注学生积极主动进行实践参与的过程，让学生在切身体验新事物和新情境的过程中，将外在感受和内在感知进行连接，去体验、感知直至理解，收获直接经验的增长和思维能力的提升。体验式教学充分体现了现代教学论的重要思想，能够较好地落实和体现新课改的基本理念，适应现实教学需求。与此同时，教师要对学生进行正确引导和客观评述，发挥主导地位。

体验式教学强调体验、参与和协作的重要性，鼓励教师积极调动学生的学习兴趣，激发学生的学习动机，引导学生在与实际生活相关的情境中基于现实问题去“做”并探索未知奥秘，培养学生的深度思考和问题解决能力，这与计算思维的培养目标是十分契合的。同时，计算思维与体验式教学也具有互补性，计算

---

① 胡尚峰，田涛. 体验式教学模式初探［J］. 教育探索，2003（11）：49-51.

思维侧重学生认知和思维方面的改变、发展，帮助学生思考如何界定、分解问题，如何将问题进行抽象化和建模，将问题解决方法迁移延伸到更广阔的领域中。作为一种认知，计算思维具有抽象性和隐性特质，因此很难实施，也难以评价，这需要借助某些策略使其显性化呈现；而体验式教学策略强调的是学生在整个沉浸式参与过程中获得的学习体验，关注的是学生在具象化的体验活动中的学习感受。学生在体验学习过程中可以勇敢尝试、大胆参与，去发现和感受新事物，发现思考新规律，在理解学习领域中的情境体验和建立模型环节感知和领悟具体知识，在反思观察和分享环节将具体知识内化为计算思维和系统化解决问题的能力。因此，体验式教学侧重于过程，计算思维侧重于结果；前者关注感受，后者关注感知，具有高度的互补性（见图 3-1）。

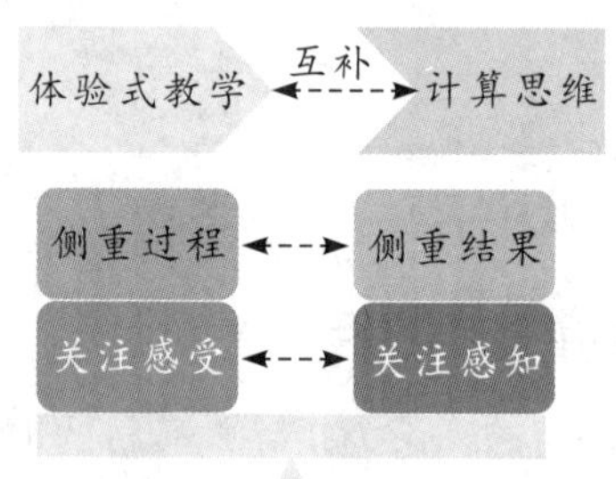

图 3-1　体验式教学与计算思维关系图

2. 基于体验式教学的计算思维培养策略

依据体验式教学与计算思维的互补关系，结合文献研究，我们提出基于体验式教学的计算思维培养策略。该策略从学生的感知体验出发，首先需要教师创设情境，让学生在亲身体验中感悟计算机科学应用带来的不同效果，调动学生的内在学习动机和情感参与，驱使学生在获得感悟认识的同时去发现问题。其次，教师给予学生充足的思考时间以搭建学习支架，学生尝试理解包括问题表征、数据分析、数据抽象、自动化、分析方案在内的一系列有序步骤，结合亲身经验对其中原理进行归纳和总结，以及进行形象理解。再次，教师帮助学生建立数学模型，引导学生进行算法迁移，选择最优算法。最后，教师指导学生小组分享交流，引导学生结合教师、同学的评价主动对程序和作品进行调试改进、迭代优化，形成最终的作品（见图 3-2）。

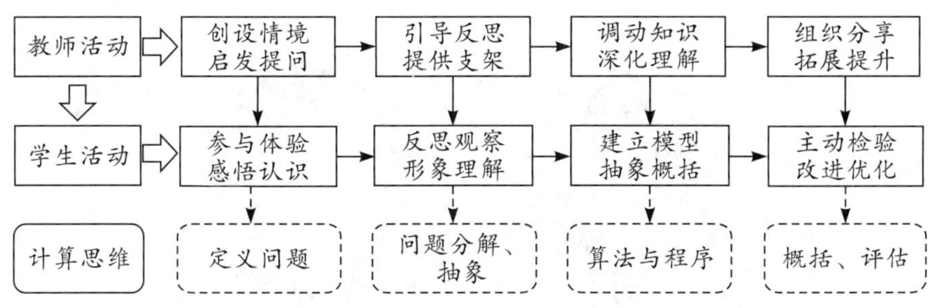

图 3-2　基于体验式教学的计算思维培养策略

使用基于体验式教学的方式培养学生计算思维的时候，应尽量选择学生熟悉的应用场景进行体验，同时注意符合不同学段学生的认知特点。小学生的感性经验强于逻辑判断，需要借助具体的场景表征计算思维，更依赖于具体的计算机原理和操作；初中生由小学阶段过渡到初中阶段，处于逐步适应时期，也需要感性经验来提供直接支持；高中生的抽象思维优势逐步凸显，基本具备推理归纳和演绎的能力，教师可以引导高中生运用具体理论来指导实践。

（二）体验式教学策略培养计算思维的案例分析

☞ 案例 3-1　神奇画笔

【内容分析】

本节课让学生用编程的形式实现画笔设计，设计出色彩丰富的图像。学生通过体验式活动，将鼠标作为画笔在“舞台”上自由移动，并显示其运动轨迹，在绘制新角色后，将其作为笔刷，自由创作一幅画，充分感受编程语言的艺术色彩，在该过程中提升计算思维和审美能力。

【教学目标】

①指导学生理解并掌握编程思维中循环结构的概念。

②指导学生理解并区分“面向”和“移到”模块指令。

③指导学生使用图形化编程软件完成一幅创意画。

【活动设计】

活动一：感受艺术之美。

教师带领学生共同欣赏几幅艺术作品，分析构图及色彩搭配，从而激发学生的创作激情。由此，引出该教学活动的主题，向学生演示一到两个完整案例（见

图 3-3)，让学生发现问题。

图 3-3　作品欣赏

活动二：分解任务，体验创作。

基于体验活动，教师布置本节课的基础任务，即添加角色，让其跟随鼠标移动，并绘制移动路线。学生填写任务单，在教师引导下对任务进行分解（见图 3-4）。这个过程也是对复杂任务进行抽象化和分解的过程，帮助学生发展计算思维。

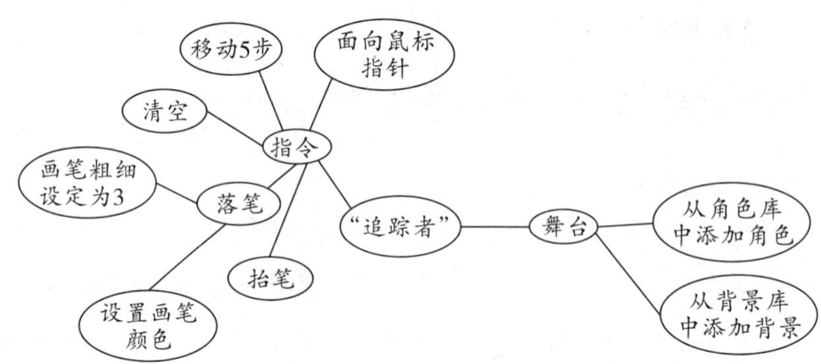

图 3-4　任务拆解分析

教师利用活动实例引导学生理解并掌握画笔指令集中的相关功能（见图 3-5），促使学生思考并体会落笔、抬笔、清除画笔指令搭配使用顺序，进一步提高学生的动手操作能力，激发创作激情。

图 3-5　画笔指令集

学生通过任务分析，确定落笔、抬笔、清除画笔指令等顺序，并逐步完成完整的脚本设计和作品设计，示例作品和程序如图 3-6 所示。

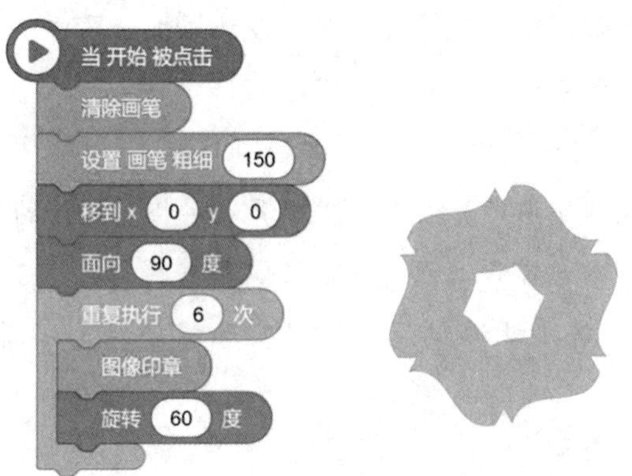

图 3-6 示例作品和程序

活动三：展示与评价。

全班以小组为单位进行作品分享评价，在交流评价过程中，针对所遇到的问题积极思考并提供解决方案，以达到不断完善作品的目的。学生在原有基础上对程序进行优化设计，并进行程序的迭代改进。

活动四：回顾与提升。

教师帮助学生回顾整个任务完成的过程以及所用到的知识概念，在学生已有的经验之上架构知识，使学生理解并掌握循环模块指令的概念，同时学会区分指令。

【教学说明】

循环结构是程序设计语言中三大基本结构之一，也是教授过程中的难点之一。教师可以通过体验活动让学生先对此知识点产生兴趣，接着引导学生对最终要完成的任务进行抽象和分解，找到事物之间的共性，把复杂任务进行分解，再找到对应的解决方法。整个过程不仅是在帮助学生掌握画笔模块，更是在发展学生的计算思维，培养学生归纳问题、将复杂问题简单化和迁移学习的能力。当然，在讲授的过程中，教师也可以根据学生的能力提出更高的任务要求。

☞ 案例 3-2 图书义卖销售[①]

【内容分析】

本节课的目标是让学生理解算法概念，在生活算法的基础上理解计算算法，能使用自然语言和流程图来描述算法，理解在计算机世界中，数据形成算法，算法应用连接成系统，解决信息社会中的问题。

【教学目标】

①指导学生理解并使用计算概念，明确算法对程序设计的重要性。

②指导学生用自然语言和流程图描述简单算法。

③指导学生初步建立计算观念，能将实际问题抽象成计算机解决问题的算法。

【活动设计】

活动一：体验义卖图书过程。

课前教师准备好义卖图书场景摊位，播放校园图书义卖活动视频，营造氛围，两组学生体验义卖图书过程（第一组模拟人，第二组模拟计算机），体验过程中教师及时巡视提供帮助，学生以同组异质方式明确分工。

活动二：教师采访。

体验活动结束后，教师采访学生，引导学生在采访中分析问题，使用计算概念，培养计算思维。采访问题如下：

a. 买方是否能买到图书？能买到几本？单价多少？（引出单价和数量的概念）

b. 卖方卖了多少钱？是如何计算的？（引出计算金额的方法：总价=单价×数量）

c. 请写下卖书的方法和步骤，这样的步骤就是销售单笔图书的算法。算法的概念是什么？（引导学生归纳总结、概括理解算法的概念，体会自然语言的特点）

d. 第二组中的计算机能直接听懂人类的话吗？如果用计算机来解决问题，需要如何获取和处理信息？（引导学生回顾计算机硬件的基础知识：输入、处理和输出）

e. 学生通过流程图将输入、处理和输出部分连接起来，总结流程图的组成及特点（见图 3-7）。

---

① 朱云. 构建“主题体验式”课堂，提升学科核心素养：以《算法》一课的教学为例［J］. 中国信息技术教育，2022（17）：44-46.

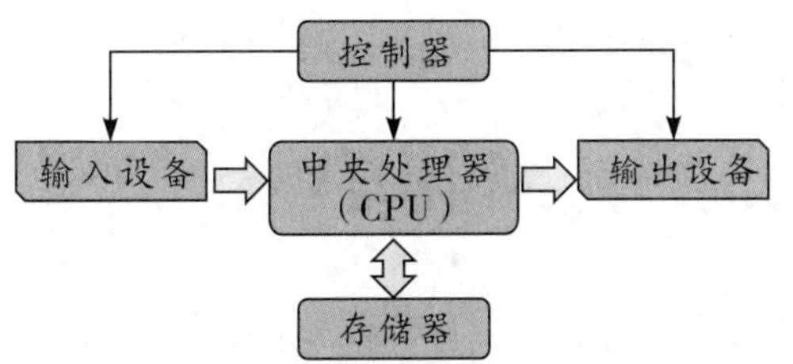

图 3-7 计算机工作流程

活动三：算法分析。

学生分组完成表格分工，讨论义卖销售方案，使用自然语言描述算法。

第一步：输入书的数量 S；

第二步：输入书的单价 P；

第三步：将数量乘以单价，得出金额 T。

活动四：绘制流程图，程序实践。

教师带领学生分析简单流程图，理解计算机解决问题的计算思维；学生根据自然语言描述的算法，绘制流程图，并同步生成程序代码，运行程序代码检查所绘制流程图是否正确，在迭代修改中提高学生的计算实践能力。

例如：买书的同学只带了 100 元，书的单价是 20 元，他能买到 6 本书吗？如何编写程序，流程图应该如何表达？

教师指导学生绘制流程图（见图 3-8）：

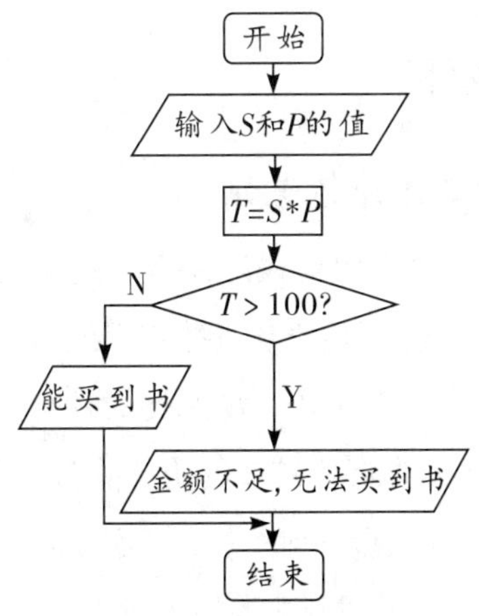

图 3-8 参考流程图

学生编写程序，教师指导。

参考程序：

```
S=input("请输入购买笔记本的数量(本):")
S=int(S)
P=float(input("请输入笔记本的单价(元/本):"))
T=S * P
if T>100:
    print("金额不足,无法买到书")
else:
    print("能买到书")
```

【教学说明】

在真实的体验活动中，学生亲身感受和观察，切身感受到算法在生活中的应用，通过对问题进行分析、分解，将实际问题抽象成计算机能解决的问题，系统性地思考并求解问题。教师可以在学生体验交易的过程中，设置可能出现的一些复杂情况（比如量大价优、买一送一等），不断升级算法难度，在这个过程中实现知识融入和内化，培养学生的计算思维。

二、 游戏化教学

（一）游戏化教学策略解析

1. 游戏化教学与计算思维的关系

当今的青少年学生是“数字原住民”一代，他们已从根本上发生变化，计算思维的培养需要改革教育方法和内容，我们需要学会用他们的语言和方式与之沟通，而游戏化教学是一种好的选择。在人类的社会生活中，游戏所占比重很大，并随着社会的演变而不断发展。游戏的历史非常悠久，但作为理论被研究是从近代开始的。教育文献中普遍接受的一个事实是：游戏是一个很难定义的概念。如表 3-1 所示，我们列举了部分学者的游戏观。

表 3-1 部分学者及其游戏观

学者	游戏观
席勒	只有当人充分是人的时候，他才游戏；只有当人游戏的时候，他才是完全的人。游戏，产生于人的本能
皮亚杰	游戏是同化的产物，在游戏中，孩子练习技能以达到熟练程度，并在安全环境下尝试新的行为
维果茨基	游戏是社会互动的产物，游戏为学习和发展提供了重要的情境，发展了儿童的象征性思维
杜威	游戏应被纳入学校课程体系中，或者作为课程作业的一种形式，学生在游戏中关联经验和知识

虽然我们无法对游戏进行精确定义，但对于大多数学生而言，游戏是一个自然发生的复杂现象。游戏在学生发展的不同阶段，促进他们认知、社会交往和情感情绪等方面的发展。游戏化教学这个概念，最早可以追溯到 20 世纪 80 年代，国外关于游戏化教学的研究起步较早，一部分国外学者开始重视视频游戏的教育意义，研究如何通过游戏激发学生的学习动机，并在教学中应用游戏。而在 2011 年前后，随着游戏化在各行各业中的应用激增，游戏化这个名词才被广泛使用，这个概念才越来越频繁地出现在我们面前。

国内外关于游戏化教学培养计算思维方面的研究主要分为两类：一类是通过设计开发小游戏或编写程序指令发展计算思维；另一类是在教学过程中渗透游戏元素如积分、徽章、等级等虚拟的游戏激励形式，使学生的计算思维在体验严肃游戏的过程中得以训练和提升。

游戏化教学对中小学生计算思维的培养来说很有必要，在快乐的情境中，学生更容易主动探索、获得知识，从而达到思维层面的发展。美国等国家的学者已做了不少相关研究，如 Berland 等人通过定性分析发现，玩家在游戏中通力合作达成目标的过程促进了他们计算思维的发展①；Kazimoglu 等人提到缺乏足够编程知识的学生可以借助游戏框架发展计算思维②；Anton 借助游戏设计软件 Kodu 开发了一门游戏设计课程，学生通过对简单游戏的设计与开发，深入了解游戏的运

① BERLAND M，LEE V R. Collaborative strategic board games as a site for distributed computational thinking［J］. International journal of game-based learning，2001（4）：65-81.

② KAZIMOGLU C，KIEMNAN M. Learning programming at the computational thinking level via digital game-play［J］. Procedia computer science，2012（9）：522-531.

行机制，较好地促进了计算思维的发展①。

我国许多学者和一线教师也相继对游戏化教学在计算思维方面的应用作出了一定探索。罗小青将计算思维的相关方法渗透到教学游戏的设计中，通过实践证明将计算思维与游戏化教学方式结合切实可行。② 高娇结合案例证明利用计算思维的相关方法指导教师设计游戏化教学方案，可以培养学生的计算思维。③ 邱淑娟主张将计算思维的元素融合到游戏化教学环节中，激发学生学习热情，同时提高他们的计算思维水平。④

综上，游戏化教学在计算思维培养中的价值举足轻重，游戏化教学策略可以使学生在游戏过程中潜移默化、寓教于乐地培养计算思维。

之所以能通过游戏化教学的方式培养计算思维，是因为它们在某种程度上具有相同点，如表 3-2 所示。第一，游戏是抽象思维的溶剂，游戏化教学过程往往会将任务分解，学生通过完成各个关卡的任务来达到教学目标，而这近似计算思维通过抽象和分解的方法来解决复杂问题。第二，游戏化教学往往采取情境化的方法，学生在游戏体验中习得知识，这与计算思维中的仿真、转化、嵌入类似。第三，游戏化教学通常采用闯关的形式，每个关卡任务往往环环相扣，学生在教师引导下掌握知识点，完成相应任务，顺利闯关，这类似于计算思维中的启发式推理。第四，游戏化教学具有纠错性的特征，为了实现教学目标，学生可以根据需要去选择任一种形式，只需遵守教师给出的相关规则，完成闯关任务即可，这与计算思维中的冗余、容错、纠错是相似的。⑤

表 3-2　游戏化教学特征与计算思维方法的相同点

游戏化教学特征	计算思维方法
目标分层	抽象和分解

① ANTON G. Patterns of play: understanding computational thinking through game design [C]. Proceedings of GLS 9.0 conference. June, 2013: 61-66.

② 罗小青. 基于游戏化教学的计算思维培养研究：以高中信息科技《算法与程序设计》为例 [D]. 上海：上海师范大学，2018.

③ 高娇. 基于游戏化教学的计算思维培养研究：以中学信息技术学科为例 [D]. 西安：陕西师范大学，2014.

④ 邱淑娟. 基于计算思维培养的高中信息技术游戏化教学设计研究 [D]. 曲阜：曲阜师范大学，2019.

⑤ 高薇. 基于游戏化教学的计算思维培养研究：以高职计算机应用基础课程为例 [D]. 长沙：湖南师范大学，2020.

（续上表）

游戏化教学特征	计算思维方法
情境化	仿真、转化、嵌入
闯关设置	启发式推理
纠错性	冗余、容错、纠错

2. 基于游戏化教学的计算思维培养策略

计算思维的本质是抽象和自动化，通过游戏化教学策略展开教学，教学目的不在于让学生设计一款游戏或者单纯体验游戏过程，而在于培养学生抽象描述问题的能力，以及提出可通过计算机执行的问题解决方案的能力，并最终将解决方案转化为可自动执行的计算机程序，利用计算思维求解实际问题。结合文献调研，我们提出基于游戏化教学的计算思维培养策略（见图 3-9），包含四个阶段。首先，教师创设引人入胜的游戏情境，向学生介绍游戏规则，调动学生积极性；其次，在学生明确本节课任务后，教师组织开展游戏，引导学生在掌握知识点的基础上进行闯关；再次，每轮游戏结束之后，教师都要引导学生通过流程图等进行思维可视化，分享作品，总结成功经验，同时进行算法思路的梳理；最后，在每次完成任务之后，教师要组织学生自评、互评和反思，完成相应评价量表。游戏化过程中教师需要全程对课堂进行调控，维持课堂秩序。

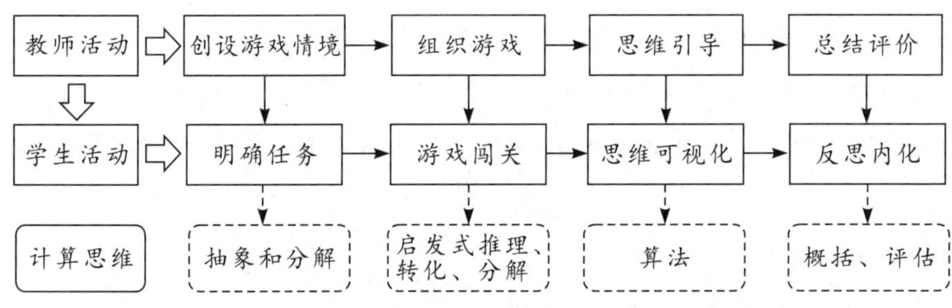

图 3-9　基于游戏式教学的计算思维培养策略

（二）游戏化教学策略培养计算思维的案例分析

☞ **案例 3-3　贪吃蛇①**

【内容分析】

本节课的教学内容为通过 Scratch 编程软件实现一款经典游戏“贪吃蛇”的制作。学生在前面的课时已经学习了“控制”模块的“如果……那么……”语句以及重复执行语句、画笔工具和“事件”里面的广播语句，这节课主要学习创建列表、列表的作用以及如何添加、删除列表项。

【教学目标】

①使学生掌握列表的创建及其作用，知道如何插入、删除列表项。

②使学生理解循环结构对程序的作用，巩固“如果……那么……”语句、画笔和广播的使用。

③通过游戏竞赛、任务分析以及自主学习来培养学生的探究精神及问题分析能力。

④在游戏竞赛中激发学生对于编程的兴趣，使学生体会到将想法通过编程软件变为现实的成就感和获得感，培养学生的创新意识，提升学生信息素养。

【活动设计】

活动一：展示游戏，说明规则。

教师展示本次课的主题游戏，讲解游戏规则，随机选取四位学生试玩游戏，引导学生分析、解读程序，向表现好的学生分发“学习币”。

活动二：游戏分析，思路拆解。

教师进一步引导学生进行程序分析；学生分析程序，填写学案，绘制流程图。

活动三：大显身手，游戏制作。

学生进行游戏制作，在这个过程中发现并解决问题。

关卡 1：a. 设置开始条件；b. 通过变量记录蛇身的长度；c. 通过键盘控制蛇头的移动；d. 以蛇头充当画笔，绘制蛇身。

关卡 2：a. 创建列表，分别存储蛇头所经过的横坐标、纵坐标和方向；b.

---

① 周红梅. 应用游戏化教学原则培养小学生计算思维：以 Scratch 编程课为例［D］. 武汉：华中师范大学，2021.

蛇尾实现远距离跟随。

关卡3：a. 蛇头碰到豆子，蛇身变长；b. 当存放蛇头的横坐标列表长度大于蛇身长度时，蛇尾角色画白线进行遮盖。

关卡4：为本游戏添加成功或失败的条件，并增加游戏难度（比如设置双角色进行PK）。

活动四：展示作品，分享制作过程。

教师鼓励学生展示自己的作品，参与作品展示的同学主要描述设计内容和设计思路，包括自己的创新点以及实现的方法等，最后教师为参与作品展示的学生分发“学习币”。“学习币”和星星总数最多的五名学生可获得“学习之星”徽章。

【教学说明】

通过播放视频以及教师举例等直观的方式，让学生明白列表的概念，感悟抽象的思维方式。而关于列表的具体应用，则综合采用游戏主题和游戏化元素，通过制作游戏主题来加深学生对知识点的理解。最后，在整个过程中通过竞赛、闯关、积分等形式激发学生的挑战欲。

☞ 案例3-4 旋转的线条：运用循环结构描述问题的求解过程①

【内容分析】

学生根据要求，使用Python设计图形的色彩表现、线条走向和复杂度；在已经掌握Python turtle库用法的基础上学习for和while循环语句的应用；在实际应用中掌握语法，知道循环体中必须有改变条件表达式的语句，能恰当使用while循环描述实际问题的算法求解过程，培养计算思维。

【教学目标】

①指导学生了解for循环格式及程序执行过程，了解几种常用的列表表达方式，掌握常用的语法，能使用恰当的for循环描述实际问题的算法求解过程。

②指导学生掌握while循环格式，理解while循环的程序执行过程，知道循环体中必须有改变条件表达式的语句，能恰当使用while循环描述实际问题的算法求解过程。

③指导学生结合数学、美术学科的知识，绘制设计图案。

① 华中师范大学珠海附属中学沐晓莹老师的案例。

【活动设计】

活动一：进入游戏情境。

教师呈现挑战游戏：小明是一名游戏爱好者，在一次玩游戏的时候，他的意识掉入了游戏世界，他只有通过所有的关卡，召唤出神兽，才能顺利走出游戏世界，否则就只能一直待在里面。今天的游戏关卡中，小明需要根据引导绘出两个图腾。闯关之前，需要掌握一些前置知识。

活动二：观察图案，探索新知。

教师播放 Python 程序画出六边形的动图，提问学生画图的步骤是怎样的，根据学生的回答进行问题分析，并进行引导：当我们让计算机自动完成重复的工作时，可以采用循环的方式，引出程序设计中常用到的基本结构之一——循环结构。

之后，教师呈现六边形螺旋线（见图 3-10），引导学生思考为什么螺旋线不会重合、该程序中的六边形螺旋线一共有多少条线段、怎样画出 100 条线段的七边形螺旋线等问题。教师基于学生的回答进行引导，在这个过程中帮助学生将复杂的问题简化、抽象，构建合理的数学模型。

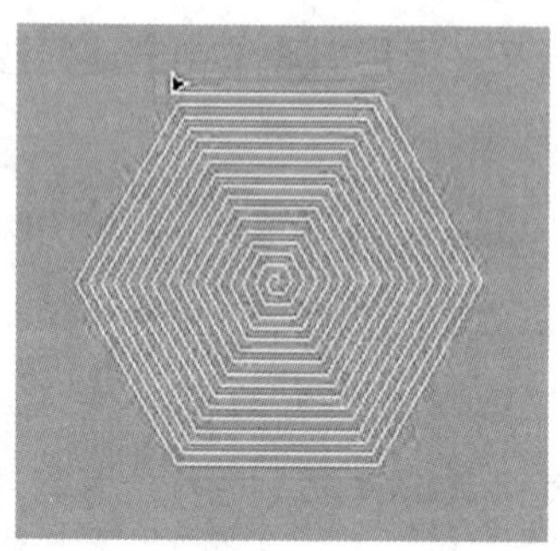

图 3-10　六边形螺旋线

活动三：突破关卡，绘制迷宫。

呈现关卡 1：画出颜色渐变且线条逐渐加粗的十边形（见图 3-11）。教师提供导学案，帮助学生完成任务，并针对学生出现的问题进行讲解，引导学生正确地思考，使学生通过对问题的分析和讨论设计恰当的算法解决问题。

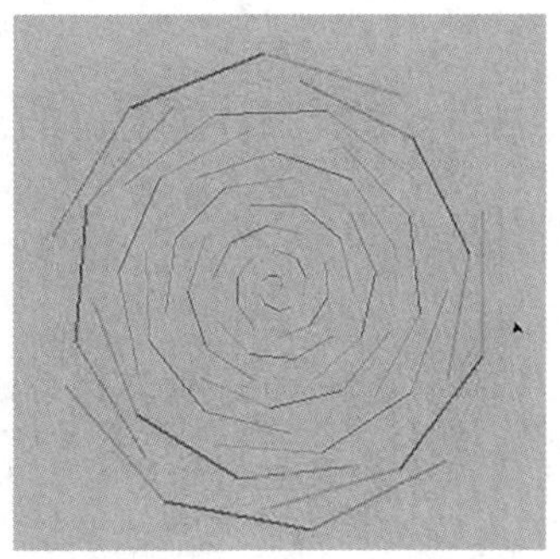

图 3-11 颜色渐变且线条逐渐加粗的十边形

教师呈现关卡 2，绘制以下迷宫图（见图 3-12）。

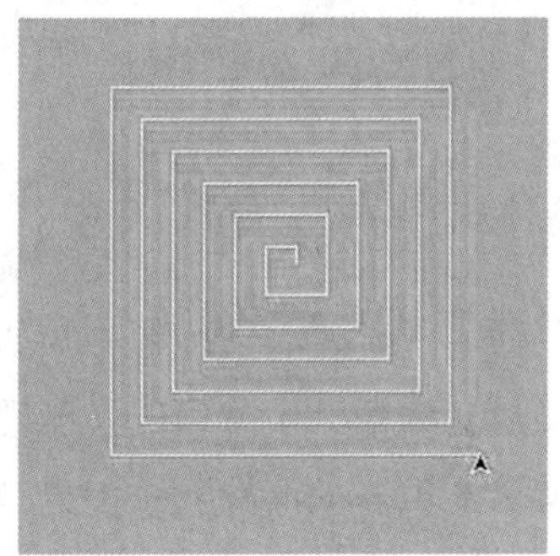

图 3-12 彩色迷宫墙

学生尝试完成任务。教师引导学生思考：有没有别的算法解决这种条件明确的循环问题？进而引出 while 循环。while 循环语句的语法如图 3-13 所示。

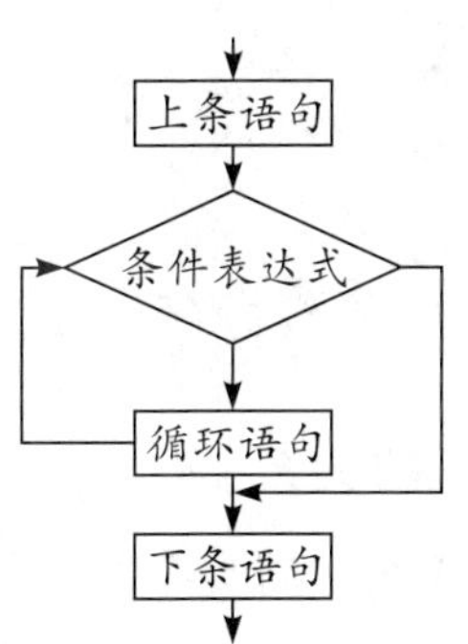

图 3-13 while 循环语法

活动四：展示迷宫图。

学生完善关卡任务，并展示自己设计的图案，最快闯关成功的小组进行经验分享，教师引导学生进行自评、互评。

活动五：总结与提升。

教师引导学生总结 for 循环语句和 while 循环语句的一般格式，通过可视化的方式，从感官上刺激学生的认识，加深他们的印象（见图 3-14）。

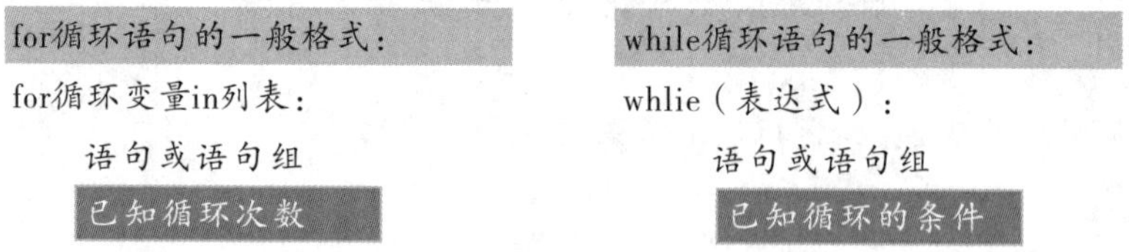

for循环语句的一般格式：
for循环变量in列表：
语句或语句组
已知循环次数

while循环语句的一般格式：
whlie（表达式）：
语句或语句组
已知循环的条件

图 3-14　知识点总结

【教学说明】

循环结构是程序设计中常用到的基本结构之一，而且从平面构成的角度来讲，重复、渐变、对比、发射、特异、矛盾空间、肌理等构成形式都需要使用循环结构以更好地表现。对循环结构的学习有利于激发学生学习的兴趣，促进学生学科知识的融合，激发学生的创造力。在这个过程中，采用游戏化教学的方式，吸引学生的兴趣，同时激起学生的胜负欲，引导学生运用已有知识去分析、解决问题，从而促进学生计算思维的形成。

三、 基于问题解决的教学

（一）基于问题解决的教学策略解析

1. 问题解决与计算思维的关系

一般来说，问题包含已知条件、问题空间、目标答案三要素。① 其中，已知

① 陈佳怡. 基于问题解决教学模式的小学生计算思维培养研究：以智能停车系统单元为例［D］. 无锡：江南大学，2019.

条件是指关于问题的已有条件的描述，问题空间是指问题解决的路径，目标答案则是指针对问题和要求提供的可行性方法或方案。[①] 学生基于已知条件，借助已掌握的知识和经验，能够突破问题空间，寻求问题的途径，并在此过程中获得知识和技巧。根据结构性不同，可以将问题分为结构性问题和非结构性问题，即良构问题和劣构问题。良构问题会遵循一定的规则和原理，可以较为清晰地显现出问题的所有要素，一般有较为明确的回答标准，如鸡兔同笼、冒泡排序、斐波那契数列等，会涉及明显的概念、定义或公式；劣构问题不一样，它与真实情境相联系，目标不明确，解决方案不唯一，如机器人撰写文章、程序自动绘图等，一般富含创造力（见图 3-15）。

图 3-15　问题分类

关于良构与劣构问题的解决，前者主要包括表征问题、搜寻解决方案、实施解决方案三大步骤，后者主要包括学生阐明问题空间和情境限制条件、讨论并提出意见或观点、产生可能的问题解决方案、评估其他解决方案的可行性、监控问题空间及解决方案选择、实施问题解决方案、修改解决方案七大步骤。[②] 二者相比，可以发现劣构问题更具复杂性，其解决步骤更多，涉及评估、监控、调整方案等，更能够丰富学生的认知历程，开阔学生的思维。因此，在教学中，可以根据实际情况将良构问题转化为劣构问题，助力学生的学习和发展。如针对 Python 编程中的分支结构，可以提出设计闯关小程序，帮助学生在实践过程中理解关于条件语句的相关知识（见图 3-16）。

---

① 袁维新，吴庆麟. 问题解决：涵义、过程与教学模式［J］. 心理科学，2010，33（1）：151-154.

② 陈佳怡. 基于问题解决教学模式的小学生计算思维培养研究：以智能停车系统单元为例［D］. 无锡：江南大学，2019.

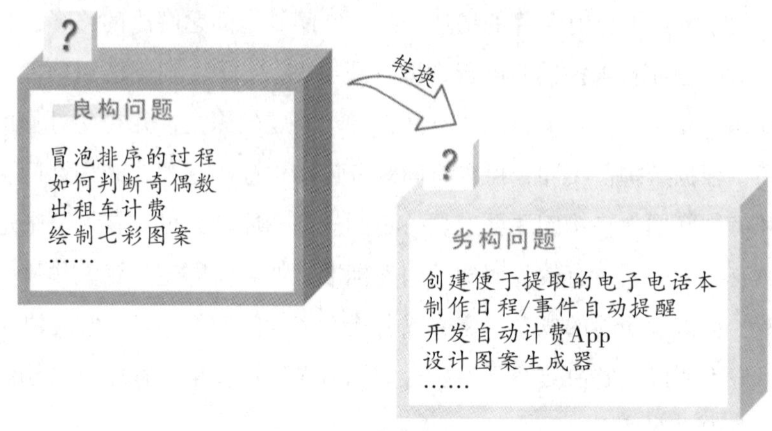

图 3-16　问题转换

关于问题解决模式，奥苏贝尔认为主要包括呈现问题情境、明确问题和已知条件、填补空隙过程、解决之后的检验这四大阶段；而杜威提出联想、问题、假设、推理、观点的“五步思维”。Wang 和 Chiew 指出，问题解决是个人以内在知识表征为基础，与分析、抽象、搜索、决策等认知历程进行互动的高层次认知过程。[①] 可见，问题解决教学模式注重过程，强调学生并非直接获取知识，而是在探索问题求解方法的过程中习得新知，是一种有效的、有意义的教学模式，能够激发学生的主观能动性，提高学生的思维能力。说到问题解决，周以真教授在不同时间点对计算思维的阐述都没有脱离“问题解决说”这一主线，说明问题解决是聚焦计算思维培养的教学中的重要关注点。发展学生的计算思维，恰好应该让他们经历问题求解过程。仔细推敲，不难发现，问题解决模式中的认知历程与计算思维的核心要素存在较多相似之处。因此，基于问题解决的教学与培养学生的计算思维不谋而合（见图 3-17）。

① WANG Y X，CHIEW V. On the cognitive process of human problem solving［J］. Cognitive systems research，2010，11（1）：81-92.

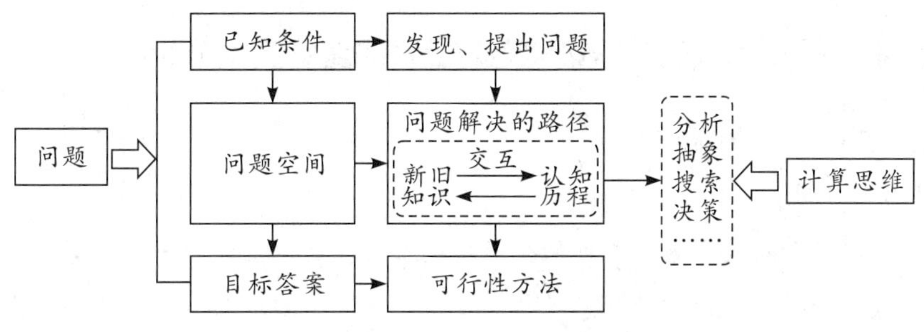

图 3-17 问题与计算思维要素关系图

2. 基于问题解决教学的计算思维培养策略

好的问题可以帮助学生发散思维，而基于问题解决的教学可以帮助学生重构知识，促使其进行深度思考。依据问题解决与计算思维的要素关系，结合文献调研，我们提出基于问题解决教学的计算思维培养策略（见图 3-18），该策略以问题为核心，包含发现问题、分析问题、提出方案、检验评估四个阶段。首先，教师需要从现实生活情境引入，引导学生主动发现和提出问题；其次，教师组织探究活动，学生进行自主学习，随后开展合作探究活动；再次，学生针对问题提出具体的解决方案，教师在该过程中辅导学生展开探究；最后，教师引导学生反思，即应用新知，产生迁移。

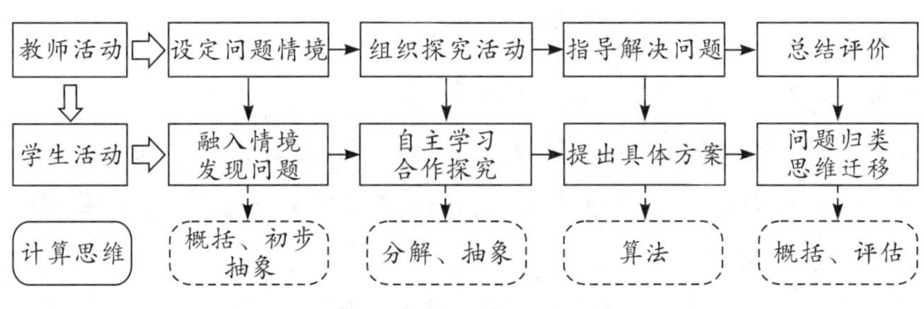

图 3-18 基于问题解决教学的计算思维培养策略

基于问题解决教学的计算思维培养策略在不同学段上的应用主要体现在问题的分类上。小学阶段以良构问题为主，可考虑偏浅层的劣构问题；初中阶段以劣构问题为主，难度适中；高中阶段以劣构问题为主，可以涉及较深的知识点。

（二）基于问题解决的教学策略培养计算思维的案例分析

☞ 案例 3-5 紧急呼叫①

【内容分析】

本节课从独居老人紧急求助的生活情境入手，让学生设计一款能够实现自动拨打求救电话并发送短信的紧急呼叫 App。整节课，学生以小组合作的方式，进行讨论与交流，完成设计与制作。

【教学目标】

①使学生知道新增屏幕和实现屏幕之间的跳转，知道电话拨号器、短信收发器、电话号选择框组件的功能和使用方法，知道利用文件管理器组件实现数据存取。

②通过创作紧急呼叫 App，帮助学生综合使用多个组件进行屏幕设计和有逻辑的编程，提升学生的知识应用能力。

③从现实情境中感知问题，提升学生的信息意识；通过罗列子问题以及编程实现，提高学生的问题解决能力，培养计算思维。

【活动设计】

教师以播放动漫视频的方式呈现情境：一位独自在家的老人突然生病，需要进行紧急求助。随后，引导学生思考如何帮助老人实现一键紧急呼叫且通知家里人。在教师的引导下，学生确定要解决的问题，即制作一款紧急呼叫 App。

活动一：了解功能需求，构思 App 屏幕。

首先，教师进行效果演示，帮助学生了解该款 App 的主要功能；其次，学生分组讨论，列出在设计过程中要解决的问题；最后，教师结合讨论的情况，引导学生小结，具体如下：

a. 如何设置一个适合老年人用的用户界面（画设计图）？

b. 如何实现屏幕之间的切换？

c. 如何预先设置和保存联系人电话和短信的内容？

d. 如何防止关掉 App 后设置的内容丢失？

e. 如何实现点击按钮能自动拨打电话和发送短信？

在罗列要解决的小问题之后，学生在草稿本上大致画出能体现 App 功能的界

---

① 张茵茵. 培养高年级小学生计算思维的问题解决教学模式研究［D］. 重庆：重庆师范大学，2018.

面设计图。

活动二：设计与制作 App。

教师播放提前录制好的微课视频，该视频主要用于演示增加屏幕的方法、文件管理器组件存储和读取数据的方法、借助电话拨号器实现拨打电话的方法、借助短信收发器组件发送消息的方法。紧接着，学生分组交流并开始创作，教师负责适时引导，以及对较难的问题进行及时讲解。在创作过程中，学生需要以 AI 伴侣的方式不断地对 App 进行调试。

活动三：作品演示。

学生分组展示作品，演示 App 的功能，同时阐述各个组件的逻辑设计。

【教学说明】

本节课以问题解决的方式展开创作活动，从开始的发现问题，到问题分析，再到学生合作设计，使用新模块进行组件设计和编程，整个过程激发了学生的学习动机，既帮助他们探索模块的新功能，加深对每个模块功能的理解和应用，也让他们在问题转为数据的过程中提升问题抽象能力，培养计算思维。

☞ 案例 3-6　疯狂的保险箱：for 循环嵌套的使用①

【内容分析】

本节课是对循环结构学习的延伸，主要内容包括“多层嵌套循环”的语法结构、执行流程。由于该课的多层 for 循环嵌套中还包含了 if 语句的嵌套，学生较难理解，因此该课选择了学生较感兴趣的与解密相关的实例，即解锁保险箱。该课围绕保险箱的解锁问题而展开，以任务递进的方式带领学生在不断升级保险箱设计版本的过程中深度理解 for 循环语句的运行流程，体会循环结构的实际应用。

【教学目标】

①使学生能够对解锁保险箱进行问题分析，找出规律，将其分解为多个能够解决的子问题。

②使学生通过分析能够描述解锁思路，并根据算法编写和调试程序；引导学生通过协作学习，共享已获取的知识和信息，并能够共同探究出解锁保险箱 3.0 版本的方法。

---

① 源自钟大壬“疯狂的保险箱：for 循环嵌套的使用”课例。

③使学生理解设置足够安全的密码的重要性；引导学生辩证地看待密码解锁，遵守信息法律法规，提高信息安全意识。

【活动设计】

活动一：创设情境，引入主题。

教师呈现解锁保险箱的问题情境，学生在有限的时间内尝试使用各种办法解锁保险箱，其中每个学生的保险箱密码都是随机的。

活动二：解锁保险箱 1.0 版本。

首先，教师示范使用 for 循环实现输出 26 个英文字母的功能，引导学生回顾 for 循环语句、ASCII 码和 chr( ) 函数，为循环嵌套的学习和解锁保险箱作铺垫；其次，教师向学生说明 1.0 版本只有一个密码，并示范使用单重 for 循环编写代码解锁保险箱 1.0 版本；再次，教师介绍保险箱的 box. unlock(k) 函数，box 是封装好的一个自定义库，学生不用深究 box 库的实现，只需知道如何使用，即如果参数 k 是正确的密码则解锁成功，box. unlock( ) 函数返回 true；最后，学生学习 box. unlock(k) 函数的使用方法，参考教师的代码，编写、调试程序，尝试解锁保险箱 1.0 版本。

活动三：解锁保险箱 2.0 版本。

教师播放微课视频，帮助学生理解 for 循环嵌套的执行过程，再呈现保险箱 2.0 版本的运行效果，并示范使用两层 for 循环（循环嵌套）编写代码，解锁保险箱 2.0 版本。学生则结合循环嵌套语句，对解锁步骤进行分析，参考教师的代码，编写、调试程序，解锁保险箱 2.0 版本。

活动四：解锁保险箱 3.0 版本。

教师引导学生从两个密码需要两层循环嵌套的思路出发，思考四个密码的循环嵌套层数。之后，学生以两人为一小组，尝试使用四层 for 循环嵌套编写代码，解锁保险箱 3.0 版本。

活动五：总结提升。

教师组织学生互相交流自己设置密码的习惯，同时思考如何设置密码才能不容易被破解。之后，教师带领学生一起分析整个解锁过程（见图 3-19）。

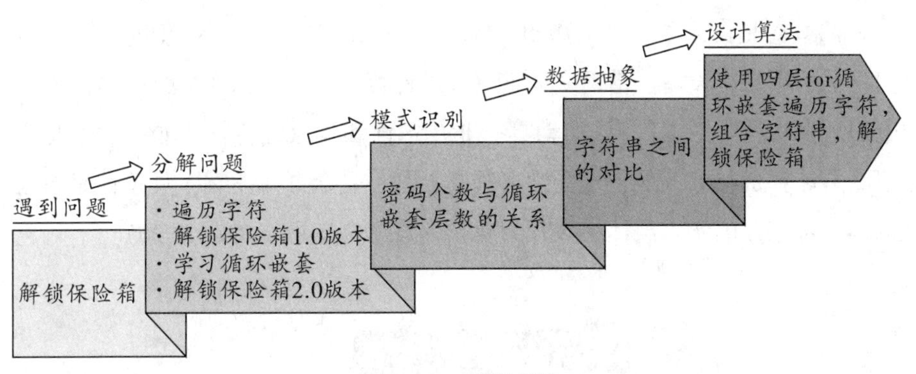

图 3-19 解锁过程

①遇到问题：解锁保险箱。

②分解问题：

a. for 循环遍历（输出）26 个英文字符；

b. 解锁保险箱 1.0 版本；

c. 循环嵌套的学习；

d. 解锁保险箱 2.0 版本。

③模式识别：密码个数与循环嵌套层数的关系（找出规律）。

④数据抽象：字符串之间的对比（密码解锁的本质）。

⑤设计算法：使用四层 for 循环嵌套遍历字符 a~z，得出 456 976 种组合，解锁保险箱。

⑥编写实践，解决问题。

【教学说明】

通过逐步提升解锁难度，将较为复杂的保险箱的设计分解成多个简单的子问题，让学生从设计 1.0 版本到探究 2.0 版本，再到合作实现 3.0 版本，提高学生的问题分解能力，同时使学生在从单重 for 循环解锁到两重循环解锁，再到四重循环解锁的过程中体会使用循环嵌套解决问题的乐趣。此外，在引导学生发现密码个数与循环嵌套层数的关系、了解字符串之间的对比等过程中，建构学生对于抽象化数据和构建模型的意识。

四、基于不插电式教学

（一）基于不插电式教学策略解析

1. 不插电式教学与计算思维的关系

信息技术编程课可以不插电吗？是的，信息技术编程课可以不插电。“不插电”一词最初是由新西兰 Tim Bell、Ian Witten 和 Mike Fellows 等共同提出的。[①]他们将不采用带电设备、借助实体道具开展计算机科学知识教学的活动称为“不插电的计算机科学活动”。该活动具有非技术性和具象性特征：非技术性是指不专门面向计算机技术人员，不受学习基础限制，受众群体拓宽；具象性是指通过可触摸、可感知的实物载体突破较为复杂的概念等知识（见图 3-20）。[②]

图 3-20　不插电的计算机科学活动的特征

不插电活动的形式主要有棋盘和纸牌等游戏、具身活动、魔术、计算思维箱等[③]，其中具身活动是指学生的手势、言语充分融合环境的沉浸式活动。不插电活动的内容主要聚焦在计算机科学相关的知识上，包括计算机科学概念、计算方法等。所以说，不插电的计算机科学活动的重点是帮助学生挖掘和理解计算机科学背后的原理，而不是聚焦于计算机本身。对此，诸多学者尝试将其作为研究内容，展开探索和实践。如：Zhan Zehui 等人针对不插电教具展开研究，发现其对发展计算思维和课堂互动有积极影响[④]；Christian P. Brackmann 等人以西班牙马德里的两所公立学校的小学生为研究对象，发现不插电编程活动能够增强他们的计算思维能力[⑤]；Brandon Rodriguez 等人设计并实施了六个不同教学内容的不插

① 贝尔，等. 不插电的计算机科学［M］. 孙俊峰，杨帆，译. 武汉：华中科技大学出版社，2010：11-12.

② 宋璐，成丹丹. 不插电计算机科学活动教学模型构建［J］. 软件导刊，2021，20（5）：210-214.

③ 张欢. 不插电的计算机科学活动促进乡村小学高年级学生计算思维发展的实证研究［D］. 西安：陕西师范大学，2020.

④ ZHAN Z H，HE W C，YI X T，et al. Effect of unplugged programming teaching aids on children's computational thinking and classroom interaction：with respect to Piaget's four stages theory［J］. Journal of educational computing research，2022，60（5）：1277-1300.

⑤ BRACKMANN C P，ROMÁN-GONZÁLEZ M，ROBLES G，et al. Development of computational thinking skills through unplugged activities in primary school［C］// Proceedings of the 12th Workshop on Primary and Secondary Computing Education. New York：ACM，2017：65-72.

电活动，且对每个活动主要体现的计算思维技能进行了映射[①]，如表 3-3 所示。此外，一线教师也纷纷开展课堂实践，如孙丽以生活中的算法为例，设计并开展了不插电编程活动[②]；丁珺以二进制数的学习为例，作出了不插电活动教学的大胆尝试[③]。

表 3-3　不插电活动与计算思维能力的映射关系

不插电活动名称	计算思维能力
二进制数 Binary Numbers	数据表示 Data Representation 模式识别 Pattern Recognition 抽象 Abstraction
密码学 Cryptology	分解 Decomposition 模式识别 Pattern Recognition 抽象 Abstraction 算法思维 Algorithmic Thinking
有限状态自动机 Finite State Automata	数据表示 Data Representation 抽象 Abstraction
奇偶校验和错误检测 Parity Bits and Error Detection	数据表示 Data Representation 分解 Decomposition 算法思想 Algorithmic Thinking
搜索 Searching	算法思想 Algorithmic Thinking
最小生成树 Minimal Spanning Trees	算法思想 Algorithmic Thinking

可见，不插电活动不仅可以用于计算机科学知识学习的课堂实践，还对培养中小学生计算思维的发展起到积极促进作用。虽然没有计算机参与，但其根本在于通过有趣的活动，模拟计算机科学领域的思想方法，如分解、抽象、概括等，帮助学生理解技术背后的一些思想和方法，提升学生的问题解决能力。与此同时，计算思维的重点是利用计算机科学的思想与方法解决问题，而不是利用计算机解决问题。因此，不插电的计算机科学活动与培养学生的计算思维有着密切的联系。

---

① RODRIGUEZ B，RADER C，CAMP T. Using student performance to assess CS unplugged activities in a classroom environment［C］//Proceedings of the 2016 ACM Computer Science Education（ITiCSE'16）. New York：ACM，2016：95-100.

② 孙丽. 基于计算思维培养的小学生不插电编程设计：以校本课程《生活中的算法》为例［J］. 中国信息技术教育，2021（19）：43-44.

③ 丁珺. 小学不插电活动中计算思维评估的实证研究：以二进制数的学习活动为例［J］. 中小学电教，2019（4）：39-42.

就培养计算思维而言，不插电式教学的优势主要表现在三个方面。一是强调实践，注重学生在整个活动过程中的体验和思考。通过开展围绕计算机科学知识的互动，组织一系列具有趣味性和挑战性的活动，激发学生极大的兴趣和热情，实现对计算机科学的概念、知识和技术的解释。二是不需要学生有编程基础或经验，具有一定的普适性，对于中小学生学习计算机的基本原理和发展计算思维有促进作用。三是避免唯技术论，不插电活动的开展不需要使用计算机，它将计算思维渗透于实践活动中，能够帮助学生清晰地认识技术背后的原理，较大限度地发展和挖掘学生的创造力，避免一味停留在工具应用上。

2. 基于不插电式教学的计算思维培养策略

不插电的计算机科学活动的教学内容紧扣计算机技术与原理实现，抽象、数据表征、构建模型等计算思维的要素渗透在不插电活动中。依据对不插电活动的特征和形式等方面的分析，结合文献调研，我们提出基于不插电式教学的计算思维培养策略，该策略包含以下阶段。首先，教师设定活动情境，呈现出本次不插电活动的目标，并向学生说明规则，学生则在教师的引导下感知情境，思考问题；其次，教师进行规则说明，并提供资源，学生则认真听讲，理解规则；再次，教师根据学生情况划分小组，学生则结合教师提供的实物资源，依据目标开展任务探究；最后，学生小组代表以实物展示、板书绘制等方式表述任务完成的过程和思路，教师带领其他小组进行评价和总结（见图 3-21）。

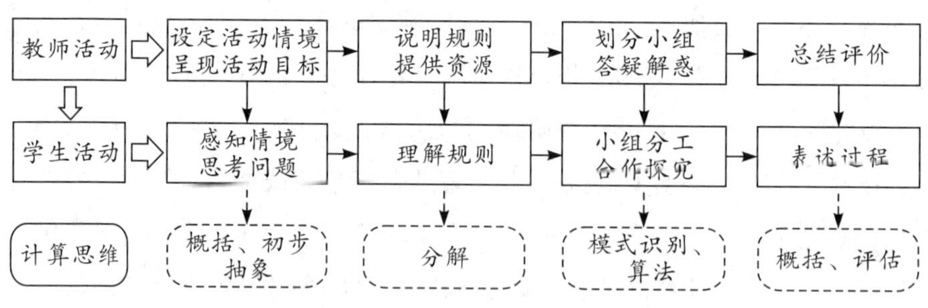

图 3-21　基于不插电式教学的计算思维培养策略

不插电式计算思维培养策略在不同学段上的应用，主要取决于学情特征，即学生的学习基础和认知特征等。小学阶段，可以采用完全不插电的形式进行授课，为学生带来正向体验，助力消除学生的“编程障碍”，也为学生之后的插电式学习奠定基础。在初高中阶段，可将不插电活动与可视化编程活动相结合。第一阶段，以小组协作方式进行不插电活动，针对问题使用纸笔设计出解决方案；第二阶段，在可视化编程环境中编码、测试、调整解决方案。

（二）基于不插电式教学策略培养计算思维的案例分析

☞ **案例 3-7　瓢虫机器人去采购**[①]

【内容分析】

本节课的目标是让学生将实物卡片作为计算机指令，以摆放卡片的方式规划瓢虫机器人的采购行动路线，在规划行动路线的过程中知道一些重复的指令可以被组合起来使用，了解循环体，初步认识循环语句，理解循环的概念。

【教学目标】

①使学生知道重复的指令可以被组合起来，理解循环的概念。

②使学生掌握用循环的指令卡片对重复的指令进行简化的方法。

③使学生初步建立模式识别的概念，体会循环的便利性及其在生活中的重要性。

【活动设计】

首先，教师阐述活动任务：瓢虫机器人从家里出发，要依次去面包店、水果店和海鲜店，然后再回到起始地。学生需要设计出瓢虫机器人采购并回家的路线（见图 3-22）。

图 3-22　采购任务图

教师引导学生使用图标作为机器人行走的指令。如图 3-23 所示，向上的箭头为“前进一格”，向左的箭头为“原地左转”，向右的箭头为“原地右转”，让

① 洪志连，申甲千. 不插电！神奇的编程思维是玩出来的［M］. 天津：天津科学技术出版社，2021：94-96.

学生依据任务摆放卡片，规划出瓢虫机器人的行动路线。

图 3-23　基本指令卡片

活动一：规划行动路线。

学生自主探究，依次摆放指令卡片，帮助瓢虫机器人顺利完成任务。首先，重复两次“前进一格”，可抵达面包店；此时“原地右转”，再重复两次“前进一格”，可抵达水果店；接着“原地右转”，并将“前进一格，前进一格，原地右转”的指令重复两次，瓢虫机器人便可在到达海鲜店之后又回到原先的位置（见图 3-24）。

图 3-24　瓢虫机器人采购的路线流程

活动二：精简路线指令。

教师呈现学生使用卡片规划出的路线图，引导学生观察其中的相似处。学生讨论并思考，发现指令卡片的顺序是重复的，“前进一格，前进一格，原地右转”重复了四次。此时，教师借机介绍新的三种卡片指令，如图 3-25 所示，其中数字卡片表示“循环次数”，另外两个卡片分别表示“循环开始”和“循环结束”。

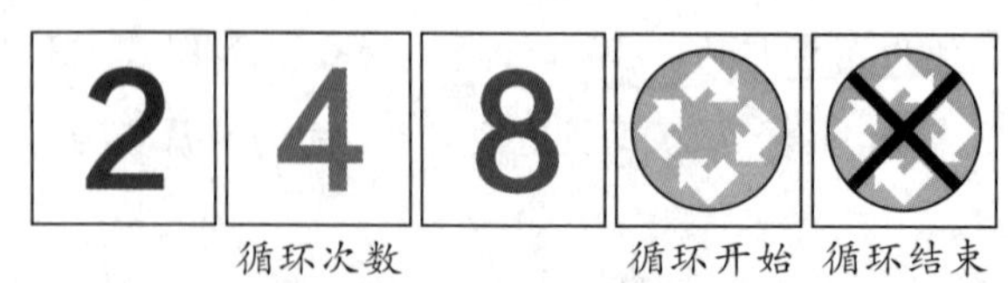

图 3-25　关于循环的指令卡片

学生依据刚才讨论得出的规律，结合新指令卡片，以小组形式讨论并提出新的摆放方式，精简路线指令（见图 3–26）。

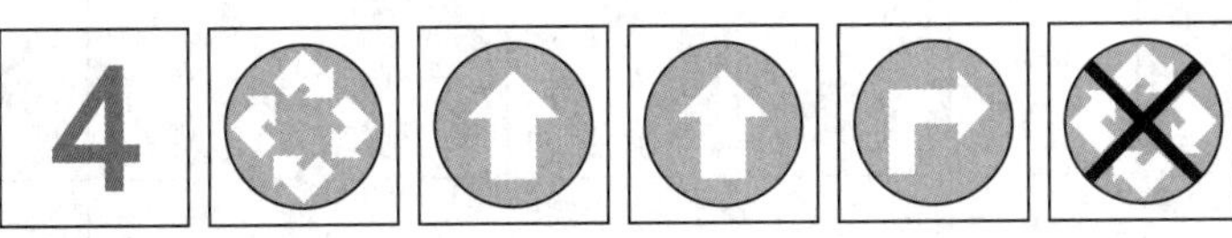

图 3–26 简化指令的卡片摆法

活动三：两次采购。

教师提出疑问：瓢虫机器人因承受的重物有限，需进行两次采购，即依次去往面包店、水果店和海鲜店，再回到起点，并按照同样的路线出行两次（见图 3–27），这时我们该如何下达指令呢？

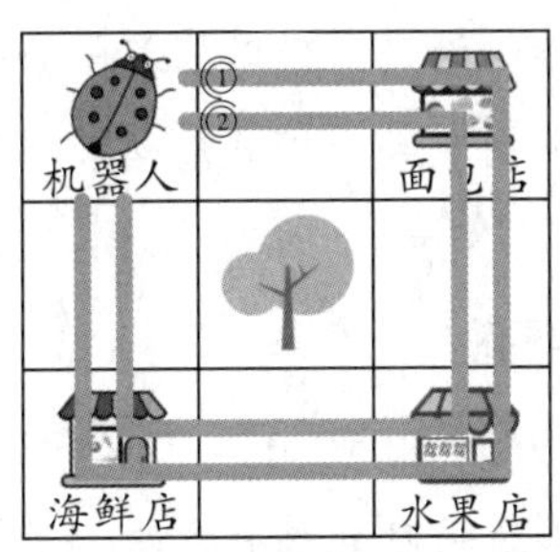

图 3–27 采购路线图（2）

学生进行分组交流和讨论，教师负责巡视、观察各小组讨论的结果，并适时指导。结合活动二的指令改善方案，多数小组能够想到将前面的“循环次数”增加一倍，改为 8 即可（见图 3–28）。此时，教师提问：是否还有其他方法，是否可以在不改变活动二的方案的基础上增加卡片呢？引导学生思考第 2 种卡片摆放方法（见图 3–29）。

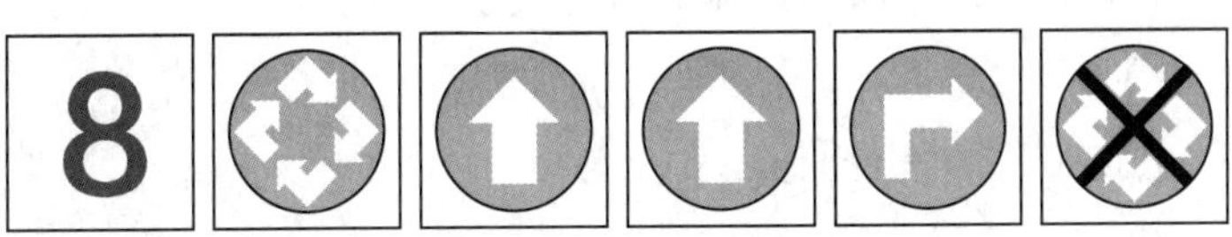

图 3–28 二次采购时的指令卡片摆法 1

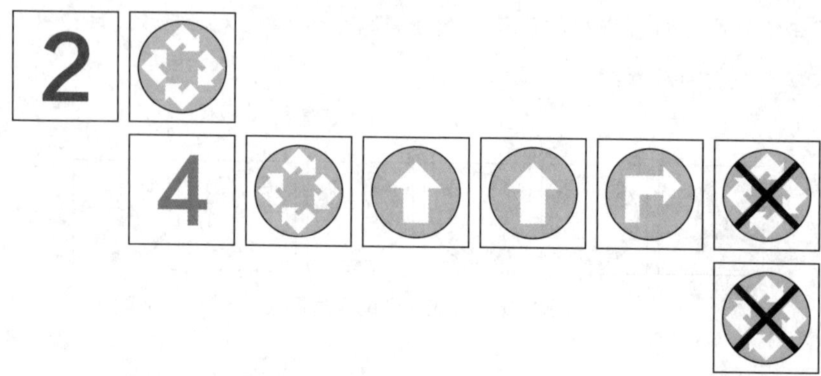

图 3-29　二次采购时的指令卡片摆法 2

【教学说明】

学生从开始的按照顺序摆放卡片，到从中找出重复的模式，将重复出现的指令卡片组合在一起，再到使用多次循环或循环嵌套帮助瓢虫机器人完成两次采购任务，通过参与由简单到复杂的活动，借助摆放指令卡片的方式，了解循环的概念，掌握循环语句的特征和使用方式，提升对问题的抽象和概括能力。

☞ **案例 3-8　信息的数字化**①

【内容分析】

本节课的目标是让学生知道信息的编码方法，了解二进制数，认识数字、文字、图像、声音及可视世界的各种信息等，知道信息通过采样定理都可以用 0 和 1 来表示。只有将这些信息进行数字化编码并转换成二进制代码，计算机才能加工处理这些信息。

【教学目标】

①使学生知道二进制概念，理解在计算机中通过二进制编码方式来表示各种信息的缘由。

②使学生使用二进制编码来表示数字、字符及图像。

③使学生初步建立抽象概念，体会信息数字化的重要性。

【活动设计】

活动一：认卡片，识二进制数。

---

① 周丽丽. 在游戏中学习，在快乐中收获："不插电的计算机科学"应用尝试［J］. 中国信息技术教育，2017，269（17）：31-34.

第一步，学生找出第一组卡片上的圆点的规律，思考如果在左侧增加一张卡片，该卡片上的点数是多少。第二步，教师演示：将一些卡片翻转，使其背面向上，然后用正面朝上的卡片上的点数之和来代表某个数字，如第二组卡片，表示的是6。演示之后，学生分组交流，用卡片表示9和15。第三步，学生思考五张卡片能表示的最大的数字、最小的数字是什么，以及如何表示比31更大的数字。第四步，教师予以反馈，引导学生掌握正面朝上的卡片用1表示、反面朝上的卡片用0表示的方法，理解二进制数（见图3-30至图3-32）。

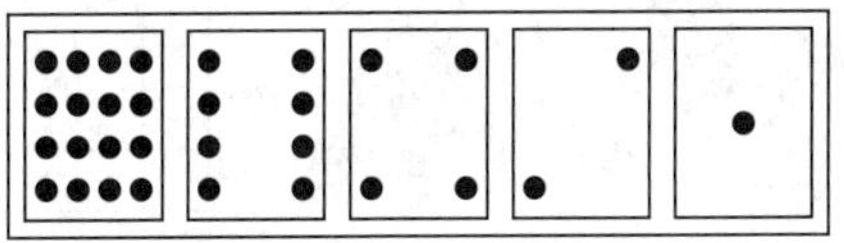

图3-30　第一组卡片

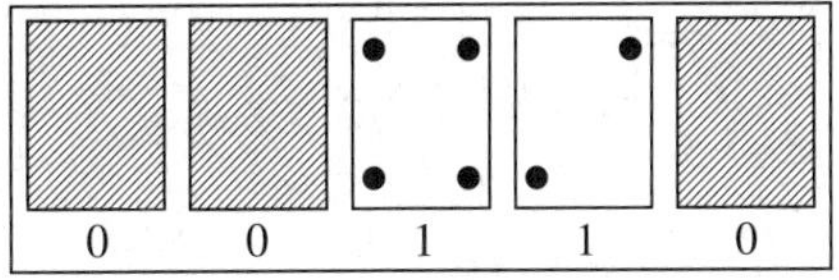

图3-31　第二组卡片

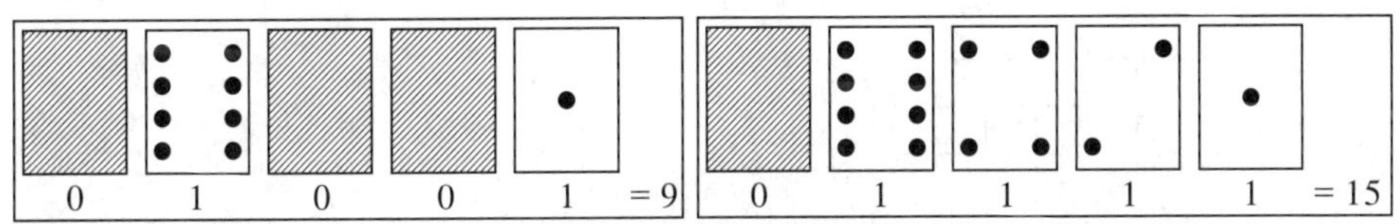

图3-32　表示9和15的卡片

活动二：点亮小树，解救动物。

为了能够对字符进行识别和处理，各种字符在计算机内一律用二进制编码表示。当前国际上普遍采用的一种字符编码是“美国信息交换标准码”，简称ASCII码。ASCII码用7位二进制代码来表示，汉字用16位二进制代码来表示。为了让学生理解字符如何用二进制代码来表示，进入活动二环节。

第一步，教师呈现解救小动物的情境，为学生提供谜面和信息码（见图3-33）。

1	2	3	4	5	6	7	8	9	10	11	12	13
a	b	c	d	e	f	g	h	i	j	k	l	m
14	15	16	17	18	19	20	21	22	23	24	25	26
n	o	p	q	r	s	t	u	v	w	x	y	z

图 3-33　谜面和信息码

第二步，学生分组合作，破解难题：先计算出谜面背后隐藏的数字，再根据信息码找出对应的字母，最后得出谜底，点亮小树，救出小动物（见图 3-34）。

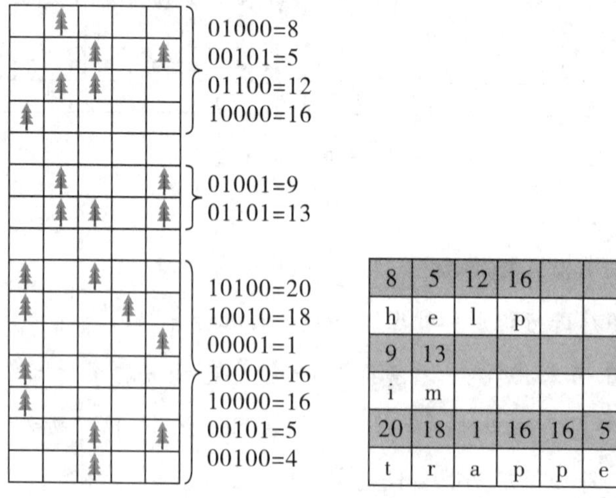

8	5	12	16			
h	e	l	p			
9	13					
i	m					
20	18	1	16	16	5	4
t	r	a	p	p	e	d

图 3-34　解出谜底

活动三：数字背后的图像。

教师以字母 a 的这幅图像为例，简单介绍关于图像编码的相关知识，让学生初步认识图像编码，理解像素是组成数字图像的最小单位。在最简单的黑白图像中，每个像素只有黑或白两种值，如果用 0 表示白，1 表示黑，则这幅图可以用如下二进制编码表示（见图 3-35）。

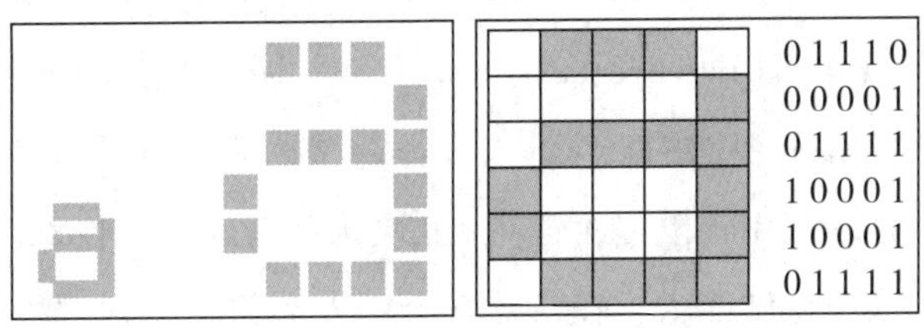

图 3-35　字母 a 的图像编码

学生尝试根据二进制编码将图像描绘出来，看谁能够最快描绘并识别出图像（见图 3-36）。

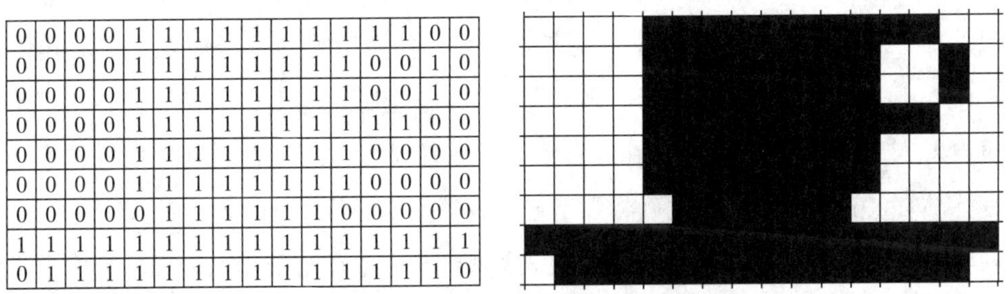

0	0	0	0	1	1	1	1	1	1	1	1	1	1	0	0
0	0	0	0	1	1	1	1	1	1	1	1	0	0	1	0
0	0	0	0	1	1	1	1	1	1	1	1	0	0	1	0
0	0	0	0	1	1	1	1	1	1	1	1	1	1	0	0
0	0	0	0	1	1	1	1	1	1	1	1	0	0	0	0
0	0	0	0	1	1	1	1	1	1	1	1	0	0	0	0
0	0	0	0	0	1	1	1	1	1	1	0	0	0	0	0
1	1	1	1	1	1	1	1	1	1	1	1	1	1	1	1
0	1	1	1	1	1	1	1	1	1	1	1	1	1	1	0

图 3-36　根据二进制编码描绘图像

【教学说明】

教师通过认卡片、解救动物、找出数字背后的图像三大活动，帮助学生认识二进制数，理解在计算机中表示各种信息为什么要用二进制进行编码，以及初步理解如何使用二进制编码来表示数字、字符和图像。此外，活动中图片卡、编码信息表等资源的利用，增强了信息数字化的具象性，提高了学生的参与度，对学生的抽象思维能力也有积极促进作用。

五、 基于人工智能的教学

（一）基于人工智能的教学策略解析

1. 人工智能与计算思维的关系

人工智能（Artificial Intelligence，简称 AI）一词，源于1956年的美国达特茅斯学院会议。关于人工智能的科学定义，学术界目前尚未有统一意见。一般认为，人工智能就是一门用于模拟、延伸和扩展人类智能的新技术，可以理解为通过计算机来模拟人类认知能力，让机器学会用人类的思维方式和方法处理问题，实现人类和动物的自然智能。

对于借助人工智能的手段培养学生的计算思维，各国已经开始行动起来。2016年，美国发布多份报告，鼓励在 K-12 教育阶段普及人工智能教育，培养学生计算思维。计算机科学教师协会（CSTA）更是提出将发展计算思维置于首位。英国上议院发布人工智能专题报告，指出在基础教育阶段应普及学生人工智能知识并提升思维能力。我国国务院发布的《新一代人工智能发展规划》把发展新一代人工智能作为国家战略，明确提出："实施全民智能教育项目，在中小学阶段设置人工智能相关课程。"在此背景下，教育部发布的《普通高中信息技术课程标准（2017年版）》中明确将人工智能教学列入必修1"数据与计算"中，在内容上要求学生"通过人工智能典型案例的剖析，了解智能信息处理的巨大进步和应用潜力，认识人工智能在信息社会中的重要作用"。此外，我国在《义务教育课程方案和课程标准（2022年版）》中，将"能采用计算机科学领域的思想方法界定问题、分析问题、组织数据、制订问题解决方案"等列入课程目标。在中小学阶段设置人工智能课程已成为教育改革深入发展的重要项目。要上好人工智能课，并非简单地组织编程课程或传授人工智能知识，而是要系统地培养学生的计算思维。

面向计算思维培育的人工智能课程能跳出唯知识和唯工具的框架。随着以机器学习、深度学习、自然语言处理等多方面人工智能原理与应用为主要内容的人工智能课程进入课堂，各地人工智能示范课、人工智能教材的编写、智慧校园的建设等教学资源与学习环境的改善，促进了人工智能教育的发展，也为基础教育阶段培养中小学计算思维开辟了沃土。我国有不少一线教师或学者在中小学人工智能课程中探索计算思维的培养，如陈凯泉等人认为全面推进人工智能教育需重点关注学生编程能力和计算思维的培养；朱文艳以学生计算思维的培养为价值取向，设计人工智能课程活动，并通过实践发现这种课程能有效培养学生计算思维；王琳在人工智能课堂中设计了多样化的人工智能学习活动，有效开展了人工智能教育并发展学生的计算思维。可见，在中小学开展人工智能教学是时代发展的需要，人工智能课程是培养学生计算思维的有效途径之一。

2. 基于人工智能的计算思维培养策略

结合文献调研，我们提出了基于人工智能的计算思维培养策略（见图 3-37）。该策略包含以下阶段，首先，教师创设真实情境的问题，激发学生兴趣，引导学生明确问题为用人工智能技术解决的问题；其次，教师引导学生把复杂的问题简单化和模块化，尝试建构模型；再次，学生进行算法设计，教师巡视、指导学生进行迭代优化；最后，教师组织学生交流感想，引导学生思考、拓展项目功能。

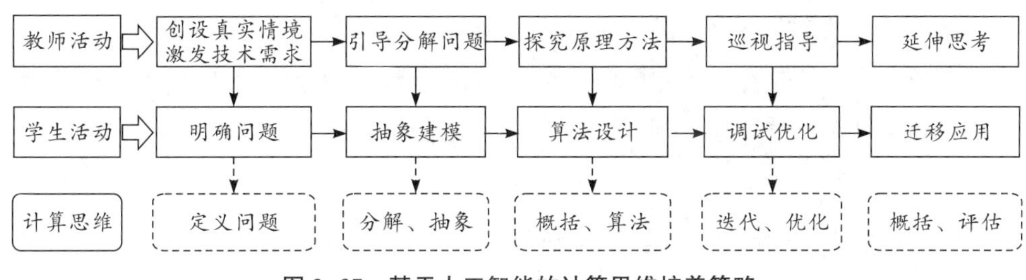

图 3-37　基于人工智能的计算思维培养策略

面向计算思维培养的人工智能课程活动设计要求在教学活动中更多考虑学生计算思维的发展情况，因此在课程开展过程中，要以学生的认知水平和学习能力为基础，倡导多样化的教学策略，鼓励学生积极参与，让学生形成合作和协商意识，在真实的人工智能活动体验中，指导学生针对不同情境思考解决问题的途径，从而达到计算概念、计算实践以及计算观念三个维度的全面发展。

（二）基于人工智能的教学策略培养计算思维的案例分析

☞ 案例 3-9　图像分类

【内容分析】

本课主要借助 Teachable Machine 模型训练平台，通过设立图像分类教学主题，开展建立图像识别模型的教学，体验小程序的识别过程，了解和人类识别类似的图像识别原理，帮助学生掌握图像识别的概念，理解其中分类模型、训练集、测试集等计算概念，发展学生的计算思维。

【教学目标】

①指导学生理解通过合理使用人工智能技术可以为日常生活带来巨大的改变与革新，认识到人工智能技术的不足，形成辩证的认识观。

②增强学生学习新技术的兴趣、探究新技术的激情、应用新技术的热情，在实践中发展学生的计算思维。

③帮助学生认识人工智能技术的发展与应用是提高生活水平的助推力；引导学生有意识地运用和探索人工智能科技，增强信息社会责任感。

【活动设计】

活动一：初识图像识别概念。

教师播放 AI 图像识别技术的动画，引出人工智能技术的概念，讲解图像识别。图像识别是指借助计算机技术对图像作出各种处理、分析，最终识别我们所要研究的目标。

活动二：梳理人类识别图像的过程。

教师发布水果分类游戏：我们是如何对水果进行分类的？教师引导学生总结人类进行图像识别的过程，引出特征和规则（见图 3-38）。

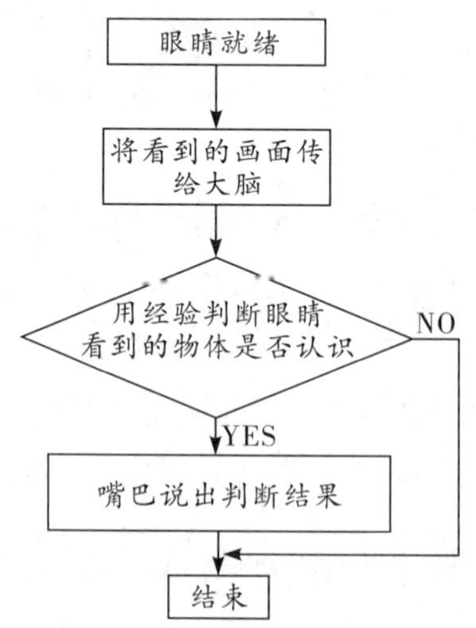

图 3-38　人类识别图像的过程

活动三：建立和测试模型。

教师引导学生进行自主探究，体验机器识别图像的过程；学生根据导学案进行自学，尝试建立“训练”水果或花卉的模型并进行模型测试。对比人进行图像分类，教师讲解 AI 系统进行学习的过程及 AI 如何预测新的图像的原理（见图 3-39）。

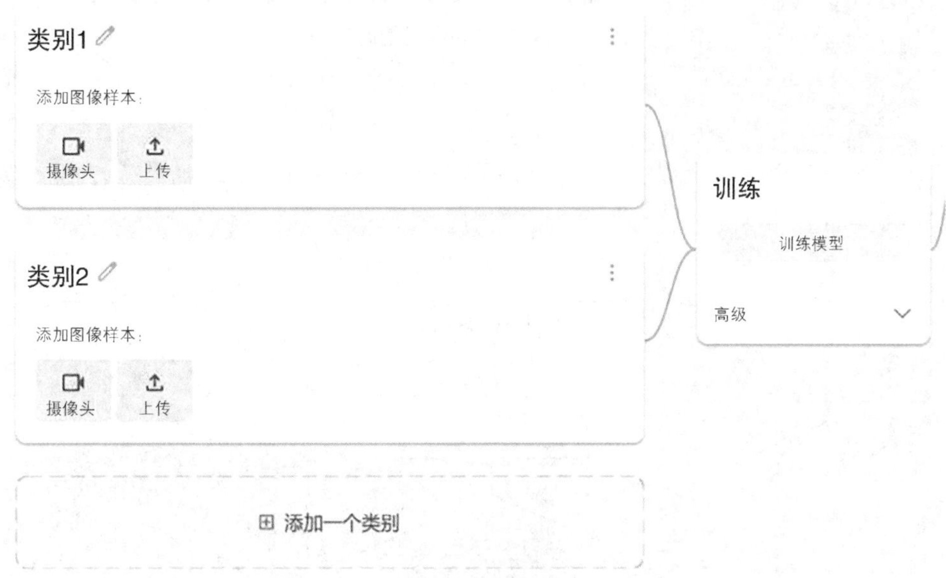

图 3-39 训练模型

活动四：新知补充，提升理解。

教师结合学生测试模型中出现的问题进行提问，如“测试时能否使用训练时使用的图片”，补充讲解训练集和测试集的定义（见表 3-4）。

表 3-4 训练集和测试集的定义

分类	定义
训练集	用于训练模型，即模型拟合的数据样本集合。
测试集	评估模型最终性能，评价模型好坏。

教师结合图示，帮助学生理解训练集和测试集在图像识别过程中发挥的作用（见图 3-40）。

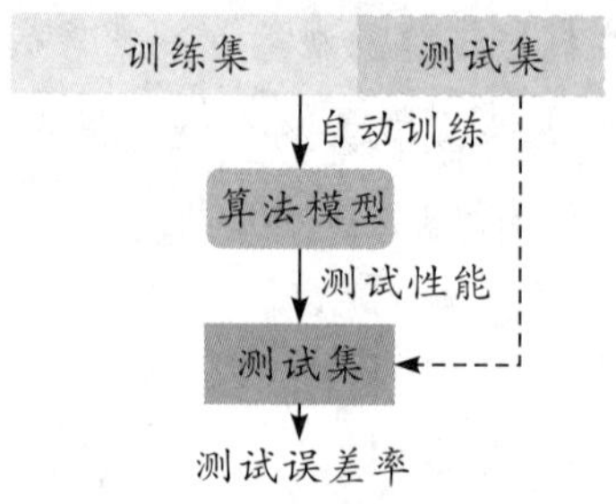

图 3-40　训练集和测试集的作用

活动五：总结与拓展。

教师总结本节课的知识要点，结合人类学习的过程，梳理机器学习的流程（见图 3-41）。

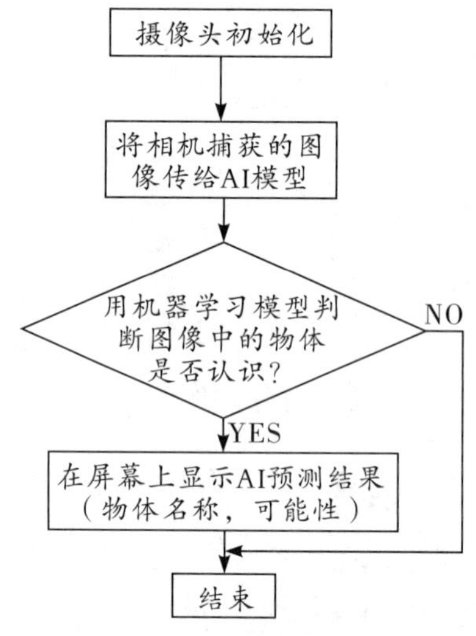

图 3-41　机器识别图像的过程

紧接着，教师引导学生进行头脑风暴，归纳小组训练模型还可应用在哪些场合，解决哪些问题，例如垃圾分类、口罩识别等。最后，教师对学生本课学习实践情况、知识掌握情况等进行综合评价，并组织学生填写问卷，进行教学评价。

【教学说明】

本课属于人工智能入门体验与实践课程。在教学过程中，教师借助 Teachable Machine 模型训练平台，引导学生尽可能多地理解与掌握人工智能的应用方式、技术特点和价值生成，了解图像识别和机器学习；学生使用数据集训练图片分类器，并验证分类器的准确性。本课通过让学生积极探索，帮助学生理解机器的智能化识别本质。在智能化的使用过程中往往需要反复处理一类事物，对其进行自动化和抽象，以更高效地解决问题，这也体现了计算思维的培养。

☞ 案例 3-10　菜品推荐系统①

【内容分析】

本节课的主要内容是了解决策树的概念，掌握根据实际问题绘制决策树的方法，并学会通过平台进行决策树训练。在初步了解决策树原理的基础上，尝试从不同事物中抽象出共性特征，并将问题抽象转化为表格数据进行表达，进而完成决策树训练和效果测试。

【教学目标】

①使学生在将问题抽象转化为表格数据进行表达的过程中，学会将问题进行分析、抽象，将其分解成计算机能解决的问题，培养学生的计算思维。

②使学生能够通过分析数据认识决策树，了解决策树的概念，从不同事物中抽象出共性特征，掌握根据实际问题绘制决策树的方法。

③使学生认识和了解机器进行分类的过程，深入了解机器的学习过程。

【活动设计】

活动一：回顾生活中的"推荐"。

教师从生活中点外卖或者浏览视频时，机器进行推荐的场景入手，引导学生回顾并描述机器推荐的过程，思考机器是如何为我们推荐的，进而引入决策树的概念。

活动二：两问两答定菜名。

教师通过两个问题问出某个学生最喜欢的菜，并总结推断的过程，将决策过程用决策树的形式展示。教师根据该同学喜欢的菜，建立推荐过程（见图 3-42）。

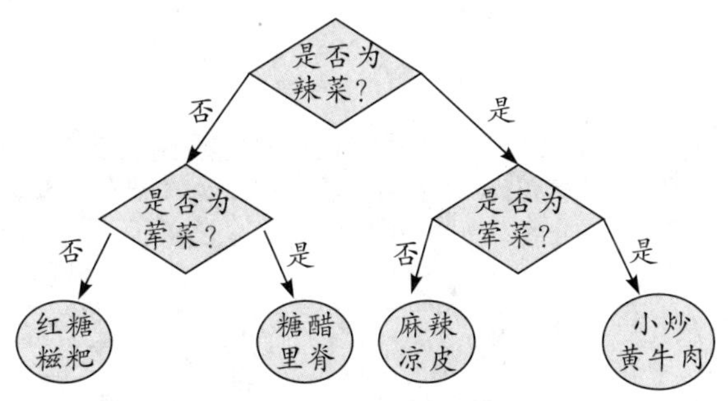

图 3-42　决策树展示推断过程

① 珠海斗门区城南学校王露露老师、珠海容闳公学郭美一老师的教学案例。

活动三：小组合作，菜品分类。

教师提问：如果有六道菜，还能否按照刚才的决策过程进行分类？引导学生以小组为单位，增加或者修改菜品的属性，对六种菜品进行分类，填写学习单（见图 3-43）。

图 3-43　菜品示例图

活动四：学习构建决策树的方法。

教师分享学生的学习单，让学生观察并理解判断条件不同，大家的决策树也不同，由此启发学生思考应该选择哪些分类属性作为优先判断条件。紧接着，教师介绍通过给不同菜品打标签来构建决策树的方法，并引出 Gini 系数：Gini 系数越小，该属性值越容易划分。学生可以通过 Gini 系数表示菜品划分的容易程度，找出哪些属性最能区分样本数据集，将之作为优先判断条件，提高决策树的纯度（见图 3-44）。

序号	菜品	是否为辣菜	为否为荤菜	是否为凉菜	是否粘腻
1	面包	0	0	1	0
2	麻辣凉皮	1	0	1	0
3	糖醋里脊	0	1	0	0
4	小炒黄牛肉	1	1	0	0
5	红糖糍粑	0	0	1	1
6	螺蛳粉	1	0	0	0
	Gini系数	0.5	0.44	0.5	0.28

图 3-44　对菜品打标签

之后，教师结合六种菜品分类的决策树构建的方法，展示决策树构建的过程，总结决策树概念：决策树是一种树形结构，通过判断每层节点的属性进行分类，是机器进行问题分类的一种算法。

活动五：建立模型，设计算法。

教师演示源码编辑器的菜品分类模型并讲解程序；学生为菜品打上标签，选出喜欢和不喜欢的五道菜，完成菜品分类模型的数据采集与训练（见图 3-45）。

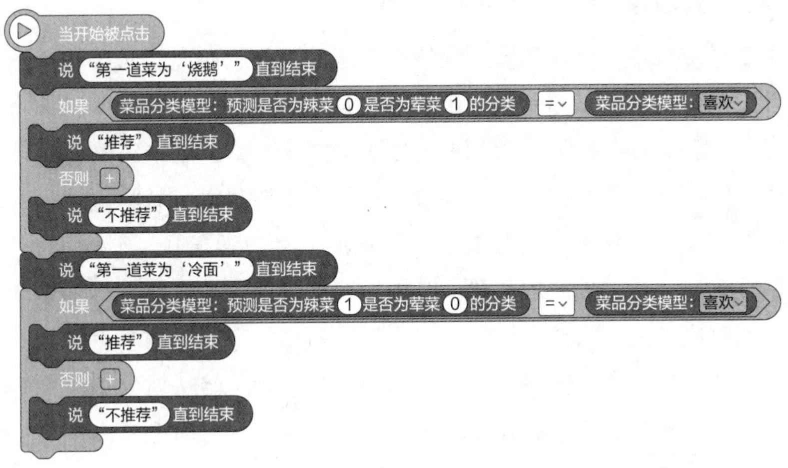

图 3-45　菜品分类模型

活动六：思维延伸。

引导学生思考：如果食堂真的有菜品推荐系统，每天提供的菜都是我们喜欢的，这样好吗？基于学生回答进行总结：如果总是吃你喜欢的菜，长久下去容易出现营养失衡的问题。另外，推荐系统的准确率并不是百分之百，我们在生活中要善于运用推荐系统，但是不能让机器帮我们作决定。

【教学说明】

在开展人工智能教育时，对小学、初中阶段的学生，不宜太多地把关注点放在技术本身，而应该着重培养学生的计算思维，包括让学生学会用形式化的方式表述人工智能，如用决策树的方式表示机器推理的过程。在本节课中，学生要理解机器进行分类的原理和过程，能够将人类学习的过程迁移运用到机器学习的过程中；在绘制决策树的过程中，学生能够从不同事物中抽取出共性特征，了解抽象建模的价值。而高中阶段的学生可以在剖析具体案例的基础上，适当地关注学习决策树的算法，并进一步学会发现身边的人工智能，感受生活中自动决策的优势，锻炼自己从已知出发、学习未知的能力。

六、 项目式教学

（一）项目式教学策略解析

1. 项目式教学与计算思维的关系

关于项目式教学，巴克教育研究所、斯坦福大学的研究团队等对其进行了定义，但含义基本一致，大致包括提出问题、自主学习、分工合作、以学习者为中心等内容。[①] 综合文献调研，我们认为项目式教学主要是指重新整合传统学科体系中的教学内容，将要掌握的知识划分为若干个相对独立的教学项目，引导学生以自主建构、小组合作等方式开展学习活动的一种教学模式。该模式立足情境，具有实践性、自主性、发展性优势，其中实践性指主题与真实世界密切联系；自主性指问题解决方法、组内合作方式、小组展示形式等方面的自由选择；发展性指以项目的方式联结各个知识点，在有序递进的活动中渗透对知识的理解，发展学生的思维，实现教育目标。在项目式教学中，每个项目包含多个任务，学生通常在参与项目实施、完成任务的过程中掌握知识与技能（见图 3-46）。

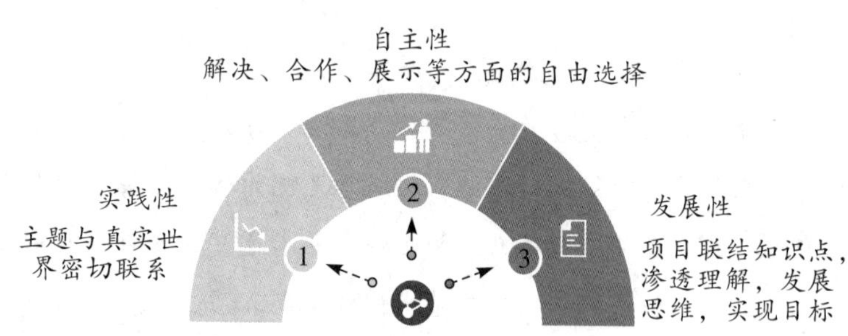

图 3-46 项目式教学的优势

项目式教学作为一种新型的教学模式，诸多一线教师探索其在实践教学中的应用，如钱萌倡导采用项目教学法提升高中生的信息技术核心素养[②]；孟杰等人将 Python 编程作为学习内容，开展项目式教学，旨在帮助学生养成利用学科知

① 周振宇. 项目学习：基于学校的行走［M］. 南京：江苏凤凰科学技术出版社，2020：2-8.

② 钱萌. 项目教学法在高中信息技术教学中的应用策略［J］. 中小学信息技术教育，2023（1）：57-58.

识解决实际问题的习惯[①]。纵观学者研究和教师实践，我们发现，项目式教学能够培养学生的高阶思维能力，这为计算思维的培养提供了契机。因此，我们以项目式教学的流程和计算思维要素为着力点，分析项目式教学和培养学生计算思维之间的关系。

项目式教学的一般实施流程主要包括五个阶段，分别是确定主题、制订方案、活动探究、成果交流、总结评价。计算思维要素主要包括问题分解、抽象、模式识别、算法设计，计算思维的过程是指在解决问题的过程中发生的分解、建模、抽象、设计等思维活动。从项目式教学的一般实施流程和计算思维过程来看，两者的核心在本质上是一致的，即利用学科知识解决实际情境中的问题，在解决问题的过程中培养学生的核心素养。在项目式教学中的确定主题阶段，学生能在真实环境中发现问题，利用对学科知识的认知和理解，对问题进行适当分解，抽象出问题的基本特征；在制订方案阶段，学生可以结合问题的基本特征，初步设计问题解决模型，培养计算思维中的抽象和概括能力；在活动探究阶段，学生有目的地学习知识和技能，用于探索问题解决方案，培养抽象和算法能力；在成果交流阶段，学生反思问题解决的过程与方法；在总结评价阶段，学生进行观点表达与评价，重点提高概括与评估能力。[②]

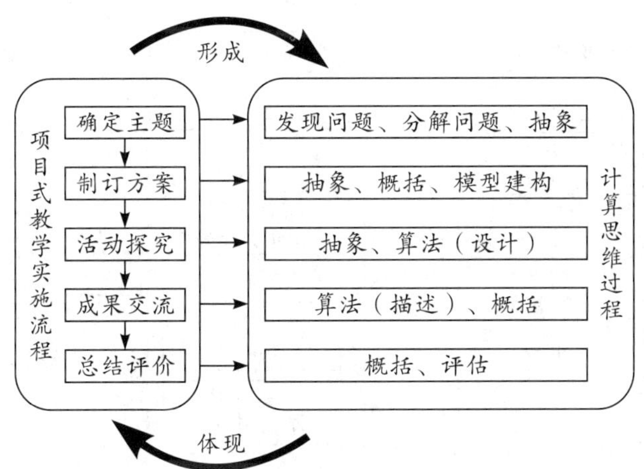

图 3-47 项目式教学实施流程与计算思维过程的关系

① 孟杰，龚波，沈书生. 面向初中生 Python 编程的教学设计与实践研究：基于项目式教学视角［J］. 数字教育，2020，6（4）：47-51.

② 蒋苗苗. 面向计算思维培养的项目式教学设计与应用：以高中信息技术课程“人工智能初步”模块为例［J］. 中小学信息技术教育，2022（11）：60-62.

从图 3-47 来看，项目式教学为计算思维的培养架起了一座桥梁。因此，合理地采用项目式教学，能够助力计算思维的培养，其关键在于如何依托项目，将计算思维的各要素融入学习活动中，打通与计算思维培养之间的契合点。

2. 基于项目式教学的计算思维培养策略

项目式教学是帮助学生学习描述问题、分析问题、确定解决该问题所需的关键步骤，以及创建解决方案的过程，这一过程也是计算思维养成的过程。在分析了项目式教学与计算思维之间关系的基础上，我们提出了基于项目式教学的计算思维培养策略（见图 3-48）。首先，教师引入项目背景，帮助学生挖掘问题所在，提出驱动性问题，学生则在教师的引领下了解该项目，明确学习目标和项目任务；其次，学生针对子问题的解决方案展开交流，而后进行组内分工，合作设计或制作，在该过程中遇到疑问时，则自主探究新知，并完善设计，之后进行测试与优化；最后，学生小组代表演示成果，同时阐述问题解决的过程，教师则顺势引导，让学生思考该项目的解决方式在其他同类问题上的应用。之后教师再抛出一个新的项目问题，促使学生举一反三，思考并讨论如何对新项目进行问题分解、其中的基本规律是什么等问题，逐步培养学生的计算思维。

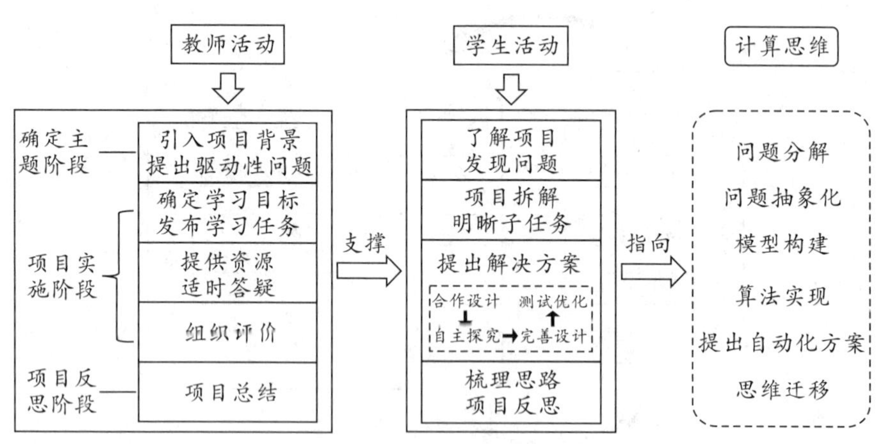

图 3-48　基于项目式教学的计算思维培养策略

以项目式教学形式开展计算思维培养的活动核心是探究驱动性问题，因此，驱动性问题的挖掘尤为重要。教师可以参照问题类别，结合教学内容和学生经验，提出或设计驱动性问题。驱动性问题可以按照情境和能力倾向来划分类别。在情境上，驱动性问题可分为现实情境问题和虚拟情境问题，其中现实情境问题主要包括热点问题、社会性议题、社区或周边环境需要解决的问题等；虚拟情境问题可以是历史问题、模拟问题等。在能力倾向上，驱动性问题可分为文史类问题和数理类问题。但不管是哪种问题，都需要思考其应用领域、面向对象等。因此，在确定主题时，可代入一种身份，幻想自己是设计师、科学家、工程师或艺术家等，再在实践或制作项目的过程中体会该种身份下的思维模式。

（二）项目式教学策略培养计算思维的案例分析

☞ **案例 3-11　“纹”创产品小助手**①

【内容分析】

本项目以条纹、几何纹、螺旋纹为例，让学生借助信息技术手段还原并创新纹饰，分别应用在生活挂件、家居用品、服装配饰类别中。项目的最终成品为程序设计，旨在帮助设计者或其他用户根据所选物品类型匹配相应的纹样图案，打造一系列以瓷器纹样为元素的文创产品。

【教学目标】

①使学生掌握 Python 语言的基本知识，主要包括理解输入输出命令、分支结构、循环结构、函数定义与调用等。

②指导学生运用顺序、选择和循环三种结构编写程序，体验对问题进行分解、抽象、建立模型、编程实现等计算机解决问题的基本过程和方法，提高利用信息技术工具解决问题的能力，培养计算思维。

③帮助学生通过实现项目中根据物品类型匹配相应图案的功能来解决重复绘制的问题，提高学生对生活或学习问题信息的捕捉意识，加深学生对信息技术与社会生活之间联系的理解，提高学生的社会责任感和参与意识。

【项目整体设计】

教师在引导学生完成项目的同时，需要将 Python 基础知识贯穿其中。为让学生在逐渐递进的活动中编写程序，并在其过程中掌握 Python 语言的三大基本结构的使用方法，本项目设计了八大任务，包括前期项目规划、中期项目制作和后期成果分享，具体的框架如图 3-49 所示。

① 珠海市第十三中学罗丹老师的教学案例。

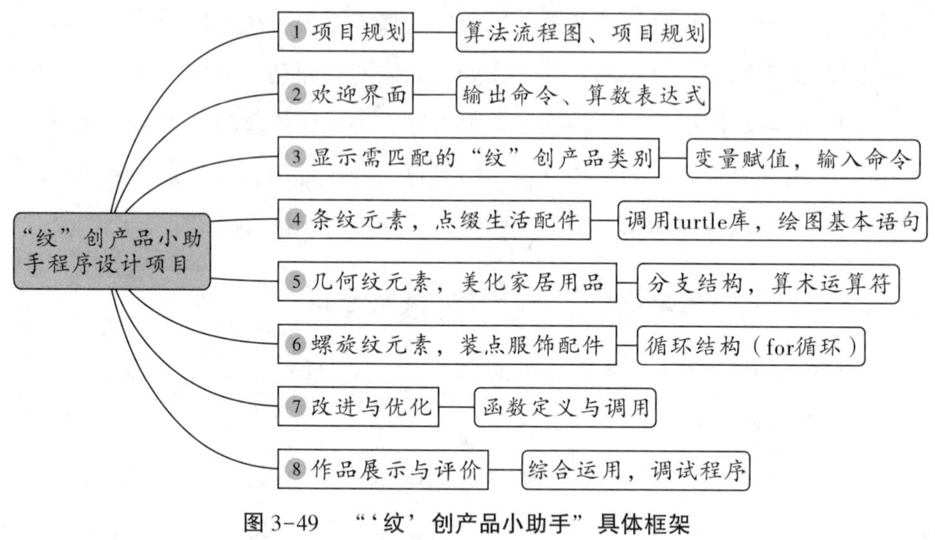

图 3-49 "'纹'创产品小助手"具体框架

【项目课时呈现】

课时名称：螺旋纹元素，装点服装配饰（第 6 课时）。

课时目标：①通过播放微课，课堂即时反馈等，帮助学生理解 for 循环的运行流程及 range（）函数的作用；②从问题出发，结合教师引导和学生自主学习、合作学习，帮助学生突破重难点，再通过自主探究与反馈，实现问题求解；③通过将瓷器的螺旋纹样式作为文创产品元素，并运用信息技术工具来实现，提高学生对生活或学习问题信息的捕捉意识；④指导学生运用 for 循环结构解决螺旋纹循环绘制的问题，使学生体会抽象数据、模式识别的过程，培养学生的计算思维。

课时活动设计：

活动一：展示预期效果。

教师展示学生第 5 课时的学习成果，再演示第 6 课时预期成果的效果图，以此帮助学生进入本次任务情境。

活动二：图案还原。

引导学生结合正方形纹路的程序，思考新图案的绘制思路，同时探讨其中的规律。随后，教师提出疑问："若一直绘制螺旋纹，假设有 n 条边，左侧的思路存在什么问题？"启发学生思考。

活动三：算法优化。

首先，学生自主观看微课视频，获得新知；其次，教师以出示匹配题和纠错题的方式检测学生的理解情况；再次，教师引导学生观察正方形纹样与回形纹样的异同点，并思考 n 的值，以及重复循环的部分，以此优化回形螺旋纹的绘制方法；最后，学生听取教师的反馈，开始编程实践。

活动四：方法创新。

教师从两个角度启发学生大胆创新，一是展示不同密度和轮廓特征的两组图案，启发学生思考步数和角度的改变对图案的影响；二是对比简单螺旋纹和有规律变大的正方形，引导学生理解循环体由线到形的变化，拓宽学生的思路（见图 3-50）。

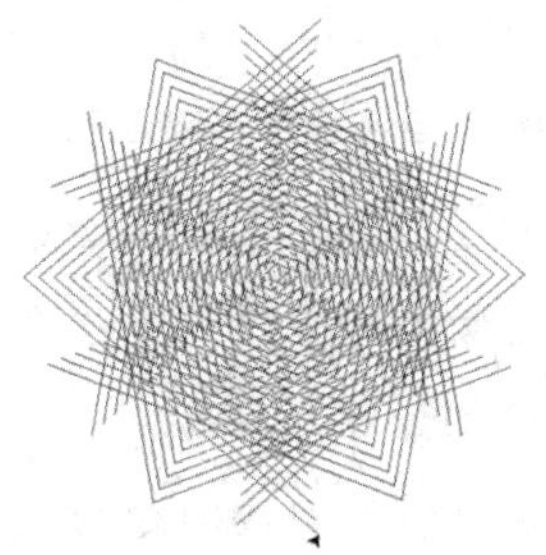
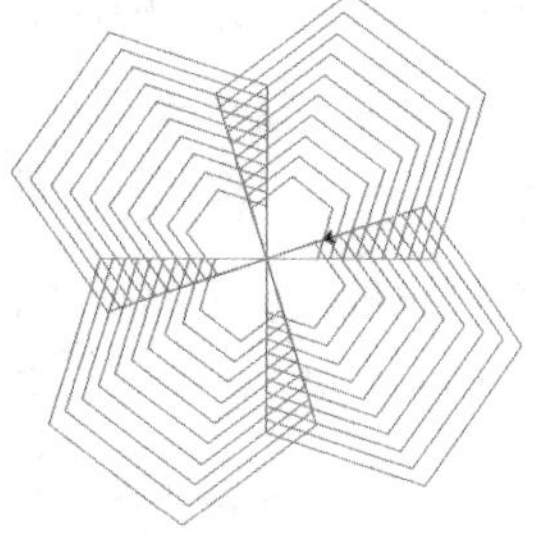

图 3-50 程序运行效果

活动五：展示与评价。

首先，学生组内互评，选出最佳作品，并利用截图工具截取效果图，提交至教师端；其次，教师对各组最佳作品进行展示，并邀请创作者分享创作的思路，其他学生则从复杂度、循环体等方面进行评价。

【教学说明】

在本项目中，学生需要以编程的方式实现根据物品类型自动匹配相应纹样图案的功能，其中还原和创新瓷器纹饰的过程便是学生计算思维较为直观的呈现。从寻找图案的规律性特征，到用符号、数据等表示问题的关键信息以及信息之间的关系，再到最后确定求解问题的方法，提出自动化解决方案，整个过程恰好能够使学生在一定程度上体会模式识别、问题抽象和算法设计，帮助学生形成良好的利用信息技术求解复杂问题的思维习惯。

☞ 案例 3-12 智能停车场[①]

【内容分析】

本项目以大家熟悉的找车位问题为引入，启发学生对借助计算机技术快速找到合适的停车位的思考。在该项目中，学生需要借助教学系统中的某地下停车场平面图，联系生活实际，考虑选择停车位的影响因素，设计推荐车位的算法，提出自动化解决方案。系列学习活动的实施可以增进学生对程序和算法的理解。

【教学目标】

①帮助学生通过推荐车位的项目，理解算法的概念与特征，用自然语言和流程图表示算法，理解 Python 语言中的三种程序结构的运行流程和使用方法。

②帮助学生通过设计自动推荐停车的方案，掌握三种程序结构的使用方法；帮助学生通过经历分析问题、描述问题、用数学符号形式化问题的过程，形成将解决问题的方法转化为清晰准确的执行步骤的思维，强化学生抽象与建模的思想。

③帮助学生通过人工寻找车位与计算机推荐车位的对比，体验计算机解决问题的优势，感受算法的效率，形成计算机解决问题的思维方式和学科方法。

【项目整体设计】

项目教学内容来源于浙教版“数据与计算”第三章算法的程序实现。为提升学生的计算思维能力、发展学生的信息素养，教师设计了名为“智能停车场”的教学项目。该项目包含设计推荐车位的算法、计算车位两边的停车数目、获取推荐目标车位号、统计停车场空车位数、最短路径规划五个活动，具体框架如图 3-51 所示。

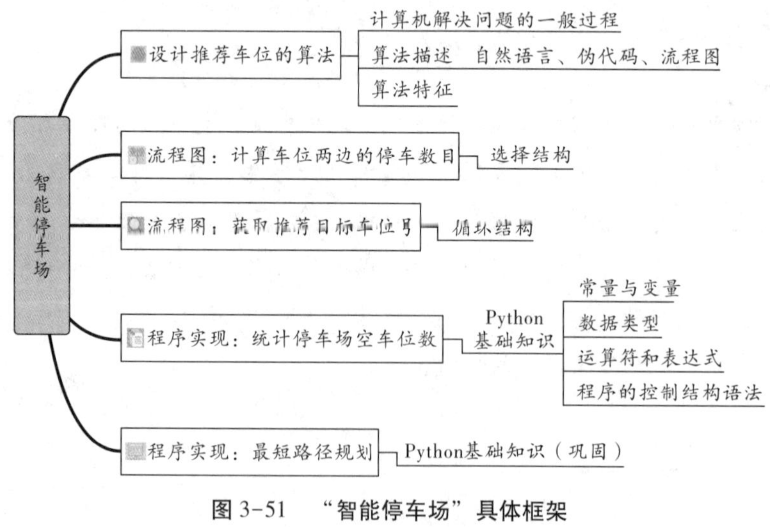

图 3-51 “智能停车场”具体框架

① 陈惠香. 面向计算思维的高中“智能停车场”校本课程开发实践研究［D］. 广州：广东技术师范大学，2020.

【项目课时呈现】

课时名称：设计推荐车位的算法（第1课时）。

课时目标：①帮助学生知道计算机解决问题的一般过程，即分析问题、设计算法、编写程序、调试程序；②帮助学生综合运用三种程序控制结构实现对最佳车位的自动计算和推荐；③通过小组合作讨论推荐车位的算法，增强学生的合作交流能力。

课时活动设计：

活动一：情境引入，需求分析。

教师呈现难以快速找到停车位的场景图，引导学生发现“开车方便但停车难”的问题，并回忆人工停车的过程，即通过看标识或工作人员指示，开车逐个寻找，判断车位是否符合自己的标准，符合则停车。若停车场非常大和复杂，这种人工方式效率便很低。

活动二：新知学习。

教师利用微课带领学生学习计算机解决问题的一般过程，再借助学生去学校上学、快递机器人等常见的生活案例，帮助学生了解算法的几种描述方法，以及算法的特征。

活动三：算法设计。

学生小组讨论在选择停车位时需考虑的因素，同时给这些因素进行重要性排名。教师综合学生讨论的结果，进行反馈：一般来说，人们会优先选择离电梯口近的停车位，其次是两边较空的，再次是离入口较近的。之后，教师引导学生小组使用自然语言在学案上写出方案过程。

活动四：方案展示与评价。

各小组阐述问题的解决方案（如表3-5所示），教师带领其他小组进行评价，最后综合各组的解决方法，形成较为一致的计算机可执行的方案。

表3-5　推荐车位算法描述

步骤	算法描述
1	初始化停车场所有车位及当前状态 初始化所有车位离电梯口的距离 初始化所有车位离入口的距离
2	计算所有车位两边停车数目

（续上表）

步骤	算法描述
3	根据重要性程度，对多个考虑的因素进行权重赋值，再通过公式计算出所有空车位的推荐值
4	比较所有空车位的推荐值，寻找最小推荐值
5	获得最小推荐值及对应的车位

【教学说明】

本项目主题贴近学生的生活实际，从分析人们对车位的需求，到初步设计推荐车位的算法、绘制流程图，再到使用编程工具实现算法，实现推荐最佳车位的目标，整个项目中的活动依次递进，助力学生理解利用计算机解决问题的一般流程，也能够提高学生的问题分解能力。另外，学生在使用变量、数组等表示停车场的车位、每个车位两边停车的数目，以及建立推荐车位的数据模型等过程中，其问题抽象、模式识别等计算思维也得到充分的锻炼，并逐渐提升。

第四章 如何评估中小学生的计算思维

一、 评估计算思维的常用方法

计算思维在教学过程中所涉及的教学目标、教学内容、教学策略与教学组织形式不同，因此对计算思维的评价方法也不同。目前，国内外有关计算思维评价方法的研究有很多，主要可以划分为以下几种：试题评价法、量表评价法、语言访谈评价法、行为观察评价法、SOLO 分类评价法、作品档案袋分析法、作品流程图评价法、三维发展模型评价法、三维整合框架评价法等。[①]

（一）试题评价法

试题评价是国内进行学业水平考试和课程等级评价中常用的评价方法，这种方法适用于开展大规模测试，评价方法较为灵活，能够比较客观地反映出学生最真实的水平，方便对学生的学习效果进行等级划分。该评价方法中使用的试题类型多种多样，通常以选择、填空、判断和匹配题为主。就试题评价法的评价内容和范围而言，有学者指出，静态的知识与动态的思维具有内在的一致性，知识和知识结构是思维运转的内在基础。[②] 信息技术基础知识，尤其是策略性知识，如分治、动态规划等复杂问题的解决方法成为评价计算思维的关键内容。因此，对

---

① 惠恭健，兰小芳，钱逸舟. 计算思维该如何评?：基于国内外 14 种评价工具的比较分析［J］. 远程教育杂志，2020，38（4）：84-94.

② 冯友梅，王昕怡，刘晓蕊，等. 计算思维不是什么：论计算思维的边界及其何以成为信息技术学科的立足之本［J］. 电化教育研究，2023，44（1）：84-90.

中小学阶段的学生开展计算思维试题评价，应当指向信息技术学科的基础知识，以及基础知识之上的策略性知识体系。

试题评价案例

1. 列举出人工智能应用的 2 个例子。（本题来自浙江省初中信息技术考试模拟题）

（1）________________________；（2）________________________。

2. IBM 将人机对话系统“沃森”从益智游戏领域移植到医疗领域，“沃森”属于人工智能应用中的（　　）。（本题来自浙江省高中信息技术考试模拟题）

A. 领域人工智能　　　　B. 跨领域人工智能

C. 混合增强智能　　　　D. 生物智能

答案：B。

3. 有四个人要从 A 点坐一条船过河到 B 点，船一开始在 A 点。该船一次最多可坐两个人。已知这四个人中每个人独自坐船的过河时间分别为 1、2、4、8，且两个人坐船的过河时间为两人独自过河时间中的较大者。则最短（　　）时间可以让四个人都过河到 B 点，包括从 B 点把船开回 A 点的时间。（本题来自信息学奥赛题库）

A. 14　　B. 15　　C. 16　　D. 17

答案：B。此题使用贪心算法，贪心策略为尽量使用速度快的人划返程船，过程如下：

①使过河时间为 1、2 的人过河，再使过河时间为 1 的人划返程船。

②使过河时间为 4、8 的人过河，再使过河时间为 2 的人划返程船。

③使过河时间为 1、2 的人过河。

④总时间为 2+1+8+2+2=15。

除了案例中所列举的较为传统的试题评价法以外，有学者将所要考察的知识技能与具体情境结合到一起，设计了趣味性更强的选择类试题对中小学阶段学生的计算思维进行评价。如西班牙学者罗曼·冈萨雷斯设计了 25 道试题来评价

5~12 岁学生学习条件控制与循环语句的情况。

排列方块

排列方块为小学高年级（5~6 年级）2019 年测试样题，该试题考查的内容为算法与编程冒泡排序算法，试题难度为中等。试题如下：

丽贝卡有几个不同高度的立方体方块，她想以台阶的形式放置（从最小的到最大的）。每个立方体的表面都写着它的高度。排列方块时，最低的方块必须在最左边，且每次只能交换相邻两个方块的位置。她从左到右排列方块时，如果发现有小方块放在了相邻大方块的右边了，就交换它们的位置。

图 4-1 是方块最初的位置状况，她用上述方法从左边开始进行排列，直到将所有方块从左到右排成台阶形式。

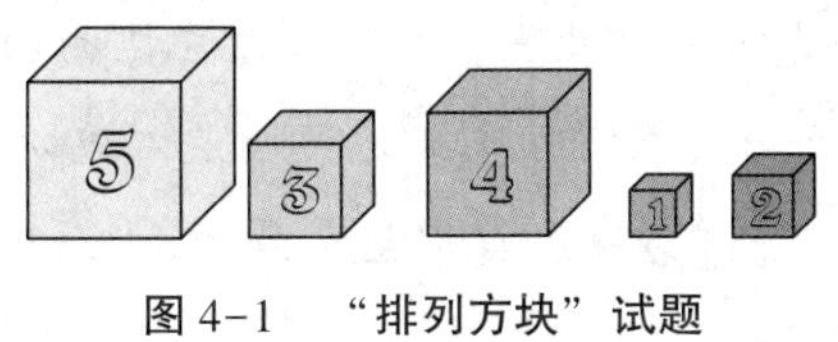

图 4-1　“排列方块”试题

请问她一共需要交换多少次方块的位置？（　　）

A. 6　　　　B. 7　　　　C. 8　　　　D. 9

解析：这是一个冒泡排序问题。冒泡排序是一种简单的排序算法，如果相邻元素的顺序不正确，可以重复地交换它们的位置。第一次排序后的顺序为 3-5-4-1-2，第二次排序后的顺序为 3-4-5-1-2，第三次排序后的最终结果为 3-4-1-5-2……因此，该排序总计交换 8 次。

海狸网络

海狸网络为初中（9~10 年级）2019 年测试样题，该试题考查的内容为通信与网络中的有限状态自动机、复位顺序，试题难度为中等。试题如下：

这是一个海狸穿过的通道网络，共有 6 个入口和 6 个出口。海狸有两种颜色：灰色海狸（G）和棕色海狸（B）。如果两只不同颜色的海狸在通道交叉点相遇，那么棕色海狸将向右移动，而灰色海狸将向左移动（见图 4-2）。

图 4-2 “海狸网络”试题

现在有 6 只海狸同时进入通道网络，每只海狸进入对应的入口。海狸们离开通道网络的顺序是 BGBGBG，请问海狸们进入通道网络的顺序是什么？

A. BGBGBG　　B. BBGBGG　　C. GGGBBB　　D. GGBGBB

解析：为了在最左边的出口处有一个 B，最左边的两条通道必须是 BB，任何其他组合将在最左边的出口处产生 G。为了在最右边的出口处有一个 G，最右边两条通道必须是 GG，任何其他组合都会在最右边的出口处产生 B，即最终答案为 B。

这项任务是海狸们根据一些规则来通过通道网络。这与通过计算机网络的数据流相对应，被称作 IP 路由。使用 IP 路由可在不同网络之间移动数据包。默认情况下，两个不同的 IP 网络不能相互通信。它们需要一个中介设备，负责交换数据包。路由器负责这项工作，路由器接口与不同的网络进行关联。此关联保存在路由表中，路由器使用它来作交换决策。

（二）量表评价法

评定量表是一种测量工具，在教育评价与心理测评领域较为常用，被试可根据量表中的问题进行自我观察并给出相应的分数，完成自我报告。该方法简单直接，可以适用于开展大规模线上评价。对于计算思维的评价量表，当前并没有统一的评价指标，多数情况下，可以由开展测评的教育主管机构和教师根据具体教学目标来设计，例如土耳其学者柯尔克玛兹（Korkmaz）等人设计开发的计算思维评价量表[①]。该工具是由29个题项组成的李克特五分量表，主要从创造力、算法思维、协作学习、批判性思维、问题解决等五个方面，来测量学生的计算思维能力水平。该量表通过了信度和效度检验，具有一定的权威性，具体指标与问题描述如表4-1所示。

表4-1 计算思维评价量表指标与问题描述

指标	问题描述
创造力	我喜欢那些对自己的决定非常有把握的人。
	我喜欢现实和中立的人。
	我相信，如果我有足够的时间并且付出努力，我可以解决我面临的大部分问题。
	我相信我可以解决新的问题。
	我相信我可以按照计划解决我的问题。
	梦想会使我想做的事情成真。
	当我设计解决方案时，我相信我的直觉。
算法思维	我可以立即给出问题的解决方案。
	我认为我对数学思考过程非常感兴趣。
	我认为我在数学符号和概念的帮助下学得更好。
	我相信我可以很容易地抓住数据之间的关系。
	我可以用数学表达方式解决每天面临的问题。
	我可以将一个数学问题进行数字化表达。
协作学习	我喜欢和朋友一起合作学习。
	在合作学习中，我认为我做得更好。
	我喜欢和我的朋友一起解决与小组项目相关的问题。
	我在合作学习中容易出现更多想法。
批判性思维	我善于制订计划来解决复杂问题。
	尝试解决复杂的问题很有趣。
	我愿意学习具有挑战性的东西。
	我为能够非常精确地思考而感到自豪。
	我通常从整体上考虑问题并作出决定。

① KORKMAZ Ö, ÇAKIR R, ÖZDEN M Y. A validity and reliability study of the computational thinking scales (CTS) [J]. Computers in human behavior, 2017 (72): 558-569.

（续上表）

指标	问题描述
问题解决	我认为在心中演示解决问题的方法很困难。
	我不知道应该在什么时候，以及怎么样使用变量（如 X 和 Y）解决问题。
	我的解决方案通常无法逐步地实施和应用。
	我无法针对一个问题思考出很多的解决方案。
	我不能在合作学习的环境解决问题。
	和我的朋友一起合作学习让我感到厌倦。

此外，还有学者库库尔（Kukul）从推理、抽象、分解和概括等维度评价学生是否掌握，或者在多大程度上掌握计算思维技能。① 表 4-2 中的问题被证明是有效的，可以用于预测学生对自身计算思维能力水平的认知。

表 4-2　计算思维自我效能感评价量表指标及问题描述

指标	问题描述
推理	我可以判断用于解决问题的数据是否充足。
抽象	我可以对用于解决问题的数据进行描述。
分解	如果问题中有子问题，我可以成功解决这些子问题。
概括	我可以在当前问题和以前遇到的问题之间建立联系。

量表评价案例

一、基本信息

1. 姓名：________

2. 性别：________

3. 年级：________

4. 你是否参加过有关计算思维、数学思维等思维类的训练或比赛？

□是　　　　　　　　　　　　□否

二、计算思维评价量表（见表 4-3）

① KUKUL V. Computational thinking self-efficacy scale: development, validity and reliability [J]. Informatics in education, 2019, 18 (1): 151-164.

表 4-3 计算思维评价量表

维度	问题描述	从来没有	很少	有时	经常	总是
创造力	我相信我可以解决新的问题。					
	我相信，如果我有足够的时间并且付出努力，我可以解决我面临的大部分问题。					
算法思维	我认为我对数学思考过程非常感兴趣。					
	我可以用数学表达方式解决每天面临的问题。					
协作学习	在合作学习中，我认为我做得更好。					
	我喜欢和我的朋友一起解决与小组项目相关的问题。					
批判性思维	我善于制订计划来解决复杂问题。					
	我不仅能从多种算法中抉择出哪种算法更好，而且能说出相应的理由。					
问题解决	我无法逐步应用我设计好的解决方案。					
	我无法将解决问题的已有方法迁移到其他学习或生活遇到的问题解决中。					

（三）语言访谈评价法

语言表达是课堂中最常见的检测与评价工具之一，本文介绍两种计算思维的语言评价方法，分别是访谈对话法和有声思维法。

1. 访谈对话法

访谈就是调查者以口头交流的形式根据调查需要向受访者提出相关问题，并根据回答收集材料的过程和方法。访谈法主要是从与学生对话的过程中了解学生对所提问题的态度、想法。开展访谈需要提前设计好访谈提纲，访谈提纲的设计应围绕研究内容、访谈对象信息和访谈主题展开，以确保访谈结果的有效性。此外，访谈对调查者的反应有较大要求，提问时要注意引导，让受访者处于放松的环境。访谈后，要及时根据录音或者录像对调查记录进行整理。与问卷、量表法相比，访谈法能够更加深入地了解被测对象的所思所想，可以对量表与问卷评测结果起到解释和补充的作用。

在信息科技教学和计算思维培养方面，在学生经过一段时间的学习和作品创作之后，我们可以通过访谈法来了解学生的计算思维技能与问题解决能力是否得到提升。

访谈评价案例

①在创作作品之前，你通常作哪些准备？

②在作品创作过程中，你通常会遇到哪些问题？是怎么解决的？

③在作品展示环节，你会结合同学的作品对自己的作品进行改进和优化吗？

2. 有声思维法

有声思维旨在通过学生的语言表达了解学生对计算思维相关概念的掌握情况。例如，苏梅拉·阿特马齐杜等采用书面与口头的形式对学生进行评估，要求学生大声描述他们解决问题的过程，认为“大声思考”的方法能够让学生更自由地表达自己的想法。[①] 此外，在实际教学过程中，还可以通过让学生回答问题、讲解问题等方法，引导学生描述自身的思考与思维过程。研究表明，此种评估计算思维的方式比传统量表式评估更有效。[②]

在学生学习一段时间的基础计算思维概念之后，教师可以对学生进行提问、采访、质疑，或请学生进行课堂展示和小组汇报。在此基础上，学生学习图形化编程基础知识与技能，并将所学知识应用于创建拼图动画、故事、游戏、机器控制和发明创造中时，教师可以选择对学生进行提问、采访，或者请学生进行内容汇报和作品展示，或者让学生之间进行作品交流反思，这些方法都可以帮助教师更加清晰地了解学生创作作品过程中的思维过程。

① ATMATZIDOU S, DEMETRIADIS S. Advancing students' computational thinking skills through educational robotics: a study on age and gender relevant differences [J]. Robotics and autonomous systems, 2016 (75): 661-670.

② PORTELANCE D J, BERS M U. Code and tell: assessing young children's learning of computational thinking using peer video interviews with ScratchJr [C] //IDC'15: proceedings of the 14th International Conference on Interaction Design and Children. New York: ACM, 2015.

（四）行为观察评价法

计算思维测评中的行为分析旨在观察、记录、分析学生在学习过程中的表现情况，包括学生如何发现问题并形成解决问题的方案、如何进行团队合作、面对困难时学生的反应等。该方法需要教师或研究者在课堂环境中观察、记录学生的学习过程，必要时需要进行录像、录屏等。尽管该方法操作较为复杂，且对录像进行分析烦琐耗时，但相比试题评价、作品分析评价和语言访谈评价等方法，行为观察评价法能够通过观察学生的操作、团队合作、反应等，对学生实践过程与态度变化、团队合作能力等方面进行评估，是计算思维评价方法中不可或缺的重要组成部分。

在评价时，我们可以在学生前、后测的过程中对学生的反应进行观察与编码，使用评分规则来评估他们对模型设计搭建、技能应用实践两个学习目标的掌握情况。① 当学生编程设计不符合预期时，我们可以通过行为观察查看他们是否能够发现错误并反复地进行测试，以此对学生的批判性思维、协作学习和复杂问题解决能力等方面进行评价。②

此外，通过行为观察，我们可以发现有实物操作的学生更擅长规则构建，而无实物操作、使用编程环境的学生更专注于迭代并完成活动和任务。③ 这个方法方便教师根据不同的教学目标和学生所处的技能水平，选择是使用虚拟的编程环境，还是使用实物操作来进行教学。行为观察评价表如表 4-4 所示。

表 4-4　行为观察评价表

课程名称		授课人	
地点		时间	

① SWANSON H，ANTON G，BAIN C，et al. Computational thinking in the science classroom［C］// Proceedings of International Conference on Computational Thinking Education. 2017：17-22.

② ALLSOP Y. Assessing computational thinking process using a multiple evaluation approach［J］. International journal of child-computer interaction，2019（19）：30-55.

③ AGGARWAL A，GARDNER-MCCUNE C，TOURETZKY D S. Evaluating the effect of using physical manipulatives to foster computational thinking in elementary school［C］// Proceedings of the 2017 ACM SIGCSE Technical Symposium on Computer Science Education（SIGCSE'17）. New York：Association for Computing Machinery，2017：9-14.

（续上表）

学生学习情况	分数（0~5分）	备注
学生进行了充分的课前准备。		
学生上课积极回答问题或认真记笔记。		
学生积极参与小组交流讨论。		
学生能够质疑教师与同学的观点。		
学生能够通过画流程图或设计图的形式完成作品设计。		
学生能够根据设计步骤逐步完成作品设计。		
对完成作品时遇到的新问题，学生能够通过组间与组内讨论的形式解决问题。		
学生能够对设计作品进行展示与汇报。		

（五）SOLO 分类评价法

SOLO 是 Structure of the Observed Learning Outcome 的缩写，意为可观察的学习结果的结构。SOLO 分类评价理论是比格斯和科里斯首创的一种学生学业评价方法，是一种以等级描述为特征的质性评价方法。它不关注学生究竟对了多少道题、得多少分，它只关注学生的回答及答案中体现出的认识水平和思维结构水平。[①] SOLO 分类评价法按照结构复杂性将认知层次划分为五种水平，即前结构水平、单点结构水平、多点结构水平、关联结构水平、抽象拓展结构水平，反映了学生学习从量变到质变的过程。其中，从前结构水平到多点结构水平反映了学生思维水平的量变，这三种思维结构属于“低阶思维”；关联结构水平和抽象拓展结构水平反映了学生思维水平的质变，这两种思维结构属于“高阶思维”。SOLO 结构五种思维水平的变化见图 4-3。

① 刘露. 基于 SOLO 分类法的技术支持高阶思维发展的课堂教学模式研究：以高中信息技术课程为例［D］. 赣州：赣南师范大学，2021.

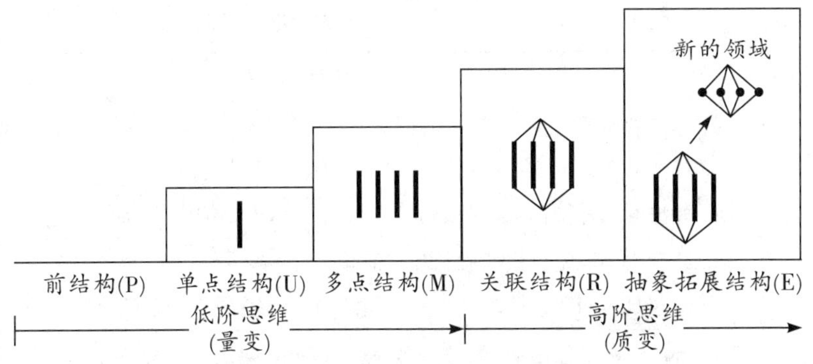

图 4-3 SOLO 分类评价法思维水平变化

前结构水平（pre-structural level）：学生对问题的回答是混乱的，要么拒绝回答，要么同义反复，要么模棱两可，回答没有一致性，甚至连问题是什么都没有理解明白就开始收敛。

单点结构水平（uni-structural level）：学生只能联系单个素材解决问题，仅仅给出一方面的回答。

多点结构水平（multi-structural level）：学生能联系多个孤立、有限的素材解决问题，虽然想做到一致性，但无法有机整合这些素材，收敛较快，解答不完整。

关联结构水平（relational level）：学生利用问题线索、相关素材及素材的相互关系解决问题，并能在设定的情境或已经历的经验范围内利用相关知识进行概括，回答较一致，但因只在一个路径上收敛，在系统外可能会出现不一致。

抽象拓展结构水平（extended abstract level）：学生利用问题线索、相关素材、素材的相互关系及假设解决问题，能对未经历的情境进行概括，解决不一致的问题，认为不必使结论收敛，即结论开放，容许多个在逻辑上相容的解答。

天津师范大学的颜士刚教授将 SOLO 分类评价法与布鲁姆风格教育目标评价方法相结合，将计算思维评价维度划分为“三层结构”，从上到下依次为学科知识、问题解决和学科思维①，并以《普通高中信息技术课程标准（2017 年版）》必修模块一“数据与计算”中“内容标准”的条目 6 为参考，根据“三层结构”模型给出相应的评价目标描述模型，如表 4-5 所示。

① 颜士刚，关彩红，冯友梅. 聚焦思维结构的核心素养评价设计：以信息技术课程为例［J］. 现代远距离教育，2021（4）：59-65.

表 4-5 基于"三层结构"模型的评价目标描述表

结构	评价目标
学科知识	①算法的概念与特征 ②算法的表达方式：自然语言、伪代码、流程图 ③算法的三种结构：顺序结构、分支结构、循环结构
问题解决	①结合实例说明算法的概念和特征 ②结合具体问题，运用恰当的控制结构和描述方式表示算法
学科思维	①目标：将生活中的问题解决经验同数学或物理等学科的解题经验进行联系和对比，抽象、凝练出算法的概念及其基本特征。水平：表现为单点结构（U）或多点结构（M） ②目标：将算法的描述方式及控制结构与尽可能多的不同类型的具体问题情境相联系，初步建立关于算法的复杂关联的知识结构。水平：三种控制结构中，顺序结构为线性结构，与单点结构（U）对应；分支结构可表现为平面结构或立体结构（嵌套），与多点结构（M）、关联结构（R）或拓展抽象结构（EA）对应；循环结构也可表现为平面结构或立体结构（嵌套），与多点结构（M）、关联结构（R）或拓展抽象结构（EA）对应

在此模型中，"学科知识"层描述思维结构内含的知识点；"问题解决"层则描述与内在的思维结构对应的外在的可观察的行为表现；"学科思维"层描述知识点间的连接方式。现根据表 4-5，以某一试题为例，介绍基于 SOLO 分类评价的分析评价方法。

SOLO 分类评价法案例

一、题目描述

初一年级进行立定跳远测试，规定男生 155cm 及以上合格，女生 140cm 及以上合格。请据此回答以下问题：

1. 若通过计算机程序来判断特定测试结果（键盘输入）是否合格，那么该程序需使用的算法结构是（　　）。(2 分)

2. 请使用自然语言描述以上算法。(8 分)

二、学生应答情况分析（见表 4-6）

表 4-6 学生应答情况分析

分类	应答情况	情况说明	思维结构水平
正确	运用分支结构嵌套的方式表示算法，且全面考虑了所有可能情况	学生对性别、成绩分层判断，可见其思维可跨越多个层面	拓展抽象结构（8 分）
	运用分支结构表示算法，且全面考虑了所有可能情况	学生将性别和成绩相结合的结果作为判断的条件，并考虑周全，可见其能够在一个层面或角度系统、全面地考虑问题	关联结构（6 分）
部分正确	运用分支结构表示算法，但未考虑所有可能情况	学生能够考虑到问题的多个方面，虽然有系统把握问题的意识，但还无法做到	多点结构（4 分）
	运用顺序结构表示算法	学生没有系统把握问题的意识，思维表现为线性结构	单点结构（2 分）
错误	应答混乱	思维混乱，无结构	前结构（0 分）

（六）作品档案袋分析法

作品档案袋分析法（Project Portfolio Analysis）是麻省理工学院在开展 Scratch 教学研究时提出的方法。[①] 教师基于计算思维三维框架（包括计算概念、计算实践和计算观念）设置特定的主题，学生按照预定程序性知识完成作品。之后，教师通过 Scrape 开源工具[②]对作品中不同类别积木的使用频率进行统计、分析和可视化展示，来评价学生在使用代码块上的偏好，并对学生计算思维的发展作出评价。

例如，某学生在 Scrape 中创建了 49 个编程作品，图 4-4 为 49 个编程作品中"运动"类型模块使用情况的可视化分析图。如图所示，该图中共有 14 行，每行分别代表图形化编程中的特定类型模块，如"移动 10 步""右转 15 度"等。该学生共有 49 个作品，每一列代表其中一个项目作品，以及作品中包含的所有使用过的编程模块。不同深浅的阴影则表示某一项目中该模块使用的频率，颜色越

---

① BRENNAN K，RESNICK M. New frameworks for studying and assessing the development of computational thinking［C］//Proceedings of the 2012 Annual Meeting of the American Educational Research Association，2012（1）：25.

② Scrape 开源工具网址：http://happyanalyzing.com/.

深，使用频率越高。最后一列的颜色标识表示从未使用过的模块。

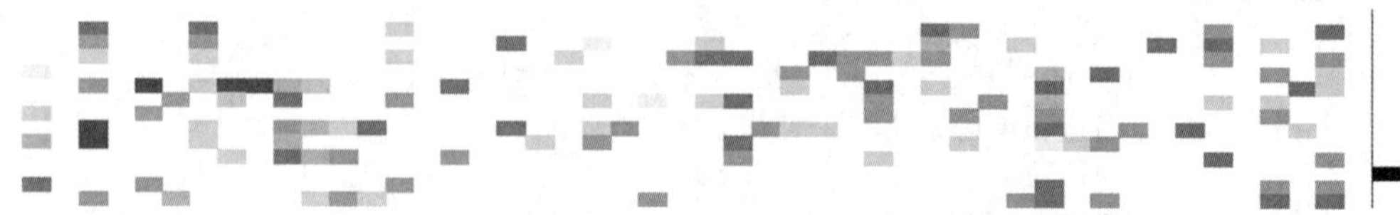

图 4-4　Scrape 作品档案袋分析工具可视化图例

该方法是从用户分析的视角对学生作品进行分析，可以较好地反映学生对计算思维概念的理解与应用。随着时间的推移，Scrape 中的学生作品逐渐形成作品集，该方法能够记录学生计算思维概念的发展过程，并对学生开展形成性评价，而不是传统地对单个项目或作品进行简单总结性评价。

（七）作品流程图评价法

在当前的计算思维培养过程中，缺乏对学生思维过程的体现，学生从识别任务到得出方案和结果的过程像一个“黑匣子”，学生在解决问题时思维加工的过程直接隐含在编程开发中。这样导致对学生计算思维的评价主要以编程作品为主要依据，不能体现出学生的思考过程和变化。尽管教师通过访谈和自我报告的形式可以了解学生的思考过程，但是由于时间久远或记忆偏差，描述过程中容易出现缺乏细节或与实际发生有误差的情况。因此，能够将思维可视化的评价方法就显得尤为重要。华东师范大学郁晓华等站在问题解决的视角，从问题识别与分解、系统抽象与方案设计优化、方案实现、问题迁移四个阶段探讨了流程图支持下的计算思维教学过程，如图 4-5 所示。①

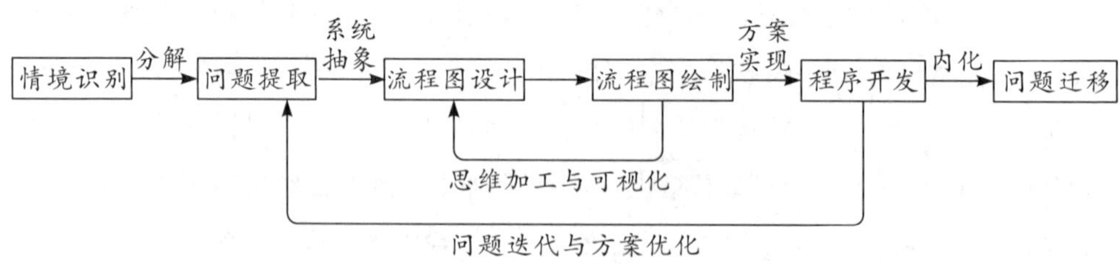

图 4-5　流程图支持下的计算思维教学过程

① 郁晓华，王美玲. 流程图支持下的计算思维培养实践研究［J］. 中国远程教育，2019（9）：83-91.

在该教学实施流程下，教师可以根据流程图结构的完整性（符号的选用是否正确，是否包含开始、结束符，是否包含解决问题所必要的一些结构）、合理性（所示流程逻辑是否清晰，是否能够有效地解决问题）、创新性（是否包含一些标准之外的独特设计）等维度对学生提交结果作出评价并赋予相应的分值。流程图的得分将客观反映学生计算思维的综合发展情况。

作品流程图评价案例

学生学习图形化编程后，教师要求学生使用运算模块、询问模块等完成数学加法计算题的设计，并要求测试者可以在键盘上输入答案。此外，教师还要求该程序可以检测计算题的答案是否正确。学生使用流程图编辑工具完成该任务的流程图设计，教师对该流程图的评价如表 4-7 所示。

表 4-7　作品流程图评价表

课题：		姓名：	日期：
评价指标	标准流程图说明	学生制图分析	学生得分
完整性（4 分）	包含圆角矩形框的开始与结束符以及选择结构、顺序结构和并行结构	开始 结束符采用了错误的矩形框	3 分
合理性（6 分）	输入：答案A 键盘“输入答案”	缺少键盘“输入答案”的步骤	0 分
	A等于Q? N Y 分支结构判断键盘输入答案 A 与标准答案 Q 是否一致	Q? N Y 学生能够使用分支结构，但对判断条件感到模糊	1 分
创新性（2 分）	允许多种创意设计；有一条计 1 分，两条及以上都计为 2 分	①增加了 20 以内随机数的加法计算题；②使用了循环结构，可以出 10 道数学题	2 分

（八）三维发展模型评价法

计算思维发展模型 PECT（Progression of Early Computational Thinking）是由美国学者塞特（Seiter）等人提出的计算思维发展模型。① 该模型是一个在 Scratch 编程环境中，用于理解与评估小学生初阶计算思维能力的框架。PECT 假设每个学生都具有潜在的计算思维能力，且体现在学生完成特定编程任务的设计与执行程序过程中。它由证据变量、设计模式变量和计算思维概念变量三个基本部分组成。为了评价学生在编程中的计算思维能力水平，PECT 将学生的编程过程转换成 13 个证据变量（即可直接测量的变量）、6 个设计模式变量（即分析学生的编码设计模式、用来衡量编码策略的变量，体现编码设计思路）以及 5 个计算思维概念变量（可用于理解相关计算思维概念水平）。每个评价维度的具体指标如表 4-8 所示。

表 4-8　三维发展模型评价指标

证据变量	设计模式变量	计算思维概念变量
◇外观 ◇声音 ◇运动 ◇变量 ◇序列和循环 ◇布尔表达式 ◇运算符条件 ◇条件 ◇侦测 ◇用户界面事件 ◇并行化 ◇初始化位置 ◇初始化外观	◇角色外观 ◇角色运动 ◇角色对话 ◇问题检测 ◇分数变量 ◇用户交互	◇程序和算法 ◇问题分解 ◇并行化和同步 ◇抽象 ◇数据表示

这些变量在结构上更具直观性，在实际分析与评价学生作品时，教师通常可以根据以上观测变量对作品得分进行赋值，并根据学生在作品中使用的模块，以及设计作品的思路和作品复杂度、完整度等，将学生的计算思维能力划分为基础、发展与精通三个层次。其中，证据变量在基础、发展与精通三个层次上的描

① SEITER L，FOREMAN B. Modeling the learning progressions of computational thinking of primary grade students［C］//Proceedings of the Ninth Annual International ACM Conference on International Computing Education Research（ICER'13）. New York：ACM，2013：59-66.

述如表4-9所示。例如，学生在作品中仅仅使用了顺序结构，则学生在“顺序与循环”的指标上的发展等级为基础；若学生在作品中使用了“重复如果”或“重复直到”，则学生的发展等级为精通。

表4-9　证据变量评价表

变量	1—基础	2—发展	3—精通
外观	说，思考	造型，显示与隐藏	更改造型、颜色、尺寸
声音	播放声音、音符	播放，播放直到完成	—
运动	移动，角色旋转	转到（X，Y），滑行到（X，Y）	设置、改变X，Y
变量	角色、鼠标指针、答案等	新变量（设置、更改）	新列表
顺序和循环	顺序	循环	重复如果、重复直到
布尔表达式	感知模块（按下空格?）	<、=、>	和、或者、否
运算符	数字	字符串与随机	列表
条件	如果	如果、否则	嵌套如果、否则
侦测	等待	广播，收到	等待直到
用户界面事件	绿旗被点击	按下键，角色被点击	询问并等待

除了使用证据变量对学生掌握图形化编程的理解和熟练程度进行评价以外，还可以结合设计模式变量与计算思维概念变量等对学生的设计思路和设计策略等进行评价。如表4-10所示，学生在设计模式变量和计算思维概念变量两个维度的评价观测指标已在表格中列出，每一项观测指标分为基础、发展与精通三个层次。如果角色外观在程序和算法设计上仅是顺序结构，则学生在该项上表现为基础水平；如果动画角色可由动作触发改变，则学生在该项上的发展水平为精通。

表4-10　设计模式变量和计算思维概念变量评价表

变量	程序和算法	问题分解	并行化和同步	抽象	数据表示
角色外观	1—顺序 2—初始化然后改变角色 3—动作触发角色	3—角色故事模块化	3—多线程同步和异步的状态或事件	2—初始化角色外观状态	1—设置角色属性 2—属性分配

（续上表）

变量	程序和算法	问题分解	并行化和同步	抽象	数据表示
角色运动	1—顺序 2—初始化然后改变角色 3—相对移动到当前位置	—	—	2—初始化角色运动状态	1—设置角色属性 2—属性分配
角色对话	1—顺序 2—角色交替说话 3—触发角色说话	3—模块化演讲者角色	2—多线程模块，时延同步 3—多线程同步和异步的状态和事件	3—程序状态和事件	—
问题检测	1—分支结构检测问题 2—使用循环结构检测问题	2—将检测问题模块化	2—多线程模块，异步 3—多线程模块	2—程序状态，连续事件 3—程序状态，离散事件	—
分数变量	1—初始化变量，变量增加 2—变量增加，然后执行 3—对分数变量变化的全局反应	3—模块化屏幕变化	3—多线程同步和异步的状态和事件	3—程序状态和事件	1—新整数变量 2—触发新变量
用户交互	1—用户界面触发程序 2—相对于鼠标指针移动	—	3—键盘输入模块	—	2—鼠标指针变量 3—输入存储变量

三维发展模型评价案例

基于计算思维发展模型，以学生作品“打地鼠”中的部分编程模块为例（如图 4-6 所示），对学生的计算思维发展水平进行评价。

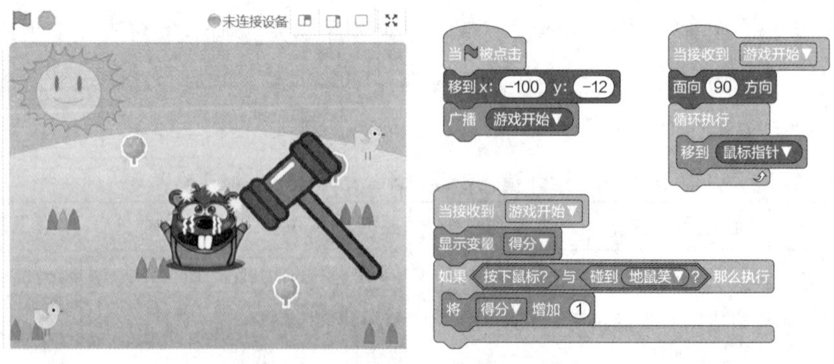

图 4-6 “打地鼠”部分编程样例

在学生的部分编程示例中，可以看到点击“小旗子标志”开始运行程序时，“锤子”将移动到指定位置并播报“游戏开始”。收到“游戏开始”的播报后，我们可以通过鼠标控制“锤子”在画面中的移动，并且将打地鼠的个数作为“得分”变量，成功打到地鼠，则“得分”加1。基于计算思维发展模型中的评价维度和指标，我们可以将学生编程作品中的计算思维水平的证据变量量化为相应的分数，评分表如表4-11所示。最终，通过计算可以得出学生在“证据变量”维度上的计算思维水平分数为15分。

表4-11 “打地鼠”游戏证据变量评价表

证据变量	分数	证据变量	分数
外观	1	运算符	1—数学“+”
运动	2—滑行到（x，y）	条件	1—如何
变量	2—设置新变量	侦测	2—广播
顺序和循环	2—循环	用户界面事件	1—小旗子被点击
布尔表达式	3—与	—	—

（九）三维整合框架评价法

TDIA（Three-Dimensional Integrated Assessment）是由中国学者钟柏昌等人开发的计算思维评价框架①。该框架将方向性、开放性和形成性三个维度整合到有效评价活动中，并由此设计了六个任务：

①封闭式正向任务，即具有明确结果和明确实现过程的任务；

②半开放式正向任务，即仅具有明确的结果，但实现方法多样化的任务；

③封闭式反向任务，即具有明确结果和明确实现过程的故障排除任务；

④半开放式反向任务，即仅具有明确结果，但故障排除方法多样的任务；

⑤具有创意设计报告的开放任务，即事先经过设计和规划的开放过程和开放结果的创意任务；

⑥不具有创意设计报告的开放任务，即没有事先设计规划的开放过程和开放

① ZHONG B，WANG Q，CHEN J，et al. An exploration of Three-Dimensional Integrated Assessment for computational thinking［J］. Journal of educational computing research，2016，53（4）：562-590.

结果的创意任务。

TDIA 框架对计算思维的评价，便是依据这六个不同编程任务具体展开。其中，“任务①~④”主要衡量学生测试、调试、循环、并行、模块化等技能，“任务⑤”与“任务⑥”主要衡量学生的设计规划技能以及创造力与表达力。该评价框架的类型可分为形成性评价与总结性评价。形成性评价是对学生的反思报告与创意设计报告的评价，总结性评价是对编程项目的评价。研究结果表明：半开放式任务与开放式任务比封闭式任务更加有效，学生的自我反思报告对学习诊断与指导有所帮助。

因此，教师可以从开放性（是否采用多种方法完成任务）和创意报告展示的结果两个维度对学生的编程作品展开评价。

三维整合模型评价案例

一、题目描述

学生使用图形化编程模块完成的“垃圾分类”作品如图 4-7 所示。“垃圾分类”作品的具体任务描述如表 4-12 所示，开放任务设计表如表 4-13 所示，教师评价表如表 4-14 所示。

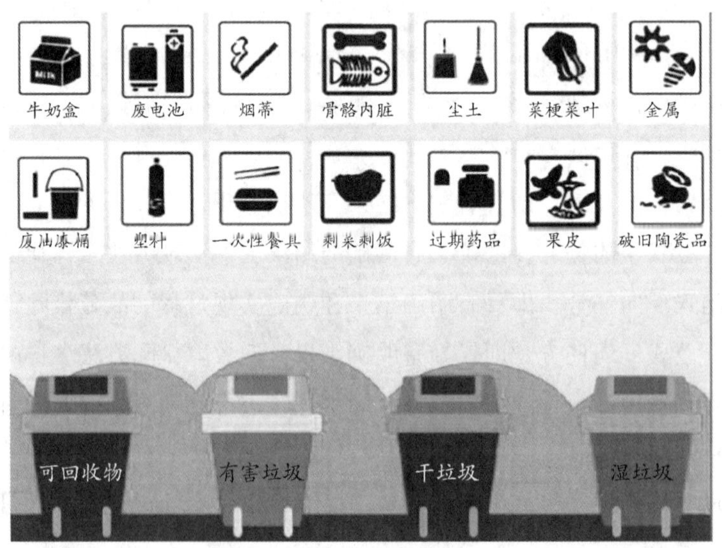

图 4-7 “垃圾分类”作品图示

表 4-12 “垃圾分类”任务描述

任务名称	任务类型	任务目标	计算思维
半开放任务	目标明确，方法多样	学生通过编程模块的设计与调试，能够将牛奶盒、果皮、废电池等物品放到相应的垃圾桶中，实现正确的垃圾分类	循环、嵌套、模块化与复用、条件、函数、运算符
开放任务	创意任务	完成创意设计稿：垃圾分类的情境创设和分类结果的反馈	创意与表达、抽象与建模、测试与调试、迭代与优化、模块化与复用

表 4-13 开放任务设计表

课题：	姓名：	班级：	日期：
我的故事情节/设计思路：			
我的流程图：			

表 4-14 开放任务教师评价表

创意维度	具体描述	评分
界面设计	添加开始、重复的按钮，实现对游戏的控制	
	添加多个角色，并设置角色的运动	
	建立多个界面，成绩超过预定值后跳转	
功能设计	分数增加到预定值后，增大垃圾分类的难度	
	增加用户交互，用户可以通过鼠标或键盘的输入实现垃圾分类	
	用户进行错误的垃圾分类之后，能够及时响应并讲解正确的垃圾分类方法	

总体而言，以上介绍的计算思维评价方法，如试题评价法、量表评价法、语言访谈评价法、行为观察评价法、SOLO 分类评价法、作品档案袋分析法、作品流程图评价法、三维发展模型评价法和三维整合框架评价法等，评价的侧重点不同，具体如表 4-15 所示。例如，作品档案袋分析法更多是针对已经完成的项目作品进行评价，此类评价方法仅仅分析学生创建作品的最终结果，而对学生项目的创建过程一无所知，对学生在计算实践中的迭代调试等操作也无法进行评估，这可能会导致对学生的计算能力评估不够准确。试题评价法与量表评价法又多集中于对概念的评估，忽略对实践技能与情感态度的评估。这需要教师在评价过程中结合多种评价方式，从多个维度和项目的实施全过程开展评价。

表 4-15　计算思维评价方法比较分析

评价方法	优势	劣势
试题评价法	可适用于开展大规模评价，能够对计算思维的概念进行评价	不能评价学生学习过程中的实践技能、情感态度、协作学习，以及表达、联系和质疑等批判性思维
量表评价法	可适用于开展大规模评价，可以通过学生自我报告的形式，对学生协作学习、批判性思维发展水平等进行评价	不适用于评价学生对计算思维的概念与实践技能的掌握程度
语言访谈评价法	能够评价学生的思维发展过程和情感态度等方面	主体的自我感受与实际行为之间的偏差可能会导致评价结果不准确
行为观察评价法	可便于直接观察学生的协作能力和问题解决能力，以及学生能力随时间的变化	直接观察需要花费较多的时间与精力，观察数据处理较为烦琐复杂
SOLO 分类评价法	该方法可以将复杂的认知与思维结构划分为可测量的五个层次，方便教师指导教学与进行评价	教师需要花费精力对学生的回答内容进行标记和分类
作品档案袋分析法	该方法从用户分析和数据分析的视角对学生的作品进行评价，可以较为准确地反映出学生的能力发展水平	缺乏对学生思维概念的理解与应用，以及情感态度、创意设计、迭代调试等方面的评价
作品流程图评价法	能够详细地了解学生的思考路径，并将思考过程进行可视化呈现	更侧重于对学生思维过程进行评价，较少涉及学生计算思维与技能的掌握情况

（续上表）

评价方法	优势	劣势
三维发展模型评价法	该方法更适用于评价学生作品，可以将学生的作品质量量化为分数。方便教师进行评分和划分等级	使用该评价方法的观测指标进行评价时，不够直观，需要花费较多时间和精力
三维整合框架评价法	可从学生的创意报告评价学生的问题解决路径和作品迭代修改过程	更适用于评价学生的计算思维实践技能和计算思维观念，但弱化了对计算思维概念的评价

除了以上评价方法以外，还有一些计算思维的评价系统，如美国学者科赫开发的计算思维实时评价系统（REACT）和 Scratch 代码自动评价系统（Dr. Scratch）等，这些系统可以实时分析学生的编程学习行为数据，并将数据保存在数据库中，最后生成报告反馈给学生。学生可以根据反馈报告全面地了解自身的计算思维发展水平，进而能够针对性地完善代码，最终提升自身的编程和思维水平。

二、计算思维的教学评一致性

在日常教学过程中，总有教师抱怨："这个知识点不是已经讲过了吗，怎么还有学生不懂?""这种题不是学过了吗，怎么还有学生不会?"而这些抱怨不禁让我们思考"是否教师教了，学生就学了"以及"是否学生学了，学生就会了"，身居一线的教师对这两个问题的答案大概率是"否"。出现这些问题的原因在于教师没能真正掌握教学与课程的基本逻辑——教学评一致性。①

本节先阐述教学评一致性的基本概念以及重要意义，其次针对在信息科技课程中如何实现计算思维培养的教学评一致性提出一些实施策略。

（一）教学评一致性

1. 什么是教学评一致性

教学评一致性起源于 20 世纪初，泰勒首先提出，为达到评价的目的，需在清晰明确地陈述评价目标的基础上进行评价，根据目标的达成来评价教育效果。

① 崔允漷，夏雪梅. "教—学—评一致性"：意义与含义［J］. 中小学管理，2013（1）：4-6.

他把教学与评价统一在目标之下；其次是选择经验和组织经验，即教学和学习；最后是依据目标和教学过程的评价结果。到 70 年代，布鲁姆提倡将教学评价始终贯穿在整个教学过程中，通过评价反馈学生在课堂的学习情况，以评价促学习。[①]

之后，在 20 世纪 80 年代，美国学生在国际学生评估项目（PISA）和国际数学与科学教育成就趋势调查研究（TIMMS）等国际性大规模测试中表现不佳。为了缓解民众对当时教育体系普遍存在的不满情绪，同时从根本上改善中小学的教学质量，美国发起了一场“由标准驱动并基于标准”的基础教育课程改革。该课程改革的主要目的在于把课程与教学的一致性作为检测学校是否有效落实课程标准的一项关键性指标。[②]

课程标准是高层次的学习目标，而非课堂教学的直接目标和具体目标。课程标准反映了国家对学生学习结果的统一的基本要求，课程标准限定的是学生的学习结果，而非教学内容。基于课程标准的教学，即教师根据课程标准规定的学习结果组织一系列设计和实施教学的过程，如确定教学目标、设计教学评价、组织教学内容、实施教学过程、评价学生学习、改进教学方法等。教学评一致性就是落实课程标准分解后的学习目标的具体教学实践原则。[③]

在国际上，目前教学评一致性没有统一的定义解释和概念界定。本书采用华东师范大学崔允漷教授团队的定义：教学评一致性即在整个课堂教学系统中教师的教、学生的学和对学生学习的评三个因素的协调配合的程度。[④] 它包括三个一致：一是学与教的一致性——所学即所教；二是教与评的一致性——所教即所评；三是学与评的一致性——所学即所评。这里的一致性包含不同层次目标纵向的一致性和同一层次不同教学环节的一致性。[⑤]

（1）学与教的一致性——所学即所教。

学与教的一致性是指在目标的指引下学生的学习与教师的教学之间的匹配程

---

① 宋莱歉. 核心素养导向的初中化学教学评一体化教学设计：基于 PDCA 循环法的应用研究［D］. 重庆：西南大学，2021.

② 杨玉琴，王祖浩，张新宇. 美国课程一致性研究的演进与启示［J］. 外国教育研究，2012，39（1）：113-121.

③ 张志勇. 教学评一致性的背景追溯、理论内涵与安全分析［J］. 中学政治教学参考，2022（18）：26-29.

④ 崔允漷，雷浩. 教—学—评一致性三因素理论模型的建构［J］. 华东师范大学学报（教育科学版），2015，33（4）：15-22.

⑤ 张志勇. 教学评一致性的背景追溯、理论内涵与安全分析［J］. 中学政治教学参考，2022（18）：26-29.

度。学生的学和教师的教的一致性是教学评一致性的重要部分。在学校情境中，学生所学的内容一定是教师根据目标而确定要教的内容，学生通过此内容的学习，推动目标更好地达成。因此，学与教的一致性一定是教学评一致性的组成部分，它意味着学生的学习内容要与教师所教的内容保持一致，学生的学习策略要与教师的指导策略保持一致，学生对学习内容的理解、运用要与教师预设的目标保持一致。

"使用传感器采集信息" 的教与学

明确学生要学什么、教师要教什么，是制订学习目标的前提。目前我们采用的粤教版信息技术教材是按信息工具划分单元的，系统反映了该信息工具的知识内容，是学生学习、教师教学的基础材料。例如：广东教育出版社《信息技术》八年级下册的第十二课"使用传感器采集信息"，明确了学生要学习什么是传感器以及传感器的主要作用，并且要会使用传感器获取外界信息。与此同时，这也是教师要教学的主要内容。

为了更好地实现所学即所教，仅仅关注学习内容是不够的，还需要明确学生需要学到什么程度、教师需要教到什么程度，这就得依据信息科技课程标准的要求了。《义务教育信息科技课程标准（2022 年版）》针对初中信息科技，不仅明确了学习内容，也提出了相应的学业要求，并给出了对应的教学提示。例如：第四学段（7~9 年级）的"物联网实践与探索"模块中，就明确了学生要通过简易物联系统的设计和搭建，探索物联网中数据采集、处理、反馈控制等基本功能。相应的，教师可以通过分析典型物联应用、使用物联设备、搭建简易物联系统等途径，指导学生实践并掌握从物联设备中读取、发送、接收和使用数据的技能。

（2）教与评的一致性——所教即所评。

教与评的一致性是指教师的教学与对学生的学习评价的匹配程度。教的东西就应该是评的东西，有教必须有评。如果教而不评，那就无法回答教师为什么要教、是否教得有效的问题，也无法回答学生是否已经学会、学会了多少等问题。如果教与评不一致，则会导致通常所说的"两张皮"，教师的教学也会迷失方向，评价就会失去监测功能。因此，教师的教与对学生学习的评保持一致也必然是教学评一致性的应有之义，它意味着教师在讲解教学目标时要展示评价的要求，在设计教学内容时要注意考虑评价内容，以及在教学过程中要持续获取学生关于目标达成的信息以作出自己的教学决策。

“使用传感器采集信息” 的教与评

通过前面的学与教的一致性，我们了解到在“使用传感器采集信息”这一课中，教师需要教授的内容是传感器的定义及其主要作用和几种常见传感器的使用方法。既然教师教了，那就要有对应的评。我们可以通过设计单选题和多选题评价学生对传感器的理论知识的了解情况，再设计一个随堂练习任务评价学生对传感器的操作技能的掌握情况。这样教师可以了解到本节课的教学是否有效、是否达到了相应的教学目标。

（3）学与评的一致性——所学即所评。

学与评的一致性是指学生的学习与对学生学习的评价之间的匹配程度。学生学了，不等于学会了，目标是否达成是以学生是否学会为标志的，必须采用评价的手段来检验学生的学习成果。如果学而不评，那只能是个体的自由学习，而不是目标导向的学校教育。如果学与评不一致，那可能会导致教师无所适从，学生可能会丧失兴趣，学校教育的质量也就无法得到保证。评与学一致性就意味着所有课堂上的形成性评价与终结性的测验与学生所学的内容都是一致的，对于所获得的学情信息，应参照预设的目标进行分析、作出判断、形成反馈，以促进学生更好地进行后续学习。

“使用传感器采集信息” 的学与评

通过前面的学与教的一致性和教与评的一致性，我们了解到在“使用传感器采集信息”这一课中，学生需要学习的内容是传感器的定义以及传感器的主要作用，并且要会使用传感器获取外界信息。既然学生学了，那就要对应地评。我们可以通过前面设计的单选题、多选题、操作题让学生检验自己的学习情况。这样学生可以了解到自己在本节课是否达到了教师预设的学习目标。

综上所述，教学评一致性是由目标导向的学与教的一致性、教与评的一致性和评与学的一致性三个因素组成，如图 4-8 所示，它们两两之间存在着一致性的关系，然后组合成一个整体，构成教学评一致性的所有含义。①

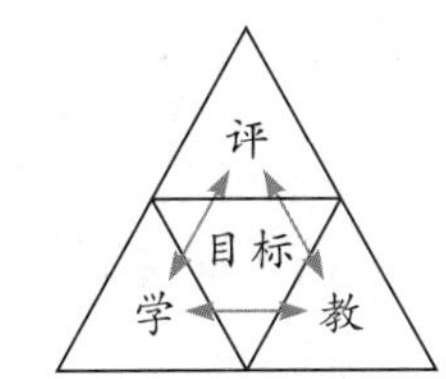

图 4-8 教学评一致性模型图

2. 教学评一致性的重要性

(1) 落实新课标新要求，提升学生核心素养的能力。

从 2012 年的"把立德树人作为教育的根本任务"，到 2017 年的"落实立德树人根本任务，发展素质教育"，再到 2018 年的"我国社会主义教育就是要培养德智体美劳全面发展的社会主义建设者和接班人"，直至 2022 年义务教育各学科新课标的发布，可见"坚持五育并举、围绕核心素养开展教学与评价"的重要性。尤其在新课标发布后，明确要求教师要关注学生的学习过程，创设与生活关联的真实情境，促进学生的自主、合作、探究学习，培育学生的学科核心素养。

2022 年，教育部公布的《义务教育信息科技课程标准（2022 年版）》内容围绕信息意识、计算思维、数字化学习与创新、信息社会责任四部分核心素养。该课标强调通过课程学习，帮助学生树立正确价值观，形成信息意识；让学生初步具备解决问题的能力，发展计算思维；提高学生数字化合作与探究的能力，发扬创新精神；让学生学会遵守信息社会法律法规，践行信息社会责任。教学评一致性为我们从课程标准到课堂教学提供了一个切入点：只有以四大学科核心素养为导向，以学与教的一致性、教与评的一致性和评与学的一致性为抓手，才能切实落实素质教育。

① 崔允漷，雷浩. 教—学—评一致性三因素理论模型的建构［J］. 华东师范大学学报（教育科学版），2015，33（4）：15-22.

（2）改革课堂教学评价，促进学生综合能力的发展。

二十一世纪新时代的基础教育更加注重对人的实践能力和创新精神的培养，关注学生的可持续发展。作为面向未来培养人才的学科——信息科技，在实际的课堂教学过程中，要求教师的教、学生的学以及评价活动要以学生的学科核心素养为根本出发点。教师应该把学生作为实践活动的主体，而非静态知识的容器，这就要求教师注重对学生在真实情境下的问题解决能力的培养。在此背景下，教学评价的设计需要尊重学生的认识发展，重点考查知识点背后的学科思想和学科方法，体现信息科技学科在社会生产及生活中的价值。

在以往的信息课程中，教师较多的是照本宣科、讲解各种软、硬件的操作和计算机的使用，同时也因为信息课程的学科地位，在日常课程甚至期末考试，都未必能有效对学生在本节课或本学期所学知识的掌握程度进行评价，更无从知道学生信息综合能力的发展情况。而教学评一致性则指导我们从教学目标出发，采用逆向设计的模式，对教学过程进行评价。逆向设计坚持目标倒逼、效果倒追的原则，遵循“教学目标—评价任务—学习活动”的线路。首先设计教学目标，明确“教什么、教到什么程度、学什么”，确保课堂教学方向的正确性。其次根据教学目标设计评价任务，用以检测教学目标的达成度，了解“学得怎样、学会了吗”，使教师对课堂教学效果有基于证据的把握。传统教学设计要么没有评价任务，要么将评价任务放在教学活动之后，游离于教学之外。预设评价任务是教学评一致性教学设计与传统教学设计的最大区别，也是教学设计的难点。最后安排细化学习活动，策划“怎么教、怎么学、怎么评”，以落实教学目标，实现核心素养的培养，发挥学科的育人功能。①

（3）提升教师专业技能，激发师生教学相长的力量。

信息课程之前作为综合实践课程之一，不纳入中高考等大规模选拔性考试的考试科目，大部分学校、教师、学生都不重视该课程的开展与落实。大部分学校信息课程的考核流于形式，不注重本质。在这种大环境下，信息老师更多关注教学内容和教学设计本身，较少关心和思考教学评价。在过去的信息课堂中，关于课堂评价，我们更多地停留在教师对学生的回答说“对”“好”“正确”等评语的层面上，缺少系统设计。因此，评价往往是随意的，甚至是随心所欲的。在教

---

① 陈新华，张贤金，严业安，等. 我国“教、学、评”一致性研究：评析与展望［J］. 化学教学，2020（7）：23-29.

学评一致性的课堂教学中，课堂评价乃是课堂推进的“导航系统”[1]，它不断地检测学生的学习进程，不断地对学生的学习进行评价，以帮助教师决定、调整教学过程。教学评一致性让我们的课堂评价不再随心所欲，让教师不再连自己也不知道自己究竟缘何而评，而是用评价为课堂的教与学进行理性导航。

教学评一致性其实是给我们带来了理念的变革，让我们对信息课堂的思考建立在原理的层面，而不仅仅是经验的层面。只有进入原理层面的思考，我们才能走向专业化，我们课堂的成功才会成为必然。因此，教学评一致性的探索一定会给我们带来更多的收获与变革，在让学生核心素养和综合能力得到发展的同时，也使教师的专业技能得到提升。

（二）如何实现计算思维的教学评一致性

1. 思维可视化

谈起思维可视化，大部分教师使用得最多的可能要数流程图了。无论是图形化编程任务，还是 Python 编程任务，抑或是算法入门讲解，目前绘制流程图主要集中在以下三种形式：一是手绘流程图，通常是在黑板、纸张上绘制流程图；二是借用绘图软件在电脑上绘制流程图，这类型的软件有“亿图”、Visio 等；三是使用编程流程图软件在平台上绘制可以运行的流程图，同时流程图可以自动生成相应代码，这类型的软件有“画程”、Raptor 等。

首先，一线教师使用最多的就是在黑板绘制流程图，该方法借助每个教室触手可及的黑板和白纸，将学生问题解决的思维过程可视化和显现化。

手绘流程图：　多分支结构

衢州市柯城区教师进修学校的张勇教师，以“多分支结构程序设计”一课为例，在信息技术程序教学中进行教学评一致性的应用探索。[2] 其中的梳理流程设计算法的活动中，张老师让学生将智能除湿器风速自动调节功能用流程图表示出来，并通过成果展示、师生共评，加深学生对多分支执行流程的理解。具体流

① 张菊荣．“教—学—评一致性”给课堂带来了什么？［J］．中小学管理，2013（1）：7-9．

② 张勇．“教、学、评一致性”在信息技术程序教学中的应用探索：以“多分支结构程序设计”一课为例［J］．新课程，2022（9）：99-101．

程为风速可根据湿度等级智能调节，当环境湿度值高于 70 时高速运行，在 51~70就中速运行，在 30~50 就低速运行，低于 30 就自动关机。图 4-9 为张老师展示的学生流程图作品。

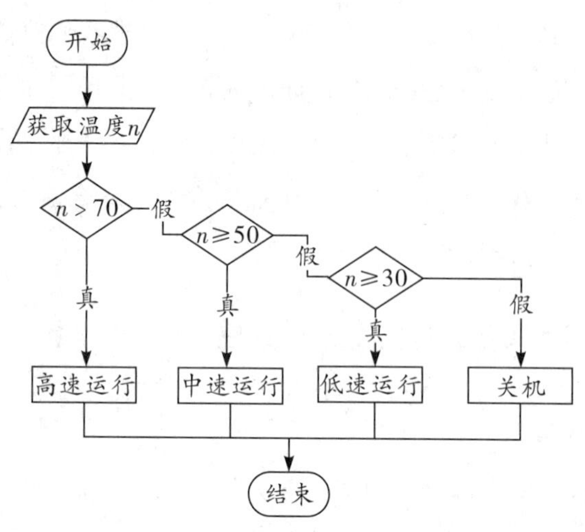

图 4-9　学生流程图作品

手绘流程图存在不标准、不规范、难保存等不足，目前部分教师倾向于在计算机上使用绘图软件制作流程图。在机房开展信息课时，每位学生使用桌面的计算机就可以绘制出标准的流程图，并且可以保存流程图作品。

软件绘制流程图：视觉识别

在 2022 年高中信息技术优质课展示交流活动中，重庆七中的张文韬老师在以“视觉识别：人工神经网络核心算法（1）”为题的优质课中充分运用流程图，帮助学生理解人工智能算法。本节课以口罩识别为场景，以问题解决为导向，开展核心算法的教学。在教学实践过程中，教师先让学生完成核心流程图，借助流程图写出核心代码，补充完成算法的其他部分，最后实现算法运行。本课例主要运用了以下几个流程图。一是模拟人们掌握数学公式的过程，得知人需要通过“训练”掌握知识（见图 4-10）。二是以训练单感知器为例，观察结果以及权值的人工神经元自动调参的结构，加深学生对人工神经网络核心算法的认识（见图 4-11）。三是类比完成“口罩”人工神经元感知机的学习流程，让学生意识到人工神经网络的学习就是不断训练迭代，然后回归口罩识别的问题，找到解决实际问题的方法（见图 4-12）。

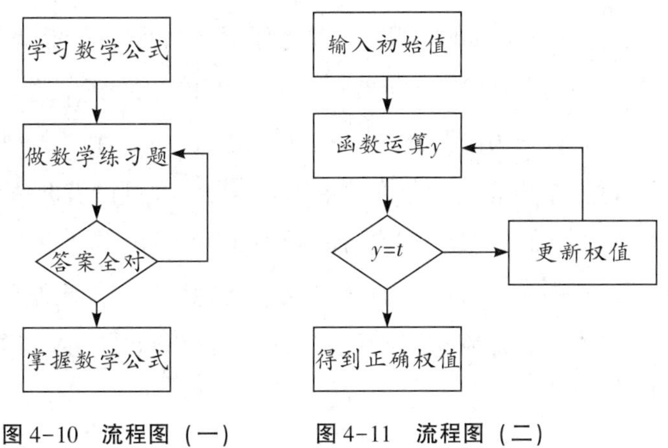

图 4-10 流程图（一）　　图 4-11 流程图（二）

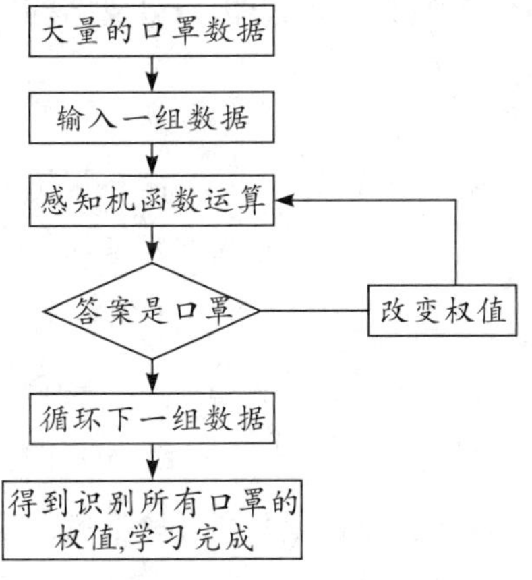

图 4-12 流程图（三）

在教学的初始阶段，用流程图辅助学生分解抽象的模型，有助于学生计算思维能力的发展。然而，当前学生常用的纸笔绘图或在线流程图绘画工具无法使学生的思维过程与编程代码相联系，且教师对流程图进行评价时往往费时费力。因此，本书介绍一款免费的思维可视化的流程图绘画软件——“画程”软件。它由湖北省水果湖高级中学的伍先军老师开发完成，并荣获了第十七全国教育教学信息化大奖赛基础教育组教育教学工具类软件系统（单机版）一等奖①。

“画程”软件解决了三个难题：一是能方便快捷地绘制程序框图；二是系统自动生产程序代码；三是能直接编译运行程序检验算法。画程软件采用流程线自动适应图标的设计，画框图如同搭积木，洞悉了算法框图与程序代码之间的一一对应关系，实现了使用者画框图、机器生成代码的可视化编程，这是该软件的最大创新点。它给信息教师实现教学评一致性提供了极大的便利，教师不再需要花费大量的时间和巨大的精力逐个评价学生的流程图，而可以借助“画程”软件实现自动批阅。与此同时，它也给学生提供了实时的反馈，学生可以直接运行程序检验自己算法的正确性，从而获得极具时效性的评价反馈。此外，它还激活了课堂，让使用者可以轻而易举地调试算法，降低了编程和算法的门槛，是学生自主探究学习的好工具。②

“画程”流程图：分支结构

珠海市第十三中学的罗丹老师在《分支结构的奥秘：体质健康自动检测》的课例中，使用“画程”软件实现了计算思维培养的教学评一致性。首先，罗老师分析了学生的基本情况：本节课的授课对象是八年级学生，学生没有代码编程的基础；加之本课聚焦学生的思维，而非语句语法。因此，本课通过角色扮演，让学生发现问题，再通过教师引导、自主探究等活动补充算法流程图知识，旨在借助“画程”软件帮助学生思考出解决自动检测胖瘦问题的算法，进而让学生理解分支结构的特点及其应用，开拓学生的思维，培养学生运用新知识解决问题的能力。其次，罗老师确定了学生本节课在计算思维方面的学习目标为：能够用流程图方式来表示解决自动检测体质健康问题的算法；能够评估现有算法的不足，并思考出从检测次数和数量等角度改进的办法；结合分支结构的类型和特点，将其迁移至生活或学习等其他实际问题的解决中。最后，罗老师通过学生手绘流程图（见图 4-13）和使用“画程”软件绘制流程图（见图 4-14），以及流程图的运行结果（见图 4-15）来评价学生本节课知识的掌握情况，并通过“情

① 伍先军．“画程”:用画图的方式编程［EB/OL］.(2019-09-02)．https：//max．book118．com/html/2019/0901/8043042114002045．shtm.

② 伍先军．人人都能学会编程：用“画程”软件激活编程教学［J］．中国信息技术教育，2018（6）：21-24.

景引入、合作探究、知识小结、自主探究、能力提升”五个教学环节来展示本课例。

图 4-13　学生手绘流程图

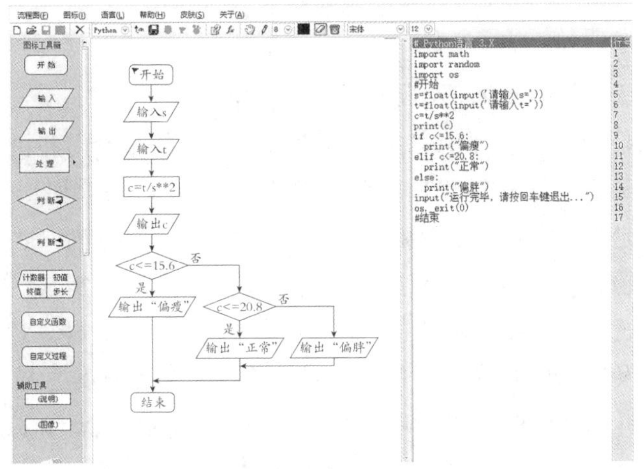

图 4-14　学生使用“画程”软件绘制流程图

```
请输入s=1.7
请输入t=45
15.570934256055365
偏瘦
运行完毕，请按回车键退出…
```

图 4-15　流程图的运行结果

“画程”软件给我们一线信息教师提供了编程和算法的教学便利。平时教师让学生手绘流程图，很难做到一一检查学生所有的流程图并作出相应反馈；而“画程”软件可以实现让学生自行检查流程图是否正确，并给学生及时、有效的反馈。

以上三个教学案例分别介绍了三种常见的思维可视化方法，下面以表 4-16 来呈现这三种方法的优缺点。

表 4-16　三种流程图绘制方法的优缺点比较

方法	优点	不足
手绘流程图	无需硬件和软件 上手比较快	流程图不规范 作品比较难保存 无法运行，需要教师手动检查
软件绘制流程图	流程图比较规范 作品可以保存	需要一定的硬件和软件支持 无法运行，需要教师手动检查
基于流程图的可视化编程软件	流程图比较规范 作品可以保存 可以运行，及时评价作品	需要使用专门的软件

2. 多元化评价

本章节中谈论的多元化评价特指关于计算思维三个维度（计算概念、计算实践和计算意识）的多元化评价方式。2021 年，美国的布伦南和雷斯尼克提出了一个包含计算概念、计算实践和计算意识三个关键维度的计算思维框架。[①] 其中，计算概念是指开发者使用的概念，包含序列、循环、事件、并行、条件、运算符和数据等项目。计算实践是指编程过程中的问题解决实践，包含试验和迭代、测试和调试、重用和重新混合、抽象和模块化等项目。计算意识是指个体对自己、他人以及所处的技术世界的理解，包含和世界的连接、质疑和表达等项目。这个三维计算思维框架被国际上众多学者认可和采用。计算思维内容结构的多元性和内隐性决定了评价方式的多样性、针对性和可操作性。对基本概念和局部操作等计算思维概念层面的评价可以选用题目测试法和编程测试法；对问题解决与作品开发等计算思维操作层面的综合评价可以选用作品分析法、行为观察法和作品流程图评价法等；对态度、情感等计算思维态度层面的评价可以借鉴量表评价法、语言访谈法、行为观察法，以及三维整合框架评价法等。[②]

① BRENNAN K，RESNICK M. New frameworks for studying and assessing the development of computational thinking［C］//Proceedings of the 2012 Annual Meeting of the American Educational Research Association，2012（1）：13-17.

② 梁海青. “教—学—评一致性”理念下的编程教学实践：以“智能风扇转起来”一节的教学设计为例［J］. 中国信息技术教育，2022（2）：33-36.

训练超声蝠

本案例中，教师基于图形化编程课程，采用“点猫”编程平台的“图形化基础课（学生）”在线课程资源为学生授课。其中第六课“训练超声蝠”的学生学习目标为：能掌握“如果”积木的基本用法；能找到“条件”积木并与“如果”积木嵌套使用；理解“如果”“如果……否则……”积木脚本的不同；认识重复执行嵌套“如果”的意义，并掌握操作方法。教师教学目标为：培养学生对计算概念“条件”的理解和在计算实践中解决问题的能力。

【在计算思维概念层面的评价】

在教学过程中，针对学生是否掌握计算思维中的“条件”这个概念，我们设计了几道选择题考查学生的掌握情况。如下所示的选择题用于评价学生对“如果……否则……”的掌握情况。最后我们在课堂的拓展探索环节中设计了一个挑战任务：如果“超声蝠”碰到“障碍物荆棘”则播放游戏失败的音乐，如果“超声蝠”碰到“南瓜”则播放游戏胜利的音乐。学生通过这个挑战任务也可以检验自己对“条件”这个实际问题解决能力的掌握情况。本节课根据实际培养计算思维的不同维度，选用了多元化的评价手段，旨在有效地评价学生不同维度的计算思维培养效果。

题目：“超声蝠”角色积木脚本如图 4-16 所示，如果鼠标没有被按下，会发生什么呢？（　　）

A. 角色会往上移动 12 或者 12 的倍数个坐标单位

B. 角色会往上移动，且只会走 12 个坐标单位

C. 角色会往下移动

D. 角色会往左移动

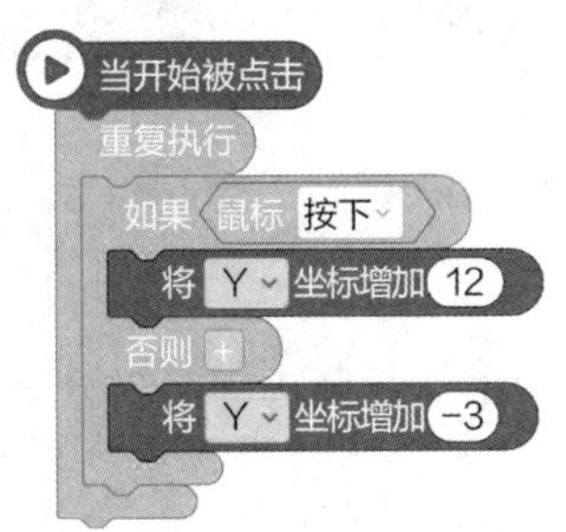

图 4-16　“超声蝠”角色积木脚本

【在计算思维实践层面的评价】

请同学们在编程猫在线创作平台上利用以下素材完成“训练超声蝠”的编程任务①。任务一：“障碍物荆棘”不断旋转；任务二：“超声蝠”向上飞；任务三：“超声蝠”飞翔过程，碰到“障碍物荆棘”即挑战失败，碰到“南瓜”即闯关成功。具体的编程背景和角色如图 4-17 所示，编程代码如图 4-18、图 4-19 所示。

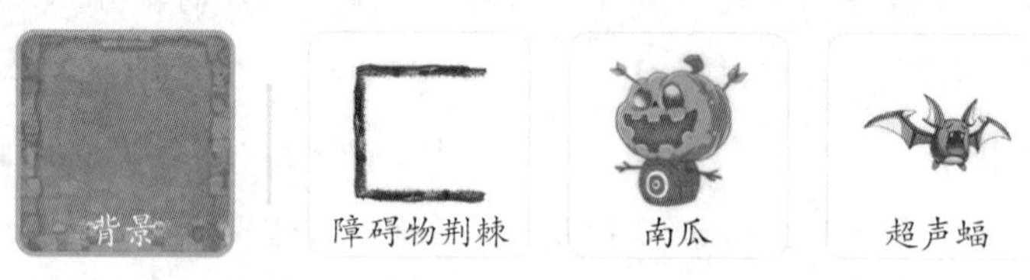

图 4-17　“训练超声蝠”的背景和角色

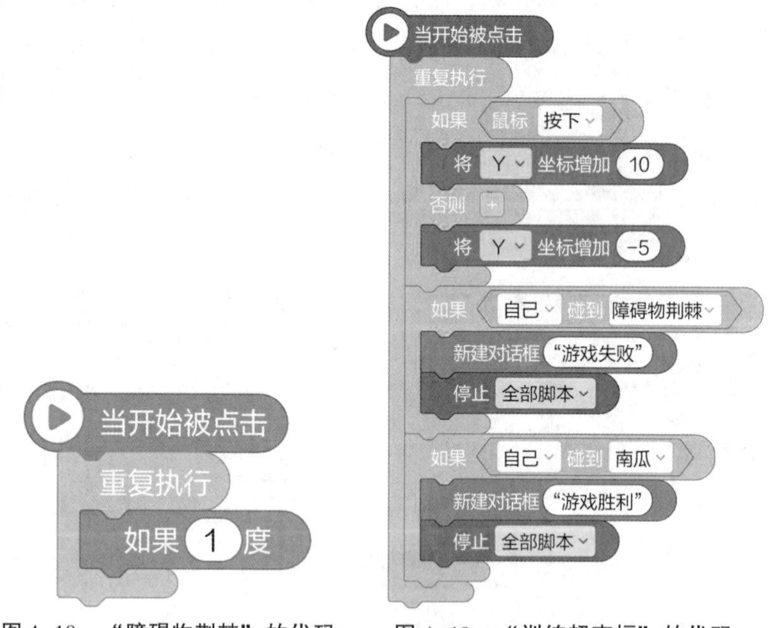

图 4-18　“障碍物荆棘”的代码　　图 4-19　“训练超声蝠”的代码

在课程教学过程中，我们采用任务式教学，引导学生逐步完成，学生随时可

① 编程猫在线创作平台图形化基础课（学生）第 6 课“训练超声蝠”任务网址：https://teacher-edu.codemao.cn/viewer.

通过程序的运行情况了解自己的编程效果。

【在计算思维观念层面的评价】

此外，上述案例可以采用小组合作的形式完成，培养学生的合作探究的计算思维意识；并借鉴科尔克马兹和白雪梅对评价学生计算思维的研究①，采用李克特量表对1 015名高中生开展评价。他们通过对“合作”维度下一组选项内容进行分析，判断学生计算观念相关层面的发展情况。评价方法为学生开展计算思维课程实践，活动后根据自身的学习体验填写评价量表，完成自我评价。评价量表的部分题目如下表4-17所示。

表4-17 计算思维“合作”态度维度评价量表的部分题目

题目	非常赞同	赞同	不确定	不赞同	非常不赞同
我愿意与小组成员一起开展合作学习。					
合作学习过程能激发我生成更多新观点。					
在合作学习过程中我愿意和小组成员一起解决项目问题。					
在合作学习中我能取得更好的学习成果。					

当前研究表明，专家学者没提供一种完美的计算思维评价工具，能从计算思维概念、实践与态度三个维度有效地测量学习者计算思维的发展。② 对学习者计算思维进行全面测量，需要结合问题解决、编程分析、试题测量、访谈观察等方法，并将之嵌入评价工具或评价系统中，来实现对学习者计算思维概念、实践与态度等维度的综合考察。总之，一线教师可以根据每单元以及每课时培养计算思维的不同维度，采用不同的评价方式，争取让评价更具有针对性。

① KORKMAZ Ö, BAI X M. Adapting computational thinking scale（CTS）for Chinese high school students and their thinking scale skills level［J］. Participatory educational research，2019，6（1）：10-26.

② 顾建荣. 高中信息技术基于计算思维课堂评价工具探析［EB/OL］.（2021-08-20）. https://ms.jse.edu.cn/uploads/course/2021/08/20/16294704178047.pdf.

3. 多阶段评价

除了上面提到的思维可视化、多元化评价策略之外，想要实现计算思维的教学评一致性，还可以采取多阶段评价的方法。本文的多阶段评价特指在课前、课中、课后等不同的教学阶段对学生的计算思维进行测量。课前评价可以理解为诊断性评价，该类评价的目的在于测量学生的计算思维能力水平变化，常见的计算思维诊断性评价工具有本章第一小节介绍的试题评价法、量表评价法等。课中评价可以理解为过程性评价，该类评价主要在学习过程中使用，目的在于为学生提供自动反馈，以便发展和提高学生的计算思维技能。本章第一小节介绍的语言访谈评价法、行为观察评价法、作品流程图评价法就可用于这类型的评价。课后评价可以理解为总结性评价。该类评价主要用于测试后，它们的目标是评价学生在接受一些计算思维技能方面的指导或培训后能否获得足够的学科知识，或者是否能够正确地将学习内容应用于实践。本章第一小节介绍的几种评价方法都可用于此类评价。①

一课时多阶段评价案例

衢州市柯城区教师进修学校的张勇老师在“多分支结构程序设计”一课中，通过制订精准教学目标、创设高效教学活动、设计有效教学评价、融入技术评价手段等方式，实现了计算思维的教学评一致性。② 其中，在课堂上开展针对计算思维的评价时，他就采用了多阶段评价方式。首先在上课之前，他通过问卷星在线调查的形式，了解学生在计算思维方面的表现情况。其次，课堂前半部分讲解理论知识时，他通过展示学生流程图，以师生共评的形式帮助学生分析和理解多分支执行的流程。再次，在课堂后半部分讲解编程实操时，他通过将学生编写调试好的程序代码提交到 Python 测试平台，对程序的正确性及运行效率进行监测。最后，在课后检验课堂效果时，他通过 ITtools 平台发布随堂练习，检测学生对本课条件语句格式的掌握程度。

张老师在“多分支结构程序设计”一课中，在课前、课中、课后均采用了

① 朱珂，徐紫娟，陈婉旖. 国际视阈下计算思维评价研究的理论和实践［J］. 电化教育研究，2020，41（12）：20-27.

② 张勇. “教、学、评一致性”在信息技术程序教学中的应用探索：以“多分支结构程序设计”一课为例［J］. 新课程，2022（9）：99-101.

不同方法对学生计算思维作出评价，让评价贯穿整个教学过程。具体见表 4-18。

表 4-18　一课时多阶段的计算思维评价

多阶段过程	计算思维评价	评价工具
课前	评价学生计算思维的基本情况	问卷星
课中	评价学生对多分支的理解情况和编程实操情况	流程图、代码测试平台
课后	评价学生对条件语句格式的掌握情况	ITtools 平台

上面的案例表明，在日常一课时的教学过程中，可以在课前、课中、课后等多个阶段开展计算思维的评价工作。除了在每个课时做好多阶段的评价之外，结合当下主流的大单元教学设计，教师也可以采用另外一种形式的多阶段评价，即通过每一课时的计算思维评价，形成一段比较长时间的学生计算思维的成长变化评价。

大单元多阶段评价案例

威海市桥头小学的宋修龙老师在其小学信息课堂上采用电子学档的方式对教学评一致性进行了一定的探索。① 电子学档的具体实施方法为：教师创建电子数据设计表格，并将学生每项任务的完成情况记录在表格中，每个学生都能在表格中看到自己进步的过程。这种方式可以有效提升学生的成就感，有助于班级形成良性竞争的学习氛围。电子档案的评价由教师发送给学生，使学生能够及时地认识到自己的不足之处并进行反思，促进学生之间的共同成长。同时，教师可以在一段时间之后，将电子学档进行汇总，公布给学生，激励学生不断地成长和进步。

电子学档具体实施内容为：教师建立数据文件夹，用于保存学生学习方面的各种信息；教师建立作品文件夹，用于保存学生的作业；教师建立评价文件夹，用于保存对学生作业的评价，包括各方面的评价。在课堂开展之前，教师可以将设计好的学习计划发送给学生，让学生明白本节课程的内容。在课程结束之后，教师可以将自我评估的表格发送给学生，内容包括是否达到了学习目标、上课过

① 宋修龙. 小学信息技术“教学评一致”课堂教学改革实践探索［J］. 读写算，2021（24）：19-20.

程中是否存在问题、问题是否解决等。学生在每节课程结束之后进行自我评价，从而不断地反思自己，实现自我成长。

教师可以根据实际情况和自身需要设计每单元或者每课时的多阶段评价，比如在课堂导入阶段可根据实际需要考虑是否选用诊断性评价来判断学生的学习起点，在课中活动中是否采用过程性评价对学生的学习过程进行反馈与监督，在课后评价反思中可灵活使用后测结果、课堂教学评价或者评价量表中的一项或多项进行教学反思。

课堂教学评价的提前设计，使得教学评价不再可有可无或者游离于教学之外，确保了课堂教学评价的实施，为教学评一致性的课堂教学提供了重要保障。① 除此之外，教师应结合教学实践实施并应用该评价设计，构建合理可行的教学目标，以学习任务为实践抓手，以评价任务为教学主轴，开展课堂教学实践与评价活动。在教学过程中创设真实的问题情境，观察学生在解决真实问题过程中的学习表现。教师不是自导自演、满堂灌，而是布置学习任务，不断提问和点评，鼓励学生不断思考和回应，及时反馈矫正，发挥学生自评、同伴互评和教师评价等不同主体评价的作用，综合使用诊断性评价、过程性评价、总结性评价等多种评价方式，确保课堂教学评价贯穿教学始终。只有评价全程跟进，才能有效地实现教学评一致性，最终促使每个学生的学科核心素养得到不同程度的发展。

① 郑爱芳，陈新华，张贤金．基于“教、学、评一致性”的高中化学课堂教学评价模型构建与应用：以“甲烷”教学为例［J］．化学教学，2021（2）：26-32.

第五章　如何自我提升计算思维能力

一、青少年计算思维能力的提升

思维是人类智慧的核心，计算思维是一种系统性的思维模式。身处日新月异的信息化时代，面对纷繁复杂的社会环境，青少年只有在全面提升自我发展能力的同时，有效提升计算思维能力，培养科学学习精神和勇于创新精神，才能更好地适应社会的发展和进步，最终服务于社会，成为国家社会的有用之材。

(一)青少年提升计算思维能力的重要性

计算思维是计算机科学的核心思维，同时也是一种重要的分析问题和解决问题的方法。计算思维在我们的学习、生活和工作中有着广泛的应用，培养青少年的计算思维至关重要。

1. 有助于更好地理解数字世界的本质和内涵

物质、能量和信息是构成世界的三大要素，物质和能量构成了我们的物理世界，而被数字化表达的信息就构成了我们的数字世界。数字世界依靠信息科技的不断发展，基于微电子、网络通信、人工智能、互联网、大数据、区块链等技术手段延长或扩展人的信息功能。由数字 0 和 1 组成的大量的集合构成了数字世界里的一切，我们越来越多地将物理世界同数字世界相融合，构建“数字孪生体”。数字化是从物到数的变化，是将物理世界中的连续变化的各种因素转换成一串串由 0 和 1 组成的数字形式。全面的数字化是实现从工业社会到数字社会转变的必然要求。

从小使用各种电子产品长大的“数字原住民”在手机、平板、计算机的使用上更多是关注娱乐应用，他们更善于用这个工具，而对工具背后的相关计算机学科知识的了解却相对比较浅薄。培养孩子的计算思维，让孩子正确认识信息技术，可以获得更好的求解问题的方法和途径，更自如地适应环境的变化，在应对越来越大量的数据时能具有敏锐的洞察力，实现智能化和自动化，实现从物理世界到数字世界的映射、连接和转换。

2. 有助于思维从具体化、形象化向概念化、抽象化转变

现代脑科学和认知科学的研究表明，人类大脑前额叶皮层是最高级别的联合皮质，它直接影响着人的思维活动、情绪控制和行为表现，是与思维智力水平密切相关的重要脑区，还有情绪调节和平衡激素水平的功能。前额叶皮层直到 22 岁甚至 25 岁才能完全发育成熟。伴随着大脑发育的不同阶段，不同年龄段的孩子有着不同的思维发展特点，对应着不同的认知能力和不同的接受知识的形式。简单来说，孩子从低幼时期的通过触觉、听觉、视觉获得对事物的直接感知的具象化阶段，发展到非逻辑的、充满想象力的、依靠直观形象和表象等进行思维活动的形象思维阶段，再到向概念性和抽象性逻辑思维过渡的逐渐成熟阶段。根据孩子大脑成长的科学规律和不同年龄的认知特点，在相应的时期对孩子因势利导，采用适合孩子成长的形式进行正确引导和适度培养，有利于更好地开发智力水平，激发想象力和创造力，提高孩子独立思考和解决问题的能力，让孩子循序渐进地体会学习的乐趣和提高解决问题的获得感和成就感。在越来越多的信息技术与生活学习相结合的情境下，计算思维的培养活动可以让孩子以另一种视角去思考和解决问题，提炼抽象出关键信息，并归纳概括同类问题的解决方案，这些具有明显计算思维特征的学习体验和活动，有利于孩子的思维从具体化、形象化到概念化、抽象化的转变。

3. 有助于提高现代技术适应力

信息科技的快速发展让人类在不知不觉中进入了一种全新的社会形态，越来越多的学习、工作、生活是在线进行的。出生在快速发展的数字化时代，伴随着泛在的互联网环境和数字科技成长起来的一代“数字原住民”，他们生活学习的方式甚至是思维模式都发生了很大的改变。他们从小就“见多识广”，每天接触大量的信息，善于使用数字化工具，喜欢通过网络交流、探索新知，习惯于“多任务”并行处理。高速发展的社会使得我们的科学和数学相关的领域都有相应的

计算学科存在，比如神经信息学、生物信息学、化学计算学、计算物理学、生化信息学、地理信息学等。“数字原住民”必将面对内容越来越复杂、规模越来越大、维度越来越高的各种问题。因此，从小培养他们对数字时代的适应力和胜任力尤其重要。计算思维能让人有计划、有次序地识别和分析问题的轻重缓急，抽象分解问题，设计系统性解决方案，提升数字化学习和创新能力，从而能从容高效地应对个人、家庭和社会的各种问题，具备面向未来的竞争力、发展力、适应力和胜任力。

4. 有助于提升获得感和幸福感

计算思维引领我们像计算机科学家一样思考问题，理解数字世界是如何运作的，同时帮助我们解决人生各个阶段的各种复杂问题。计算思维实际上是一套解决复杂问题的方法论，这套方法论可以迁移到生活当中，给予各种指导，教会我们如何权衡利弊，如何取舍。这些问题的本质实际上是如何优化，如何作选择，如何完成一件大事。计算思维会教我们分解问题，找出规律，教给我们直觉和框架。[①]

生活在数字时代的人，具有比较强的计算思维能力意味着能更快更好地解决问题，不断提高自己的创新能力和动手能力，更多地被需要，更多地为社会、为国家作出贡献，能够提升人的获得感、成就感和幸福感，享受由此带来的快乐。

（二）青少年自主提升计算思维能力的方法

1. 感受生活中的计算思维（意识）

尽管从计算思维概念的提出到现在还不到 20 年，但其实我们早就在生活、学习的方方面面习惯性地应用计算思维了。我们一起来看看这些生活片段：

【片段 1】

周末的早上，一起床姐姐就见客厅里刚上幼儿园的弟弟把玩具搞得到处都是。弟弟见姐姐出来，就拿着手里的游戏书找姐姐陪他玩。姐姐忙说：“我还没刷牙、洗脸、收拾床铺、换衣服呢！你把玩具收好我再陪你玩！”

“好！”弟弟屁颠屁颠地就去把乱七八糟的玩具往玩具箱里“运”，姐姐一边

---

① 诸葛越．未来算法［M］. 北京：中信出版社，2021：XIV-XVI.

刷牙，还一边“指挥”他：“那几本书要放回书架上，那毛绒玩具放到沙发上排好队……”

早上起床、刷牙、洗脸、收拾床铺、换衣服、吃早饭是起床后要做的几件事情，这些事情有的是有先后顺序的，比如要先刷牙才能吃早饭；有的可以颠倒顺序，比如可以先刷牙洗脸再收拾床铺，也可以收拾床铺后再刷牙洗脸。每件事情又可以被分解成几个步骤，比如刷牙可以按照拿起牙刷、挤牙膏、用牙杯接水、开始刷牙的步骤。每一个步骤又可以被分解成更小的步骤，比如挤牙膏可以被分解成拿起牙膏、打开盖子、挤出牙膏……这其实就是对问题的分解，把庞大的、复杂的问题化解成一系列较小的、简单的子问题来解决。如果子问题还不能直接解决，那就把子问题再分解成更小的、容易解决的小小问题来解决……如此自上向下，层层分解，逐个击破，大问题最终被分解成许多小问题解决掉了。这个过程实际上就运用了计算思维。

姐姐一边刷牙，一边指挥弟弟收拾玩具，这也是计算思维，是并行处理多件事情；弟弟把书放回书架，把毛绒玩具在沙发上排好队，这是分类和排序，也是运用计算思维。

【片段 2】

等姐姐刚收拾好自己的床铺，弟弟跑来说：“姐姐，玩具箱装不下了……”“哎，肯定是你乱塞进去，挤不下了呗，过来，我教你。”姐姐拉着弟弟，把玩具箱里的玩具都拿出来：“要先把大的放进去，你看这两个放这个角上刚好，再把小个的玩具放进空隙里，你看，是不是都装完了，还剩这么大的空呢?”弟弟突然想起什么：“不行！那个密码箱不能放下面，我一会儿要玩呢！”“好，想先玩的就放最上面，下次好拿。”姐姐说着就把密码箱拿出来放在最上面。刚要盖上玩具箱的盖子，弟弟又想起什么：“姐姐，密码箱我打不开了，你能不能打开?”姐姐心想：“肯定是他乱设‘密码’，自己不记得了。”拿来一看，密码有 3 位，不过每位只有 0 和 1 两个数字，心想：“哈哈，果然是‘骗’小朋友的，这么简单！最多试 8 次就知道了。”于是假装认真的拨弄着密码：000、001、010、011……“密码箱”打开了。弟弟立刻投来崇拜的目光，高兴地拍手说：“姐姐真厉害！”姐姐不屑地说：“真好骗，多大的事儿呀！”

怎样在有限的空间里合理利用和划分空间并做好收纳，这是在运用计算思维；把打算先玩的玩具放到玩具箱的最上面，涉及“后进先出”的栈，也是在运用计算思维；使用排列组合方式试着帮弟弟找回密码，涉及枚举算法，也是在运用计算思维。

【片段3】

妈妈催着快来吃早饭，牛奶、鸡蛋、包子还有提子。爸爸随口问弟弟：“鸡蛋和包子哪个多呀？”弟弟就去数：“1、2、3、4，4个鸡蛋，1、2、3、4、5，5个包子。”弟弟在比画着手指思考4和5哪个多，姐姐不屑地说：“一看就知道包子多一个嘛，还这么费劲？”妈妈瞪姐姐一眼，嗔怪道：“你小时候不也是这样吗？你以为加减法是生来就会的呀？”

弟弟用手指比画着去比较4和5谁多谁少，是因为他年纪小，还在具象思维阶段，而姐姐一眼就知道包子比鸡蛋多，是因为姐姐已经有了模式识别能力和抽象能力，这也与运用计算思维相关。

【片段4】

妈妈让姐姐10点钟把宠物狗毛毛送到宠物店洗澡，顺便买点菜。姐姐的头发也该剪剪了，好朋友小A说11点会过来家附近跟姐姐借一本书。于是姐姐计划着时间：送毛毛去宠物店的路上需要多长时间？走哪条路更近？提前多长时间出门？出门前去书房的第三排书架上找到那本书带着，等一会儿交给小A。然后姐姐按时把毛毛送到宠物店，被告知需要大概90分钟可以接回毛毛，姐姐想着这时间正好可以去剪头发，快到理发店的时候发现把给小A的书落在宠物店了，又原路返回宠物店去拿。正剪着头发，小A打电话说到了小区前门，姐姐告诉她到理发店来找自己，跟她描述着理发店的地址：“从小区前门向左走，在第一个红绿灯路口左转，在第二个路口右转，到上次咱们喝奶茶的那家店隔壁的理发店。”

计划时间出门、走哪条路更近、优化时间路线是运用计算思维；到书房的第三排书架找到书，是分类和查找，也是运用计算思维；利用等毛毛洗澡的90分钟时间去剪头发，约同学见面，统筹时间，并行处理，也是运用计算思维；发现书落在宠物店，返回去找，是回溯，也是运用计算思维；根据小A的位置，规划她来理发店找自己的路线，通过抽象描述给她指路，这也是运用计算思维。

【片段5】

姐姐很快剪完头发，还没到接毛毛的时间，可以先去买菜。姐姐发现有嫩豆腐和老豆腐两种豆腐，包装不同、大小不同、价格不同，买哪种好呢？姐姐飞快地计算了一下它们单位重量的价格，暗暗得意自己的数学计算能力不错，又想想妈妈喜欢煮麻婆豆腐，决定买一块嫩豆腐，又选了其他的菜放进购物篮里，买菜的人有点多，姐姐排到了队尾等着买单。

分辨出嫩豆腐和老豆腐，这是模式识别的过程，是运用计算思维；通过对比价格和考虑烹饪方法的不同，选了一块嫩豆腐，这是比较和权衡，也是运用计算思维；买单排队，涉及“先进先出”队列，这也是运用计算思维。

这几个片段都是我们日常司空见惯的生活场景，还有很多很多的例子不胜枚举。比如出门上学前按当天的课程表收拾好书包，晚自习时复习当天的学习内容，整理错题本，分配各科作业的完成时间，这些每天经历的学习过程都在运用计算思维。更不要说我们目之所及的街头红绿灯设置、外卖员的送餐活动、各种大大小小的家用电器，哪一个不是在用计算思维呢？

计算思维是人们在解决各种问题时总结和运用的思维方式，并不需要与计算机有直接的联系，也不是现代社会才有的，是古而有之的。古代的割圆术得出圆周率，《周易》的乾坤阴阳，《孙子兵法》的排兵布阵，唐诗宋词的精辟练达、托物言志无不体现计算思维的涵盖广泛。不管是古代的十六进制、常用的十进制，还是现代计算机科学中的二进制无不闪烁着计算思维的独特光芒。

计算思维是众多思维模式和方法，它能够帮助我们解决生活中的问题，拓宽我们解决问题的思路。我们不只是科技的消费者，更要成为科技的创造者。①

2. 加强计算思维游戏训练（思维）

玩耍是儿童与生俱来的天性，对于学龄前的孩子来说，游戏就等同于学习。婴儿时期抓握、吮吸、玩耍自己的手指和脚丫，幼儿时期随时看到或随手抓到的东西都可能会让他们爱不释手地玩上半天。孩子在乐此不疲地玩各种游戏中认识

① 李泽，陈婷婷，金乔．计算思维养成指南［M］．北京：中国青年出版社，2020：4-5.

自己、结识伙伴、探索世界，自然而然地习得专注力、想象力、创造力和社交能力。

6 岁以前的孩子以具体形象思维为主，抽象的数学加减法对他们来说很难，但是如果手上有 1 个苹果又拿来 2 个苹果，他们就能得出有 3 个苹果。这个时期的孩子喜欢动手，喜欢通过触觉、听觉和视觉直接感受事物，因此这段时间的游戏应多通过动手来增加他们的经验。通过图片、涂鸦、拼图、串珠、积木等玩具玩分类、比较和排序的游戏，引导他们去观察事物和现象，帮助他们从具体中学会抽象和归纳。

小学阶段是由形象思维到抽象逻辑思维的过渡阶段，也是培养孩子抽象逻辑思维能力的关键时期。根据年龄和认知能力的增长，慢慢增加游戏复杂程度，孩子通过观察和分析，逐步对事物或问题进行概括，抽象总结其中的规律或特征，进而形成推理和判断。

初高中的青少年思维能力迅速发展，智力水平迅速提高，抽象逻辑思维在一定程度上占有相对优势地位，但思维活动很多情况下还需要具体的感性经验支持。随着认知水平的不断提高，他们逐渐可以根据理论进行逻辑推理活动。

顺应孩子身心发展的阶段特点，设计和开展适合孩子年龄段的游戏形式，营造环境，利用身边的物品，让孩子沉浸在轻松有趣的游戏中，寓教于乐。通过游戏自然地、潜移默化地开发、培养和锻炼计算思维能力，鼓励孩子寻找解决问题的方法，从而获得更多的成就感和自信心。

生活中的分类无处不在，我们面对的是无限丰富多样的世界，需要通过分类把世界条理化、细分化，使之变得井然有序。面对各种混杂的图形（如图 5-1 所示），我们可以引导孩子玩多种方式分类的游戏，可以按颜色分类，也可以按形状分类（如图 5-2 所示）。

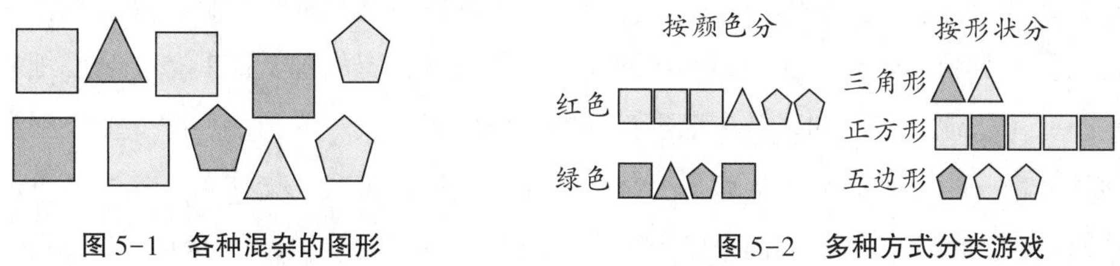

图 5-1　各种混杂的图形

图 5-2　多种方式分类游戏

生活中要注意养成有序分类摆放物品的秩序习惯。玩过的玩具、看过的绘本要分类放回，家里的垃圾要分类，平常逛超市、文具店、书店、图书馆注意引导孩子观察物品分区摆放的情况，并关注更细致的分类。

儿童通过对事物排序，可以对周围事物建立更体系化的认知，能通过比较事物的差异点进行区分、排序，培养注意力、观察力和分析力。游戏设计遵循由简单到复杂，由少数到多数，由显性特征到隐性特征的原则，进而引导借助比如尺子、绳子、秤等工具进行测量、统计、分析等活动。比如对家里的小动物玩具按从高（低）到低（高）、从胖（瘦）到瘦（胖）、从本领大（小）到本领小（大）排队；一家人吃东西时，请小朋友按长幼和食物的大小、分量的多少对应来分配食物；对两个以上不同（不规则）事物的周长或面积进行比较。一家人或者几个小朋友玩扑克牌，抓牌的时候，第一张牌拿到手里，从抓第二张牌开始，每次都将新的这张牌和已经在手里的牌比较大小，再把新的牌插入合适的位置，让新牌插入位置的左边都是比这张牌小的，右边都是比这张牌大的。每一张新牌都用这样的方法插入合适的位置，以使抓到手里的牌都是按照顺序从小到大排列的，这就是计算思维的插入排序算法。

在串珠游戏中，可以有规律地间隔不同颜色和珠型，由发现规律、模仿串珠到创作设计。还可以借助国家或地区的地图设计涂鸦绘图游戏，制订规则，比如要求使用有限的几种颜色并要求相邻两个区域不能使用相同的颜色。这些游戏有助于建立和培养关于“数”和“形”的概念、空间概念等。

生活中我们常常需要找东西，找钥匙、找遥控器、在电影院里找座位、在图书馆里找某一本书、在超市里找一样想买的商品、在字典里找一个字等。让孩子按照给出的几个关键词去指定的某个区域寻找，比如：请帮我在卧室里找一件红色的、圆形的、比你的头还大的、毛茸茸的东西。指令根据孩子的年龄、心智特点和孩子的兴趣点设置，锻炼孩子的记忆力、专注力、想象力、观察力，也锻炼孩子的耐心和勇于挑战、细心解决问题的能力。当然也可以由孩子发出指令，让家长去找或者另一个小伙伴去找，又锻炼孩子的语言描述能力、概括能力等。再比如玩扑克牌的时候，在一副无序的牌里寻找一张指定的牌，需要孩子耐心细心地一张一张地翻找，如果是在已经排好顺序的牌里寻找一张指定的牌，需要引导孩子从前一半或者后一半的牌里查找。再比如走迷宫游戏，让孩子查找一条可以从起点走到终点的路；到图书馆或者书店里找一本书的时候，让孩子注意观察图书分类方法，引导其根据分类规则，快速找到自己想要的图书。

各式魔方、棋类、数独游戏和逻辑推理游戏都是开发智力，提升眼力、耐力、记忆力、空间判断力，锻炼专注力、推算力、计算思维能力和手眼脑协调能力的好方式。

3. 运用计算思维解决实际问题（实践）

大千世界，林林总总，在人类社会的发展历程中，社会和科技的进步与发展是在人类不断地发现问题和解决问题的过程中进行的。同时，社会和科技的发展又为人们更多更好地发现和解决问题提供着新的办法和工具。20 世纪计算机技术的发明和使用更是为科学研究和问题求解提供了更便捷高效的工具和方法，让许多从前因为计算的复杂和数据的巨量而无解的疑难问题得以解决。①

（1）形式化——发现并分析问题。

当我们面对客观世界里的各种问题时，首先要做的是观察和分析问题，这是一个理清思路的过程，要把看到、听到、想到的问题的相关关系弄清楚，理顺头绪，包括对问题的定义、拆分、抽象等环节。

定义问题是为了明确此问题是否属于计算思维可解决的问题，计算思维可以解决很多问题，但并不能解决所有的问题；拆分问题是将庞大的、复杂的问题分解成若干个容易解决和实现的小问题，小问题完成了，大问题也就解决了；抽象问题就是在分析问题时，从众多的事物中去除掉不相关的细节，抽取共同的事物本质，找到核心关键要素的特征、属性和规则，对问题进行归纳和简化，从而获得问题的形式化表达。

日常生活中我们常见到一些抽象的符号，比如文字符号、交通标志、数学符号、音乐符号等。

我们也常常可以从具体事物中抽象出概念，比如对鸽子、喜鹊、鸵鸟、天鹅、孔雀等动物作比较。它们共同的特征是体表被覆羽毛、卵生、脊椎动物，从而抽象出“鸟类”这一概念。

数学抽象也是我们在生活中经常遇到的一种抽象过程，历史上著名的哥尼斯堡七桥问题就有一段非常有趣的来历：

---

① 郝兴伟. 大学计算机：计算思维的视角（第 3 版）［M］. 北京：高等教育出版社，2014：110-111.

哥尼斯堡七桥问题

18 世纪初，在普鲁士的哥尼斯堡（今为俄罗斯的加里宁格勒，位于波兰和立陶宛之间），有一条普雷格尔河从城中穿过，河上有两个小岛，河的两岸和小岛之间建有七座桥（如图 5-3 所示）。城中居民经常沿桥过河散步，于是不知什么时候起，有人提出一个有趣的问题：能否不重复也不遗漏地一次走完七座桥，最后仍回到起点？这就是数学史上著名的哥尼斯堡七桥问题。

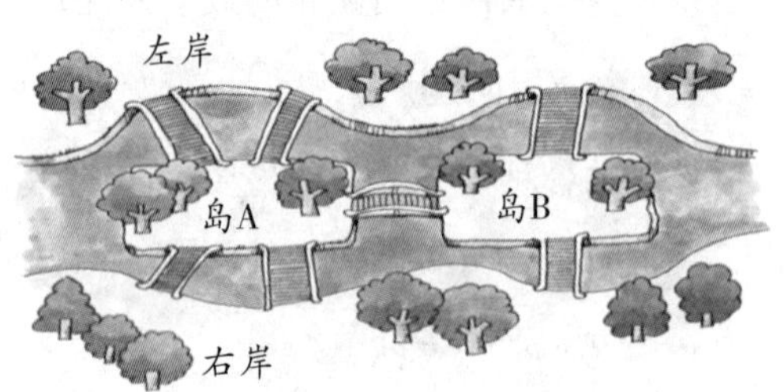

图 5-3　哥尼斯堡普雷格尔河上的七座桥

问题传开之后，很多人对此很感兴趣，并纷纷进行试验，但在相当长的时间里始终未能解决。1735 年，有几名大学生写信给当时正在俄罗斯的彼得斯堡科学院任职的天才数学家欧拉，请他帮忙解决这一问题。1736 年，29 岁的欧拉依靠他深厚的数学功底，在经过一年的研究之后，提交了《哥尼斯堡七桥》的论文，圆满解决了这一问题。

欧拉解决这个问题的方法非常巧妙，他认为：问题关心的只是一次性不重复地走遍这七座桥，而并不关心每座桥的长短和岛与两岸陆地的大小。因此，在论文中，欧拉把岛和岸都抽象成点，把连接两块陆地的桥抽象成线来表示，由此得到了图 5-4 所示的抽象几何图形。于是“七桥问题”就抽象转化成了四点间两两连线的问题：从任何一点开始，这个图能否一笔不重复地画出连线。也就是说，从图中任何一个点出发，如果能够找到一条路径，可以经过每条边，并且只经过一次，那么对应的“七桥问题”也就解决了。

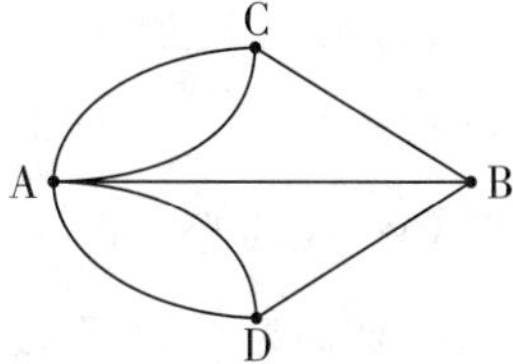

图 5-4 七桥问题的抽象图形

抽象的核心就是分离特征，从具象到抽象，从纷杂到精准，提炼化简，抓住本质，通过抽象进而作出合适的形式化表达。

（2）模型化——解决难题的思路。

问题建模是在形式化表达基础上，用数理逻辑的思想和方法挖掘问题的内在联系和规律，发现参数与变量之间的数据关联，借助数理符号进行表达的过程。其目的是将各种描述抽象为统一的、共性的描述，从而使表达交流更简单、更精确、更方便，让所建模型满足自动化求解的需求。模型是计算思维分析问题的结果，也是求解问题的起点，是自动化和系统化的基础。①

数学模型的建立需要对问题进行仔细深入的分析和研究，还需要有丰富的数学知识和问题所涉及的相关领域知识，进而能够准确灵活地利用这些知识。数学建模对抽象后的现实问题用数学语言描述其特征及其内在联系或与外界的相关联系，建立模型，合理组织数据，综合信息资源，运用合理的算法形成解决问题的方案。

“一笔画”问题

哥尼斯堡七桥问题被欧拉抽象归结成“一笔画”问题，证明不重复也不遗漏地一次走完这七条边，最后仍然回到起点的走法是不可能实现的，即从任意一点出发不重复地走遍每一座桥，最后再回到原点是不可能的。

欧拉用“一笔画”的方法解决七桥问题的同时，也开创了数学的一个新的分支——图论。数学史上认定欧拉对哥尼斯堡七桥问题的解决是图论的开端，如图 5-4 所示的由节点和边构成的对象在数学中被称为“图”，与之相关的一整套理论就被称为“图论”。图论的创立为问题求解提供了一种新的数学理论和工

① 熊璋，武迪. 信息素养：计算思维［M］. 北京：人民教育出版社，2023：14-15.

具。于是，如果图中存在一条路径，能经过图中每条边且仅经过一次，并且经过每个顶点，这条路径就叫作这个图的一条“欧拉路径”；如果欧拉路径的起点和终点是同一个点，则这条欧拉路径就被称为“欧拉回路”。

欧拉证明了一个定理：若在一个连通图中实现“一笔画”，当且仅当该图的奇数度节点的个数为 0 或 2（“度数”即与一个节点关联的边数）。欧拉以此证明哥尼斯堡七桥问题无解。欧拉定理告诉我们如何判定是否存在欧拉路径。

（3）自动化——问题的解决方案。

我们知道，最初的计算机是为了做大量重复复杂的计算而产生的，制造 ENIAC 的初衷是为了更精准地根据目标的距离和其他条件计算长程火炮的发射角。在第二次世界大战之后，科学家们用 ENIAC 承担研制氢弹的过程中繁重的计算任务，因而大大加速了美国原子能研究的进展，也使战争得以提前结束。人类也由此从工业社会进入信息社会。相比于传统的机器，计算机实现了计算、控制和自动化，以一种不寻常的方式深刻地融入了我们的科研、生产、工作、学习和生活的各个方面。从科学计算到信息处理、实时控制、辅助设计、事务处理、人工智能、网络通信，计算机的能力强、用途广，不管在哪个领域，都是建立在运算基础上，都是按照规则在处理信息，都是在执行程序，其本质都是自动化，都是在完成问题求解过程中的计算机程序实现。

计算思维的自动化是在对问题进行抽象和建模之后的求解办法，是探究利用计算机解决问题的过程与方法，是充分利用计算机在计算速度和精度、存储记忆能力和自动化运行等方面的优势，采用可执行的计算机语言编写程序，实现解决问题方案的自动化运行，是模拟和再现人解决问题的智能活动过程。

（4）系统化——模式的迁移创新。

人们在运用计算思维解决某一个问题后，总结提炼出在求解过程中的观察、分析、归纳、抽象、建模等环节的处理方法，从而形成解决问题的系统过程，并将其迁移到与之相类似的其他问题的解决过程中，这种举一反三、迁移创新的过程就是计算思维的系统化过程。

4. 加强计算机科学与技术基础知识学习

(1) 理解0/1的思维。

二进制是数的各种进制中最简单的一种计数进制，只有0和1两个数码，对于研制现代计算机具有重要意义。

在现实生活中，人们习惯使用十进制，也在一些领域使用其他进制，比如十二进制、七进制、十六进制、二十四进制、六十进制等，可为什么计算机内部保存和传输数据、处理程序都采用二进制？二进制有什么优势呢？

技术上容易实现。人类社会中有两种稳定状态的电子器件比比皆是，比如电子管、晶体管的导通和截止，灯的亮和灭，电平的高和低等，物理上的两种完全不同的状态很容易对应和实现。

运算规则简单。二进制只有两个数码，与十进制相比，运算法则简单很多，这可以使运算器的结构更加简化，使状态转换速度非常快，有利于提高运算速度。

可靠性高。二进制中只使用0和1，从一种状态转换为另一种状态很容易，传输和处理时不易出错，因而可以保障计算机具有很高的可靠性。

与逻辑值相吻合。二进制数1和0正好与逻辑值“真”和“假”相对应，因此用二进制数表示二值逻辑非常自然。

二进制与十进制的转换非常简单，人们仍然可以按照习惯使用十进制，而由计算机在接收输入时将数据转换为二进制数进行存储和处理，在输出结果时将二进制数再转换为十进制数。

通过布尔代数，我们可以发现，所有的二进制算术运算和逻辑运算是等价的，都可以用布尔代数来解决（见表5-1）。

表5-1　二进制、布尔代数和物理世界的对应

二进制	逻辑值	电路	电平
0	假	断开	低
1	真	连通	高

各种事物都可以被转化为0和1，也就能基于0和1进行各种计算，可以非常方便地使用计算机中的晶体管等器件来实现逻辑运算，即0和1是计算机软件

和硬件的桥梁纽带，可将实现基于 0 和 1 的逻辑运算和人类逻辑推理使用的运算做到统一。

这就是语义符号化→符号计算化→计算 0/1 化→0 和 1 自动化，是计算机实现自动计算求解社会和自然问题最本质的原理。[①]

（2）计算机系统结构。

我们知道，科学家阿兰·图灵提出了通用计算模型，为现代计算机的发明提供了重要的思想和方向。如果说图灵机是现代计算机的灵魂，那么冯·诺依曼体系结构就是现代计算机的骨架，之后发展的各类各式计算机都是在不断地丰满血肉，健美体型。

在图灵等人工作的影响下，1946 年 6 月，冯·诺依曼及其同事在 EDVAC 方案的基础上，完成了《关于电子计算装置逻辑结构设计》的研究报告，具体介绍了制造电子计算机和程序设计的新思想，确定了现代存储程序式电子数字计算机的基本结构和工作原理，提出计算机的数制使用二进制，把程序本身当作数据来对待，程序和该程序处理的数据用同样的方式储存。提出了由控制器、运算器、存储器、输入和输出设备五大部件组成的冯·诺依曼型计算机体系结构（见图 5-5）。在计算机发展史上，冯·诺依曼计算机体系结构是开创性的，为现代计算机的研制奠定了基础。[②] 现代计算机种类繁多，但其基本的常规构架都是冯·诺依曼体系结构。

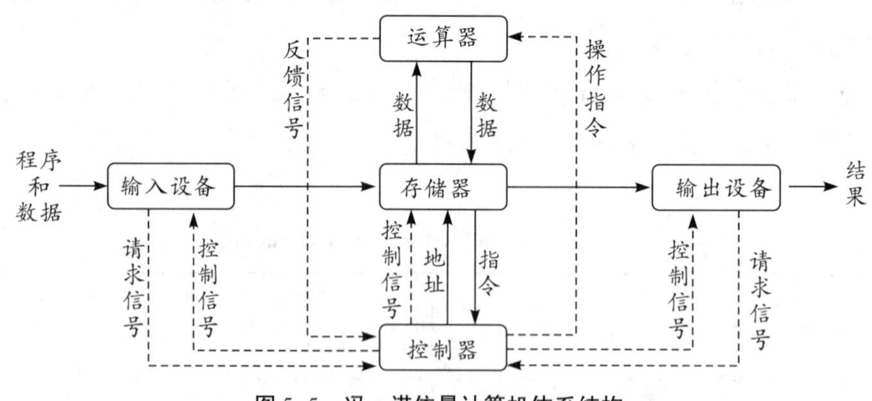

图 5-5　冯·诺依曼计算机体系结构

① 战德臣. 大学计算机：理解和运用计算思维［M］. 北京：人民邮电出版社，2023：34.
② 唐培和，徐奕奕. 计算思维：计算学科导论［M］. 北京：电子工业出版社，2015：69.

冯·诺依曼体系结构的核心组件是中央处理器（CPU），由运算器和控制器组成，承担着所有数据计算和处理任务。运算器负责执行具体的运算和处理任务，简单的运算由逻辑电路直接完成，复杂的运算就被拆分成多步骤来完成。控制器负责控制程序的执行。我们使用各种编程语言（如 Java、Python、C++等）编写的计算机程序，都会被翻译成 CPU 能理解的最底层的程序，它们由一系列指令组成，每条指令通过控制器有序地执行。在执行过程中，如果需要进行某种运算，就会交给运算器执行。CPU 当前执行的指令和计算过程的中间结果会暂存在寄存器，因寄存器在 CPU 内部，所以 CPU 访问寄存器比访问存储器要高效快速得多。

存储器与 CPU 紧密相连，负责存储程序和数据的工作任务。程序和数据都是由 0、1 数码按照一定的规则来表示的。数码的基本单元是字节，一个字节由 8 位 0、1 码组成，字节依次排列在存储器中。

存储器的组织和运转方式和我们仓库存储相类似，在仓库中不能杂乱无章地胡乱堆放物品，要整齐有序地将其摆放在货架上，要对货架和货架上的各个位置进行编号，管理员会根据编号建立索引，这样才能快速高效地进行入库和出库操作。存储器也被划分成若干个存储单元，每个存储单元被分配一个唯一的地址，存储器要据此进行寻址。每一条程序和数据变量都有对应的内存地址，以此进行写入和读出操作。

CPU 和存储器相结合构成了计算机的核心组件，它们协调工作，就好像我们大脑的中枢神经系统，分别对应负责思考和负责记忆的神经区域，包含了计算的三个要素，即运算的能力、保存计算结果的能力和控制计算流程的机制。这里的存储器不是永久性的存储部件，我们称之为内部存储器，简称内存。在关闭计算机时，存储器中的内容会消失。为了永久保存程序和数据，我们需要使用机械硬盘，因其存储单元是基于存储介质的磁性，所以关闭电源后，存储内容仍然存在。

核心组件周边的组件就是输入和输出设备。输入设备（键盘、鼠标、扫描仪等）好比是我们的感觉器官，连接 CPU 和存储器，把外界的信息数据输入中枢神经系统中。输出设备（显示器、打印机等）就像是我们的嘴巴和运动器官，是中枢神经系统对外界产生作用的途径。所有的输入、输出设备都通过特定的接口与核心部件相连接。

(3) 计算技术的开拓与未来。

电子计算机的诞生开启了计算技术革命的序幕。随着微电子技术和现代通信技术的快速发展，计算技术及其应用的高速发展成为人类社会从工业社会向信息社会转变的主要推动力，推动着人类科技的进步和发展，不断创新的计算技术正在影响和改变着人们传统的观念和价值取向。科学家对新型计算技术、计算理论、计算方法的探索和研究越发多元和深入。

①光计算机。

利用光束代替电子或电流，实现高速传输、存储、运算数据的计算机就是光计算机。光计算机的基础部件是空间光调制器，采用光内连技术在运算部分与存储部分进行光连接，它能以不同波长的光代表不同的数据，利用反射镜、透镜、棱镜等对数据的传输方向和数量进行控制，突破经典电子计算机的总线连接结构，具有运算速度快、抗干扰、耗电极低、传输和处理信息量大等优势，光计算机的运算速度在理论上可达每秒千亿次以上，其信息处理速度比电子计算机要快数百万倍。

②超导计算机。

电流在导体内流过会有一定的阻力，会使导体发热，也会消耗一部分电能，但是电流在超导体内流过会畅行无阻，且不产生消耗。超导是一个迷人的自然现象。1911 年荷兰物理学家昂里斯在温度-268. 97℃时用液氦冷却汞时发现汞的电阻为零，发现了超导电性规律。超导现象被发现后相关研究进展一直不快，因为要实现超导的温度太低，要制造出这种低温，消耗的电能远远超过超导节省的电能。到 20 世纪 80 年代，科学家发现了一种陶瓷合金在-238℃出现了超导现象，我国物理学家找到一种材料在-141℃时会出现超导现象。

超导体在电子学领域里大有用武之地。科学家试图寻找一种“高温”甚至室温超导材料，可以利用它制成超导存储器或其他超导元器件，用超导芯片代替普通芯片制成超导计算机，可以大大提高运算速度，减小计算机体积。而且元件不发热，从根本上消除散热问题，功耗非常小，高效率运行时间要长得多。超导计算机运算速度比现在的电子计算机提高 10~1 000 倍，而能耗仅为电子计算机的千分之一。

③生物计算机。

生物计算机也被称为仿生计算机，主要原材料是生物工程技术产生的蛋白质分子，并以此作为生物芯片来替代半导体硅片，利用有机化合物存储数据。更准确地说，生物计算机是以核酸分子作为数据，以生物酶及生物操作作为信息处理工具的一种计算机。

我们知道信息以波的形式传播，当波沿着蛋白质分子链传播时，会引起蛋白质分子链中单键、双键结构顺序的变化，这种变化类似冯·诺依曼计算机的开关状态，这就是生物计算机进行计算的基本原理。生物计算机主要是以生物电子元件构建的，其生物芯片是用蛋白质分子作元件制成的，它利用蛋白质有开关特性，其性能是由元件与元件之间电流启闭的开关速度来决定的。

生物计算是全球高科技领域最具活力和发展潜力的一门学科，该种计算机涉及多种学科领域，包括计算机学、脑科学、分子生物学、生物物理、生物工程、电子工程等有关学科。

生物芯片比硅芯片上的电子元件要小很多，而且生物芯片本身具有天然独特的立体化结构。生物化学反应算法立足于可控的生物化学反应或反应系统，利用小容积内同类分子高拷贝数的优势，追求运算的高度并行化，其运算速度更快，体积更小，在1平方毫米的面积上容纳几亿个“电路元件”。由于生物芯片内流动电子间碰撞的可能极小，几乎不存在电阻，所以生物计算机的能耗极小。生物芯片具有自我修复功能，当它出现故障时，不需要人工修理，因此生物计算机具有永久性和很高的可靠性。

生物计算机具有生物活性，能够和人体的组织有机地结合起来，尤其是能够与大脑和神经系统相连，这样生物计算机就可以直接接受大脑的综合指挥，成为人脑的辅助装置或扩充部分，并能由人体细胞吸收营养，补充能量，因而不需要外界能源。将它植入人体内，能帮助人类学习、思考、创造、发明等。生物计算机还可以代替人进行新型药物临床试验，它通过运算可以模拟人体的多种变化情况，只要把药品的成分描述输入生物计算机就会得出反应结果，这对新药物的开发具有划时代意义。

④量子计算机。

量子计算机是基于量子理论、遵循量子力学规律进行高速数学和逻辑运算、存储以及处理量子信息的全新的物理装置。

近年来，传统计算机的性能增长速度相对预期较慢，人们探索全新物理原理的高性能计算技术的愿望也就愈发强烈。

在经典计算机中，半导体通过控制集成电路用0和1来存储数据和进行数据运算，最小信息单位为比特，运算对象是各种比特序列，每一个比特是确定的0或者1。量子计算机通过控制原子或小分子的状态来记录数据和进行运算，它的基本计算单元是量子比特，运算对象是量子比特序列，可以同时存在于某种比例的两种状态，就像一枚硬币在半空中旋转，可以同时是0和1，即量子比特具有相干叠加性，允许“叠加态”共存。这些特殊的量子态提供了量子并行计算的可能性，从而拥有更强大的并行能力。这种从二元处理到多元处理的飞跃，几何级地提高了计算能力。

量子计算机具有更强大的信息处理能力，安全性更高，可以同时分析大量不同数据。量子计算已经成为世界各国抢占经济、军事、安全等领域优势的战略制高点。

2020年，我国自主研发的光量子计算机“九章”横空出世，引起世界瞩目，比美国的“悬铃木”快100亿倍，意味着中国成为继美国之后第二个实现“量子霸权”的国家。时隔不到一年，我国成功研制出“九章”的升级版“九章二号”，将量子计算的光子数量从之前的76个增加到了113个，实现了大幅提升；在高斯玻色取样方面的处理速度要比超级计算机快亿亿亿倍，刷新了国际光量子操纵技术水平，受到了国际上科学家的高度认可。在超导量子计算机领域，我国从“祖冲之号”到“祖冲之二号”的性能提升，标志着我国首次在此领域超越了谷歌，是一个“里程碑”式的存在，我国同步实现了光量子和超导量子的领先地位。至此，我国成为全球成功掌握两种量子计算物理体系的国家。

在需要大规模计算的领域，如解密与密码学、量子化学、量子物理和人工智能等，未来的量子计算机可以大展拳脚，可以在数学和科学领域开辟出新的未知领域，助力先进材料制造和新能源开发。在药物研发方面，量子计算机通过精准模拟各种分子、原子的自然演进，可帮助科研人员快速找到对付病毒的药物，帮助解决诸如气候变化、交通调度和食品安全等现存挑战。

5. 聚焦核心算法理解

（1）算法在提升计算思维能力中的重要性。

算法，从字面意义上，就是计算的方法，最早来自数学领域，是用于解决某一类问题的公式和思想。我们这里说的算法是指计算机科学领域的算法，是在有限步骤内求解某一问题所使用的一组清晰可行、定义明确的有穷的规则或对解题步骤的精确描述。简单来说，算法是为了解决一个问题而采取的方法和步骤。比如，洗衣机的操作说明书可以被视为使用洗衣机的算法，温杯、取茶、烧水、初泡、萃取、分杯可以被视为泡茶的算法，曲谱可以被视为演奏曲目的算法，这些都可以被视作是对算法的广义理解。

算法是计算机的灵魂，因为需要解决的问题复杂程度不同，所以算法有简单的，也有复杂的。解决同一问题可能有很多种算法，而不同的算法完成的时间和占用的资源可能并不相同，这就涉及效率的问题，因此算法有高效的，也有拙劣的。算法的设计也需要丰富的数学知识和工程机械思想，学习和研究算法可以锻炼我们的逻辑思维能力。计算机系统是复杂而庞大的体系结构，其底层架构、操作系统、数据库、中间件框架、网络都离不开高效的算法与合适的数据结构，理解和探索算法也有助于我们深入理解计算机系统。

描述算法的方法有很多种，常用的有自然语言、流程图、伪代码等，其中用得最多的是流程图。算法与计算机程序密切相关，但二者有很大的不同，计算机程序是将算法通过某种计算机语言表达出来的具体形式，同一个算法可以用不同的计算机语言来表达。

算法在我们身处的现代数字社会是无处不在的。从网站上的商品、音乐、图书、电影、美食的推荐算法到抖音、快手等网站的推荐朋友、视频的算法，从各种搜索引擎的算法到寻找最优路线、预测出行交通高峰、电影票房等数据的算法，可以说算法的影响力已经悄无声息地渗透在我们世界的各个角落，甚至掌控和重塑着我们的世界。

人们需要求解的问题是多种多样的，所设计的求解算法也是各不相同的。通过对大量求解过程的归纳和总结，人们提炼出一些具有共性的思想和方法。算法设计的基本思想和方法包括枚举法、递推法、递归法、分治法、回溯法、贪心法等。

（2）算法设计的基本思想和方法。

①枚举算法。

枚举算法也被称为穷举算法，顾名思义，就是穷尽列举，是常用到的一种算法。通常是在找不到解决问题的规律时，依据题目的部分条件确定答案的大致范围，然后在此范围内对所有可能情况按某种顺序进行逐一枚举和验证，若某个情况验证符合题目的条件，则为本题的一个答案，直到找出所有符合要求的解作为问题的解。简单来说，枚举就是将问题的可能解依次列举出来，然后一一代入问题进行验证，从而从一系列可能的解中获得能够解决问题的精确解。

枚举法的实现思想比较简单直接，实质是枚举所有可能的解，再用检验条件判断哪些是正确的，哪些是错误的。充分发挥计算机计算速度快的特性，同时也是一种比较笨拙的蛮力算法，运行效率不高，当穷举的范围过大，可能解比较多的时候，执行枚举算法的工作量就会很大。在使用枚举算法时，应注意优化方案，对筛选可能解的范围和条件进行严格判断，尽可能地剔除大部分无效的可能解，尽可能地减少列举量，从而减少运算工作量。

②递推算法。

递推算法也被称为迭代算法，是一种通过已知条件，利用递推关系从已知的值逐次推出所要求的各中间结果及最后结果的算法。递推算法可分为顺推和逆推两种。所谓顺推法是从已知条件出发，按照递推关系逐步推算出问题的最终结果。逆推法是在不知道问题的初始条件的情况下，从问题的结果出发按照递推关系逐步推算出问题的解，即问题的初始条件。

递推算法是一种比较简单的常用算法，用递推算法求解的问题一般会有以下特点：问题可以划分成多个状态；除初始状态外，其他各个状态都可以用固定的递推关系式来表示。在实际问题中，需要通过分析各种状态，确定递推变量，确定初始条件，继而找出递推关系式。

③递归算法。

递归算法是一种非常有趣又很实用的算法，是通过不断调用自身而将原问题分解为跟原问题相同解决方法的子问题，最后再将各子问题的解合并得到原问题的解。基本思想就是将一个较复杂的问题分解成较简单的同类问题，直到被分解为能够处理的最简单的问题，然后通过这些小问题求得大问题的解。

生活中的递归例子有很多，比如我们小时候都听过的故事：从前有座山，山里有座庙，庙里有位老和尚，老和尚在讲故事，讲的什么故事呢？从前有座山，山里有座庙，庙里有位老和尚，老和尚在讲故事，讲的什么故事呢？从前有座山，山里有座庙……

再比如《盗梦空间》里的镜子，在理发店里也常常见到这样的场景；还有你用镜头对着屏幕，而屏幕里正在播放你的镜头，此类种种，皆是递归场景。

递归算法是一种直接或者间接重复调用自身的算法。递归算法常常使算法的描述简洁而且容易理解。

递归算法的“重复”一般有三个要求：

A. 每次调用都使规模缩小。

B. 前一次重复通常要为后一次做准备，相邻两次重复有紧密的联系。

C. 当问题的规模最小时，必须能直接给出解答而不再需要进行递归调用，即每次递归调用都是有条件的，无条件的递归调用往往会成为死循环而不能正常结束。

递归算法本质上是分治思想，把大问题分解成更小的问题，而且分解后的问题的解决方法与原来的一致，而且可以把问题一直这样分解下去，直到问题被分解到足够小的时候进行解决，再带回上一级问题，回溯去解决原来的问题。

本质上，递推和递归是同一种解决问题的思路，都是将问题分解，递推是从已知到未知进行推导，而递归是由未知到已知推导，直到问题规模足够小不需要继续推导时就可以解决了。

④回溯算法。

回溯算法也被称为试探算法，实际是一个类似枚举的搜索尝试过程，可以看作是枚举算法的一个改进。其主要是在搜索尝试过程中寻找问题的解，当发现已不满足求解条件时，就“回溯”返回，尝试别的路径。在走迷宫游戏时，我们就是通过不断地在迷宫内部曲折的道路中作出选择，不断地枚举和试探。当遇到岔道时可能会有多条不同的道路可供选择，从中选出一条“试试”，如果此路不通，就退回来尝试其他道路，如此继续，直到最后找出合适的道路走出迷宫。这种“枚举—试探—失败返回—再枚举—再试探”的求解方法就被称为回溯法。

在涉及寻找一组解的问题或者满足某些约束条件的最优解的问题中，很多是可以使用回溯法来求解的，比如迷宫游戏、八皇后问题、填字游戏、骑士游历问题、背包问题、彩票组合问题等。

回溯算法是一种选优搜索法，其求解问题的基本思想是：从一条路出发，能进则进，有冲突就解决冲突，没有冲突就继续前进，无路可走则退回，换一条路再试试，能走到最后的就是答案。如此反复进行，直到得到解或证明无解时才结束。

⑤分治算法。

分治算法，顾名思义即“分而治之”。在求解复杂问题时，可以将它分割成若干个规模较小的相对独立的子问题。如果某个子问题还比较复杂，再将子问题分解成更小的子问题，直到分解后的每个子问题都可以简单求解为止，然后通过逐个解决小问题来得到原复杂问题的解。

笛卡尔提出的四条方法论的原则，其中第二条就是将研究的难题尽量分解为多个比较简单的小问题，一个一个地分开解决。我国古代战争的“分化”战术，本质也是分治法。现代生活中大型企业在各地开设分支机构或设立各地经销商、大型比赛设立分赛区和设置预选赛也都是分治思想的体现。

分治算法解决问题的一般步骤：

A. 分解，将要解决的问题分解成若干个较小规模的同类子问题。

B. 求解，当子问题足够小时，用较简单的方法解决。

C. 合并，按原问题的要求，将子问题的解合并，获得原问题的解。

寻找假币问题

有 n 枚硬币，其中 1 枚重量与众不同，是假币，略轻一些。如果使用天平秤，请问至少称几次一定能找到这枚假币。

我们采用分治法求解的话，称量流程如下：

将 n 枚硬币平分成两份，每份 $n/2$ 枚，称量两份硬币的重量，取重量轻的那份再平分为两份，再称量，以此类推，直到最后两枚硬币称量时较轻的那枚就是假币。在称量过程中如果出现不能平分的情况，比如 25 枚显然不能平分两份，就拿出其中的 1 枚，剩下的 24 枚平分称量，若重量不等，方法同前；若重量相等，则拿出的那枚即为假币。

从上述例子中，我们不难发现，在分治法中很多时候都要用到递归的技巧。使用递归，无论是在算法的描述还是实现过程中，都显示出简化和规范整齐的特征。

(3) 常用的经典算法。

①排序算法。

世上一切都是有序存在的，春生夏长，秋收冬藏，四时更迭，轮转而回。排序是我们经常遇到的场景，比如按身高排队，全班同学的名字按姓氏笔画排序，图书馆里的图书按字母排序，电商网站购物时按销量排序、按价格排序……我们经常会遇到各种排行榜，比如新书榜、新歌榜、游戏排行榜、小说热读榜、热卖榜等，这些榜单也都是排序的结果。少量物品排序很容易，但是如何利用计算机给海量数据排序就很有讲究了。常见的排序算法有选择排序、插入排序、冒泡排序、快速排序、希尔排序等。

A. 选择排序。

选择排序是一种简单直观的算法，基本思想是：假设从小到大进行排序，首先从数组第 1 个位置开始进行选择，选出数组全部 n 个值中最小的值交换到第 1 位置；再对第 2 个位置进行选择，在第 2 到 n 的剩余值中选择最小的交换给该位置，以此类推，重复进行剩余值中“最小值”的选择，直至完成第（$n-1$）个位置的选择，则第 n 个位置就只剩唯一的最大值，至此排序过程完成。

我们以一组数字 9、6、1、3、7 为例，简单描述一下利用选择排序算法进行排序的过程：

选择排序算法排序的过程

第 1 轮（见图 5-6），在数据中找到最小值 1，将 1 与最左边位置上的 9 比较，1<9，将 1 和 9 位置互换。最小值 1 归位。

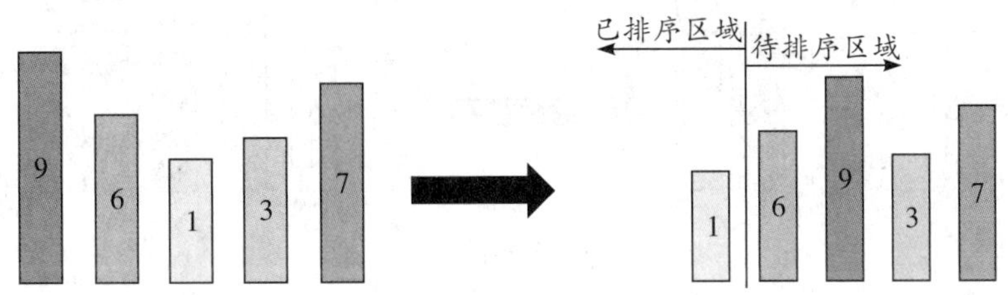

图 5-6　选择排序第 1 轮

第 2 轮（见图 5-7），在待排序区域数据中查找最小值 3，将 3 与待排序区域最左边位置上的 6 比较，3<6，将 3 和 6 位置互换。最小值 3 归位。

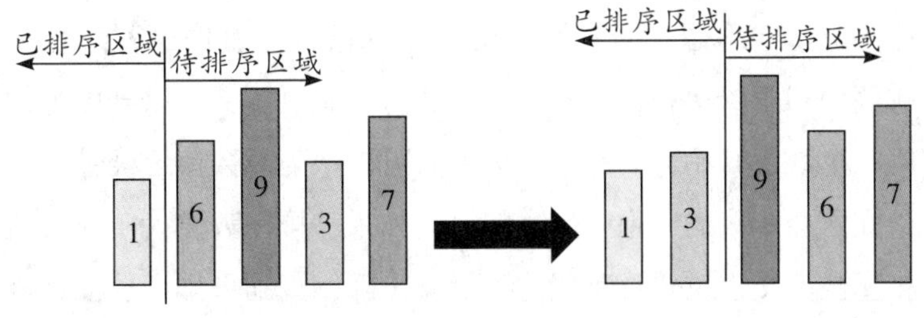

图 5-7　选择排序第 2 轮

第 3 轮（见图 5-8），在待排序区域数据中查找最小值 6，将 6 与待排序区域最左边位置上的 9 比较，6<9，将 6 和 9 位置互换。最小值 6 归位。

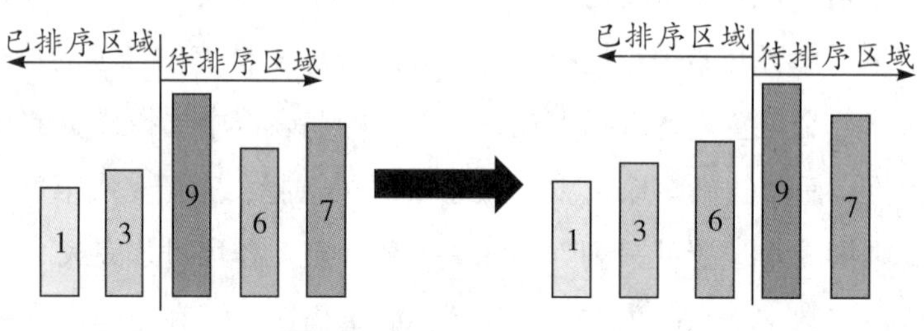

图 5-8　选择排序第 3 轮

第 4 轮（见图 5-9），在待排序区域数据中查找最小值 7，将 7 与待排序区域最左边位置上的 9 比较，7<9，将 7 和 9 位置互换。最小值 7 归位。

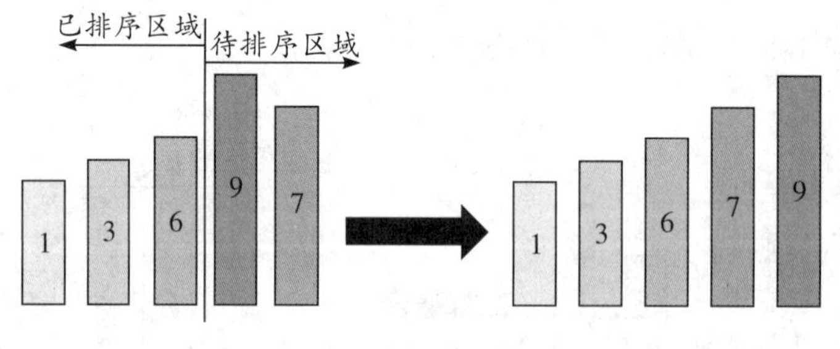

图 5-9　选择排序第 4 轮

至此，对于 5 个数值进行 4 轮选择和交换后，整个排序过程结束，5 个数值完成了从小到大的排序。

B. 插入排序。

插入排序的基本思想是对数组中的 n 个数值构建有序序列，对于未排序数值，在已排序序列中依次扫描比较，找到相应位置并插入。以升序为例，具体过程是先从第一个数值开始，只有一个数值时可以认为该数值已经被排序；取出下一个数值，在已经排序的序列中依次扫描，如果已排序数值大于新数值，则将新数值与已排序数值交换位置；重复这个操作步骤，直到未排序数值都进入有序序列中，整个排序过程结束。

我们仍以一组数字 9、6、1、3、7 为例，简单描述一下利用插入排序算法进行排序的过程：

插入排序算法排序的过程

a. 假设最左边的数字 9 已完成排序，成为有序序列第 1 位。

b. 取待排序区域最左边的数字 6，与左边已排序的 9 比较，6<9，将 6 与 9 互换位置，这时数字 6 和 9 已完成排序。

c. 取待排序区域最左边的数字 1，与左边已排序的 9、6 比较，1<9，将 1 与 9 互换位置；1<6，将 1 与 6 互换位置。这时数字 1、6、9 已完成排序。

d. 取待排序区域最左边的数字 3，与左边已排序的 9、6、1 比较，3<9，将 3 与 9 互换位置；3<6，将 3 与 6 互换位置；3>1，保持原位不动，这时数字 1、3、6、9 已完成排序。

e. 取待排序区域最左边的数字 7，与左边已排序的 9、6、3、1 比较：7<9，将 7 与 9 互换位置；7>6，保持原位不动，这时数字 1、3、6、7、9 均已完成排序。至此，5 个数字完成了从小到大的排序（见图 5-10）。

位置	①	②	③	④	⑤
数组	9	6	1	3	7
（0）	【9】	6	1	3	7
（1）	【6	9】	1	3	7
（2）	【1	6	9】	3	7
（3）	【1	3	6	9】	7
（4）	【1	3	6	7	9】

图 5-10 插入排序算法排序的过程

C. 冒泡排序。

我们在打开一瓶碳酸饮料时，会有很多的气泡从瓶底向瓶口冒出来，直到气泡冒完，饮料才恢复“平静”。冒泡排序的基本思想就是受此启发而来：按序将两两相邻数据进行比较和交换，

假设长度为 n 的数组 a_1，a_2，a_3，…，a_n，要按照从小到大排序。则冒泡排序的具体过程可以这样描述：从数组的第一个元素开始到数组的最后一个元素为

止，对数组中相邻的两个元素进行比较，首先对 a_1 和 a_2 进行比较和交换（小的数据在前，大的数据在后），然后用 a_2 和 a_3 进行比较和交换，再用 a_3 和 a_4 进行比较和交换……直到 a_{n-1} 和 a_n 进行比较和交换。这样操作后数组最右端的数据即为该数组中所有元素的最大值，这就完成了一轮两两比较和交换的过程。接着再对该数组除最右端以外的 $n-1$ 个元素进行同样的操作，以此类推，再接着对剩下的 $n-2$ 个元素做同样的操作……直到整个数组有序排列。

我们仍以一组数字 9、6、1、3、7 为例，简单描述一下利用冒泡排序算法进行排序的过程：

冒泡排序算法排序的过程

第 1 轮（见图 5-11）：左 1 与左 2 比较，9>4，将 9 和 4 互换位置。然后左 2 与左 3 比较，9>1，将 9 和 1 互换位置。接着左 3 与左 4 比较，9>3，将 9 和 3 互换位置。最后左 4 与左 5 比较，9>7，将 9 和 7 互换位置。至此，第 1 轮排序完成。

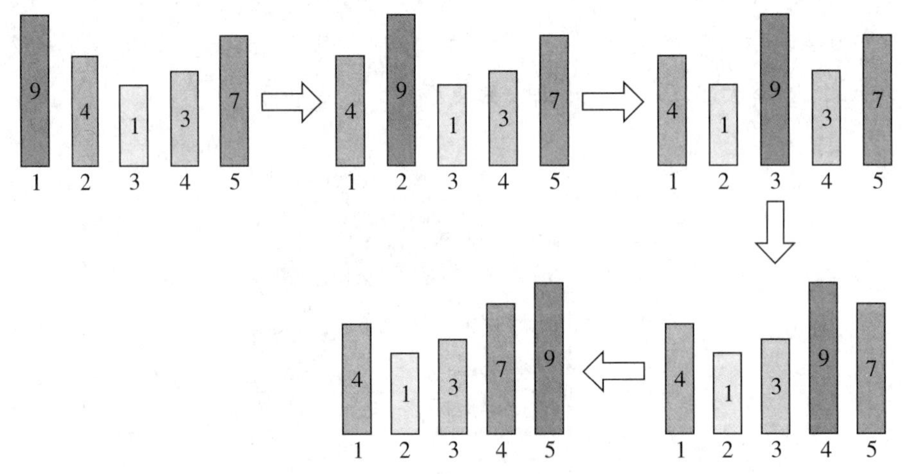

图 5-11　冒泡排序算法（第 1 轮）

第 2 轮（见图 5-12）：左 1 与左 2 比较，4>1，将 4 和 1 互换位置。然后左 2 与左 3 比较，4>3，将 4 和 3 互换位置。接着左 3 与左 4 比较，4<7，保持原位不动。至此，第 2 轮排序完成。

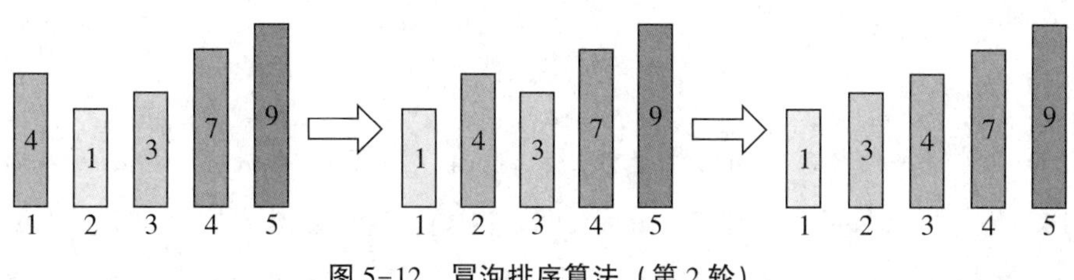

图 5-12　冒泡排序算法（第 2 轮）

以此类推，继续第 3 轮、第 4 轮，直至排序完成。

②查找算法。

我们常常都需要寻找各种各样的东西，房间里找遥控器、找钥匙，字（词）典里找生字、生词，在平方根表、对数表里找某个数的平方根、对数，手机里找电话号码，图书馆里查找某一本书，计算机里查找文件，网络上找各种新闻、知识、游戏，电商网站上货比三家进行购物，出门时找路线、找餐馆……另一方面，我们也常常为把某样物品该放在哪个位置而纠结。

找东西和放置合适位置对应在计算机领域中，就是查找和插入，选择合适的位置插入也是为了方便以后的查找。

查找算法是非常重要的常用经典算法，也是很多程序中比较耗时的部分，一个好的查找方法能大大提高运行速度。常见的查找方法有：顺序查找、折半查找、插值查找、斐波那契查找、二叉树查找等。

A. 顺序查找。

顺序查找也被称为线性查找，是最简单最基本的查找方法。其基本思想是依次把查找范围 $f(x)$ 内的每个元素都与查找目标 a 比较，只要 a 存在于查找的范围 $f(x)$ 内，就一定能找到。如果查找的范围不存在 a，那么当全部查找完的时候也就确定 a 是不存在的。简单讲，就是从头到尾，逐个比较，适用于无序查找。

B. 折半查找。

折半查找也被叫作二分查找或对分查找，查找效率高，但是只适用于有序排列且无重复数值的元素表。其基本思想是在一个有序列表 $f(x)$ 中，每次取中间位置的值与查找目标 a 比较。若相等，则查找成功；若大于或小于目标值，则说明目标值在该元素表的左半区或者右半区，如此多次反复查找比较，直至查找成功；若无与目标值相等的值，则查找失败。

折半查找

一组排好序的数字中用折半查找法找到14。共有15个数字，分别对应位置0~14，第一次比较的是位置7，数字11比14小，所以在后半部分继续查找；第二次比较的是位置11，数字22比14大，所以在前半部分查找；第三次比较的是位置9，数字是14，找到目标，至此查找成功（见图5-13）。

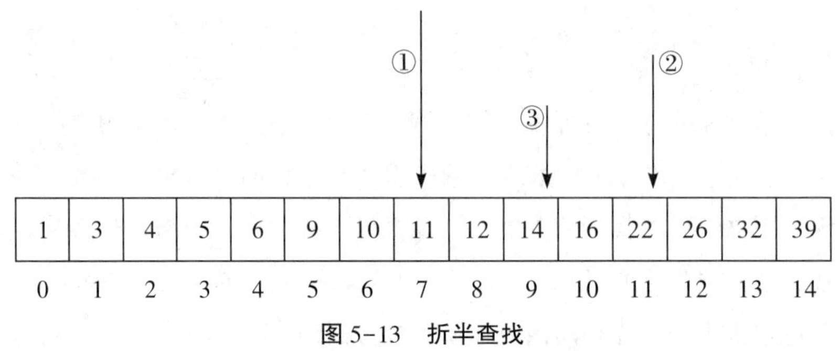

图5-13　折半查找

③分类算法。

分类是我们在生活中常做的事情。对不同的人、不同的事物，我们会按不同的标准分类。比如人可以按年龄分为婴幼儿、少儿、青少年、青年、中年、老年，按性别可分为男性、女性，也可以按肤色分或者按地域分，还可以按学历分、按职业类型分……

有些分类是显而易见的，但是也有一些分类是很复杂的。分类在现实生活各个领域中有着广泛的应用，比如大家熟悉的人类识别技术中，很大一部分就是分类任务。面对海量的数据，计算机如何像人类一样完成分类任务呢？计算机进行分类，需要对每一种类别的数据特征和属性予以刻画，对每一个个体或者对象都要通过“数据点”来表示，使用相应的算法建立分类器，总结分类的规律。

分类算法具有多样性、重复性和完整性的特征，分类常常会和排序搭档出现，分类做得好，就不担心物品杂乱。分类算法主要有决策树分类、贝叶斯分类、K最近邻分类、随机森林分类、支持向量机、逻辑回归、K-Means聚类算法等。

A. 决策树分类。

决策树又被称为判定书，最初是运筹学中的常用工具之一，应用范围不断扩展，目前是人工智能领域中常见的机器学习方法，是将分类问题根据数据集中的某个特征变量将数据分解成若干个基于单个信息的推理任务，采用树形结构逐步完成决策判断。一棵决策树由节点和向量边组成，根节点位于最顶端，是在分类或者决策时最关键的特征，内部节点也被叫作决策点，分布在决策树的各层，是进行分类或者决策的其他特征。叶节点表示分类或决策的结果。结构从根开始，每个分支点表示某一轮的一次决策。

B. 贝叶斯分类。

概率是度量随机事件发生的可能性的数值。生活中经常遇到各种概率问题：比如抛一枚均匀的硬币出现正面的概率是多少？打雷时下雨的概率有多大？晴天时下雨的概率有多大？被语文老师抽查背诵的概率有多少？这些都属于对某一事件发生的可能性的度量，可以用 0 到 1 之间的数值来表示，这个数值就是概率，概率越高，就认为这件事情发生的可能性越大。

贝叶斯算法是一种基于概率统计知识进行分类的方法，用来处理条件概率或主观概率。在众多分类技术中占有重要地位，贝叶斯分类算法通过对已分类的样本子集进行训练，学习归纳出分类函数，利用训练得到的分类器实现对未分类数据的分类。尤其是待分类数据量非常大时，贝叶斯分类算法相较其他分类算法具有较高准确率。

贝叶斯算法的应用领域非常广泛，可以说，所有需要作出概率预测的地方都可以见到贝叶斯算法的影子：帮助改进搜索功能，推送用户感兴趣的资讯，帮助用户过滤垃圾邮件；在计算机化自适应测验中，计算机会根据考生对一个题目的作答情况而选择下一道要呈现的题目，并且该题目的难度与考生能力的预估值最接近，从而能够获得更多关于考生的信息，使得题目对于每一个考生都是最优的测验；用户在使用输入法输入信息时，对中英文单词自动纠错，将拼音准确地转换为正确的汉字，并根据上下文环境和用户习惯去判断和提示接下来可能输入的最大概率的文字，并自适应地选择词组的出现顺序；无人驾驶汽车接收到传感器收集到的交通数据和路况信息，运用贝叶斯算法更新从地图上获得的信息……

C. K 最近邻分类。

K 最近邻分类也被称为 KNN 算法，是一种比较简单的分类算法，通过识别被分成若干类的数据点，以预测新样本点的分类。可以用“近朱者赤，近墨者黑”来形容KNN算法，通过给需要分类的新对象找几个“近邻”，根据相似性给新对象进行分类。KNN算法属于比较“懒惰”的分类方法，它记住所有的训练数据，将新的数据直接和训练数据相匹配，多用于预测。

假设对人群运动习惯的分类，用“每周运动次数”和“每次平均运动时间”两个特征分量来刻画每个个体，要看一个人是勤于运动者还是很少运动者。采用KNN算法对某个个体分类，看此个体的数据与已有数据的距离，跟哪类数据最为接近，从而可以根据已有数据的相应研究，给予个体相应的建议。大家可以想见，KNN算法的计算复杂度及预测准确度是与样本集的大小以及样本属性的维数有关的。

6. 青少年计算思维能力提升资源推荐

（1）书籍推荐（见表5-2）。

表5-2　书籍推荐表

计算思维训练		
《计算思维养成指南》（李泽、陈婷婷、金乔）	《神奇的逻辑思维游戏书》（索尼国际教育公司）	《不插电！神奇的编程思维是玩出来的》（洪志连、申甲千）
《国际计算思维试题集锦》（张进宝）	《青少年计算思维游戏宝典系列》（倪伟、余亮、王楠、王玉英）	—
计算机科学知识		
《无所不能：从逻辑运算到人工智能》（德莫特·图灵）	《大话自动化：从蒸汽机到人工智能》（晨枫）	《计算机，原来是这么回事》（厄科·伊利斯·冈萨雷斯）
算法与程序设计		
《啊哈！算法》（啊哈磊）	《给孩子的计算思维与编程书》（简·克劳斯、奇奇·普罗特斯曼）	《我的第一本算法书》（石田保辉、宫崎修一）
《漫画算法：小灰的算法之旅》（魏梦舒）	《父与子的编程之旅》（沃伦·桑德）	—
大数据与人工智能		
《写给青少年的人工智能系列》（核桃编程）	《人工智能启蒙：计算思维开发练习册》（吕游）	《给孩子讲人工智能》（涂子沛）
《人工智能入门系列》（陈玉琨）	《给孩子讲大数据》（涂子沛）	—

（2）软、硬件工具推荐（见表 5-3）。

表 5-3 软、硬件工具推荐表

功能及简介	主要工具
不插电的干预工具 不使用计算机，使用道具、游戏的方式向低幼年级学生解释计算机和程序的原理	Unplagged Robot Turkey 等棋盘游戏
实体编程 将代码封装在实物块中，直接通过物理操作来实现编程指令，互动性强，符合儿童的认知规律	KIBO、KUBO、Mabot、matatalab 等
块编程 无须编写程序代码，通过对块化的代码图形进行拖动、拼接来完成编程；易读，易学，操作简单，适合儿童编程入门	Kodu、Scratch、MIT App、Inventor、Arduino 等
文本编程 门槛相对较高，基于算法抽象，通过文本编程语言来开发应用，适合高年级青少年逐步展开学习	Python、Java、C++等
算法辅助编程 通过流程图方式呈现基本算法，算法能够执行；易读，易学，适合青少年学习算法	Raptor、画程等

二、 教师计算思维能力的提升

在着力提升青少年的计算思维能力的过程中，教师不仅仅面临计算思维理解的问题，还面临着如何教和如何评价计算思维的问题。

（一）教师的计算思维能力提升的重要性

随着信息技术的高速发展，大数据、云计算、物联网、人工智能等新技术在日常生活中被广泛应用，人类的生产和生活方式正发生着翻天覆地的变化。智能时代已经来临，计算思维也逐渐成为人们在数字时代必不可少的思维方式，在中小学课程中培养学生的计算思维能力的时代也已经到来。我国《普通高中信息技术课程标准（2017 年版 2020 年修订）》将计算思维纳入信息技术学科四大核心素养之中，明确指出计算思维是个体运用计算机科学领域的思想方法，在形成问题解决方案的过程中产生的一系列思维活动。

目前培养青少年计算思维教育实践的主阵地就是中小学信息技术课堂，其重任主要落在了中小学信息技术教师的身上。随着计算思维教育的深入开展，师资问题也逐渐显露出来。面对学术界对计算思维的多种定义，中小学信息技术教师会产生各种困惑：如何实施计算思维能力的培养和评价，在没有多少可供参考的教学经验和案例的情况下，如何对长期以来熟悉的传统课堂进行重组和改进……

要想有效地落实培养青少年计算思维的素养目标，全面提升中小学教师的计算思维能力就显得格外重要。

（二）国内外教师的计算思维能力培养的基本情况

1. 国内外教师的计算思维能力培养

国外计算思维的教学涵盖了 K-12 到高等教育的所有学段，但主要集中在 K-12阶段，近年来不少国家相继发布了相关的官方文件来推动 K-12 阶段的计算思维教育。[①] 目前关于计算思维的研究，有不少国外学者认为教师是实施计算思维培养的关键，并开始关注教育中的师资问题，开始尝试对职前教师和在职教师进行计算思维培养。比如尝试对职前教师开设专门的、将计算思维纳入其中的教育技术课程或者进行各种计算思维能力的培训，研究发现经过专门培训的教师其计算思维能力有了显著的提高，并能在课堂教学中运用计算思维。对于在职教师，大多数研究采用的是研讨会或者培训计划来提升计算思维能力。

相较于国外计算思维的研究，我国对于计算思维的研究不够成熟，特别是在基础教育阶段，对于教师的计算思维能力培养更是如此。目前对于职前非计算机专业的学生采用大学计算机基础课程来推广计算思维的培养。计算机专业的教师在大学采用新的计算机课程进行面向计算思维的再造，以培养学生的计算思维意识和能力，比如在普通高等教育“十二五”规划教材中，《计算思维导论》就是一本计算思维通识教育的好教材。

随着新的《普通高中信息技术课程标准》和《义务教育信息科技课程标准（2022 年版）》的颁布，计算思维教育成为基础教育阶段的重要内容。中小学教

---

① 范文翔，张一春，李艺. 国内外计算思维研究与发展综述［J］. 远程教育杂志，2018，36（2）：3-17.

师都开始关注如何培养学生的计算思维能力，但是由于自身处于计算思维摸索阶段，且对于自身的计算思维能力也无法评估，并不能有效地开展计算思维教育。为了计算思维教育的可持续发展，国家教育主管部门更重视师资本身的能力提升，要求落实计算思维教育的实践案例和系统的定期培训计划。

2. 国内教师计算思维能力存在的不足

近年中小学信息技术教育围绕计算思维展开了一系列的教学教研活动，通过教师单元设计评比、优质课评比、示范课展示和课堂教学竞赛的教学研讨，发现教师在培养学生计算思维的过程中也暴露出自身的一些问题，这也是国内中小学信息技术在职教师普遍存在的不足。

（1）概念理解不清晰。

低年级的信息技术课堂教师的教学非常容易变成软件的操作培训，中高年级的课堂则会陷入人工智能体验课和 Python 程序设计语言学习的误区，还有一些教师处理不当就有可能将计算机科学的问题变成了数学问题，这个现象产生的原因是教师自身没有完全理解计算思维的概念。初看这些教学设计似乎也在一定程度上体现了计算思维的培养，却不是真正的计算思维课程。

用计算思维玩转 3D 建模

单元学习目标：

了解传统乐器笛子的发展史，明白笛子的材质在不断演变，培养热爱传统文化的情怀。课前学生通过对笛子的各部位进行测量，对模型进行分析，预设完成一个模型的过程和效果的细化，分析出模型每个细节表达要使用到哪些工具，这个分析和细化的过程就是培养计算思维的过程，然后在操作实践中边实践边达成模型的设计和完善，培养算法和逻辑能力。

通过不同的设计逻辑来解决建模问题，设计思路不是唯一，但是通过建模优化，能让操作过程变得更加简洁方便，在这个过程中，学生对计算思维的优化特性有了更深刻的理解和体验。

教学过程：

活动 1：不规则音孔如何建模？

活动 2：笛塞如何建模？

活动3：为什么不跟竹笛一样用三个环来嵌套呢？

活动4：两个环要能互相嵌套，数值上有什么关系？

活动5：两个环跟笛管的数值有什么关系？

活动6：建两个可以相互嵌套的环的方法是什么？哪个方法是最优的建模方式？

…………

【分析】这是一节小学使用软件3D One来进行建模的单元设计，展示出来的是其中一节课的学习目标和主要教学过程两个环节。从这两个方面我们就会产生一些疑惑：究竟这节课有没有体现计算思维的本质，还是聚焦在软件的操作使用上？如何制作一个3D竹笛作品？应用软件教学内容适不适合作为计算思维培养的典型案例教学？本身使用计算机作为工具解决实际问题的过程都存在计算思维，但是教师对计算思维理解的正确与否会在教学过程中体现。在教学的过程中我们可以有意识地让学生自己尝试进行竹笛问题的分解、竹笛建模数据的抽象、已有模型的识别（模式识别）、构造利用3D One制作竹笛的路径（自动化）、问题解决方法的优化和对于此类问题的解决思路的迁移。这样就能在利用计算机应用软件解决问题中让学生理解利用计算机科学解决问题的思维方法。

计算机原理以及相关计算方法的学习是计算思维教育的有效途径。[①] 计算思维的本质是抽象和自动化，教师在教学中应通过有效的教学方式和渗透计算思维的教学内容，将计算思维传递给学生，重在培养学生将问题抽象描述，找到计算机解决问题的方法，并将方法转化为可自动执行的计算机程序的能力，以此引导学生利用计算思维解决现实世界的实际问题。[②]

（2）教学设计能力欠缺。

一节课如果在教学主题选择上已经能够很好地承载计算思维的培养，那么优秀的教学设计则是其目标实现的关键一环。算法和程序设计是非常好的计算思维教学主题，通过程序设计的学习，学生可以体验算法的构造和自动化执行，这些都是计算思维培养的基础。但是教师大多数在设计的时候还是按照传统的分析问题、设计算法、编写程序、调试运行四个环节来进行考虑，这样在开展教学时的

---

① 王荣良. 中小学计算思维教育实践［M］. 上海：上海科技教育出版社，2014：105.

② 王荣良. 中小学计算思维教育实践［M］. 上海：上海科技教育出版社，2014：195.

重心就好像在培养一个程序员，容易陷入利用程序解决问题的思考方式而忽视了计算机科学的思维培养。

Python 程序设计

单元教学过程如图 5-14 所示。

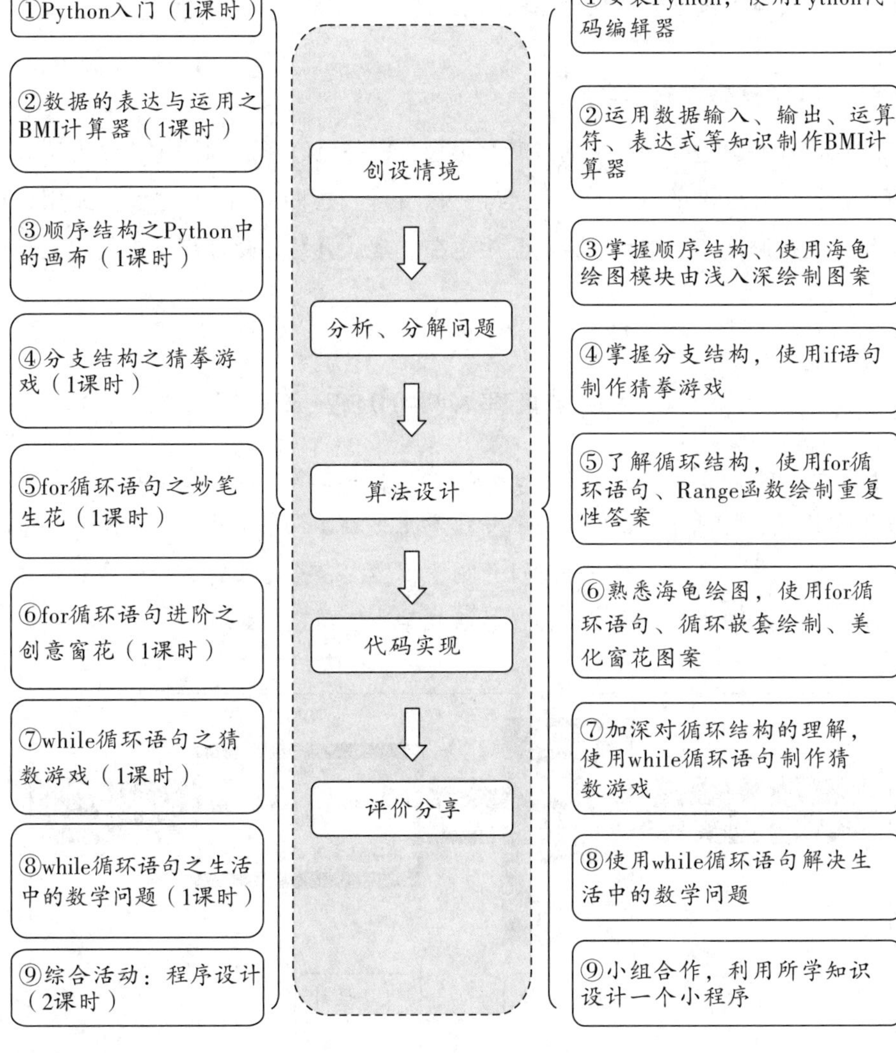

图 5-14　Python 程序设计教学过程

【分析】这是八年级教师设计的一个单元的内容教学设计，几乎都是围绕着利用程序解决问题的四个步骤来完成每一节课的教学内容。计算思维的培养中如果围绕着分解问题、数据抽象、模式识别、算法设计、算法优化、程序实现、问题迁移七个环节来进行设计教学内容，就会在不断探索中尽可能地去体现与落实学生的计算思维培养目标。如关于循环结构，重点在于重复的思想，而不是 for 和 while 语句的语法实现。在模式识别环节让学生在数据中观察规律，体会计算机解决问题中重复做的必要性后，再来利用 Python 循环语句实现自动化，进而可以体会到计算机科学的所有重复问题中的思维方式，以此可以延伸穷举法等算法实现。从具体到抽象，体现思维的技能性。

（3）教学策略实施不当。

信息技术的课堂教学实施的策略有很多，以往已经形成的课堂教学方法并没有真正地将计算思维的核心内容融合进去。目前教师在上课的过程中又用力过猛，努力地强调计算思维是什么，学生也在非常认真地接受计算思维的定义，但效果并不理想。

计算机解决问题的过程

【分析】教学过程以项目学习的方式围绕计算思维的操作定义来设计是非常不错的（见图 5-15），但在实施过程中给学生先解释抽象、建模的定义，再来讲解怎么抽象、怎么建模，整个课堂过于刻意，学生容易进入究竟什么是数学建模的思维怪圈，反而使内容晦涩难懂，最后教学达不到预期效果。

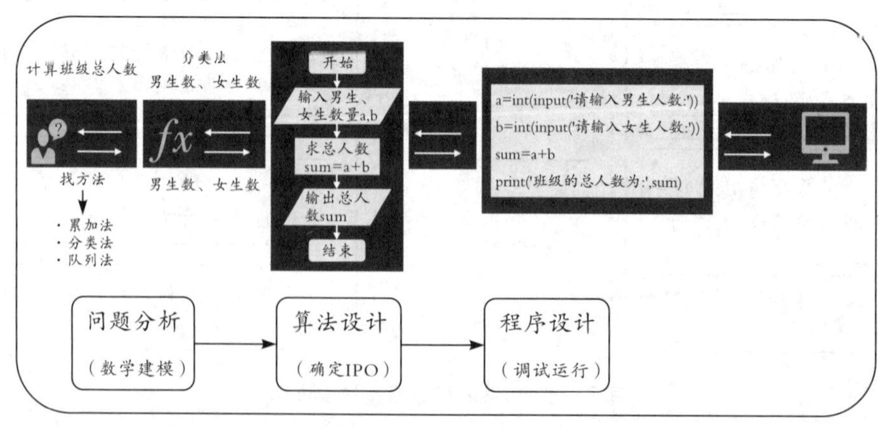

图 5-15 “计算机解决问题的过程”课件展示页

教学设计中围绕计算思维的教学环节是通过课堂教学策略来实现的，思维的培养是在有目的、有意识地解决问题的活动中逐渐形成的。教师实际上不用刻意去告诉学生计算思维是什么、计算思维的操作环节是怎样的，教学过程中以解决问题为目的，设置各种围绕内容和思维层面的问题来引导学生探索就是一种非常利于计算思维培养的方法。教师作为启发者和指导者，让学生能够自主学习与思考，主动参与研究探索，获得知识和技能，以达成思维培养的目标。①

（4）思维教育缺乏评价。

在实际教学的过程中，信息技术课堂评价一直做得不是很好。由于学科实施的各种局限性，课堂教学总像在赶进度，以至于测量和评价的实施就只是在下课前通过填写评价表来凑得教学环节的完整。围绕计算思维的教学评价该评什么，该怎么评就更加无从下手了。

长者智能之家：姿态识别

【分析】本节课教师不仅仅在教学的过程中观察课堂，发现闪光点，通过言语点评、学生展示来激励学生，同时利用 UMU 互动教学平台的强大问卷功能（见图 5-16）对各个教学环节中每一个学生的知识、技能和思维进行评测，弥补教学中容易忽视个体不足的缺陷。虽然只是几个问题或调查，但是只要问题设置合理，教师就可以随时通过反馈结果及时掌握所有学生的学习情况，进而调节教学环节的难易度和时间分配。在 UMU 中呈现的重点知识内容，也让学生可以根据自身的知识掌握情况来回顾和预习，尽量实现教学的公平性。这节课课堂评价在 UMU 平台的辅助下就做得非常的及时和合理，并且评价贯穿在围绕计算思维培养的整个教学过程中，真正促进教学相长，这也是一个教师计算思维能力的表现。

① 王荣良. 中小学计算思维教育实践［M］. 上海：上海科技教育出版社，2019：138.

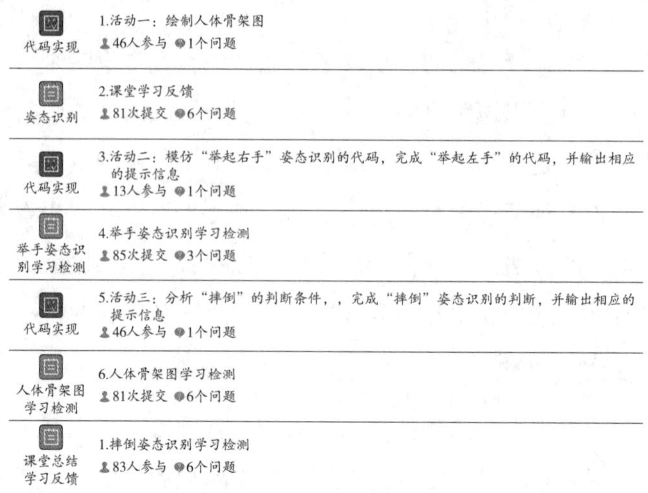

图 5-16　“长者智能之家：姿态识别”UMU 互动平台呈现

计算思维教育活动的评价应该贯穿整个课堂教学过程，采用多种评价方式在不同的教学环节对学生的能力进行评价。通过合理的评价反馈，教师才能不断反思改进，才能有效地促进计算思维的教学实践。在目前计算思维教育的摸索阶段，计算思维的评价实施难度还是比较大的，评价的指标、评价的平台、评价的方式都是需要研究和规范的。

（三）教师的计算思维能力标准解读

国际教育技术协会（ISTE）继 1993 年、1997 年、2000 年、2008 年、2017 年发布的五个不同版本的教师教育技术标准后，又于 2018 年发布了第六版《教育者计算思维能力标准》，在新的标准中指出教育工作者要将计算思维融入课堂，培养学生的问题解决能力和批判性思维，并帮助他们成为成功的计算机科学学生和计算思考者。① 这也是国际范围内第一个以计算思维命名的标准。

1. ISTE 不同阶段标准中教育者的角色变化

通过对比不同时期的教师教育技术标准，我们发现教育者的角色也随着标准的调整发生了非常大的改变。

在 2000 年以前，标准强调教育者的计算机操作技术。在教学中，教师作为

① 赵明. 提升中小学教师计算思维自我效能感的实证研究：基于 MIT 计算思维框架［D］. 西安：陕西师范大学，2020.

主导者，主要传授学生计算机基本操作与概念。2000 年及之后的标准则开始强调数字时代教育者的技术应用能力，在教学中强调的是技术服务于生活，体现的是能力的培养。随着时间的推移，标准引入了教师在信息时代的"学习者"的身份，强调教育者要将课堂还给学生，教师不仅仅是学习的设计者和领导者，更是作为学习的合作者来引导学生能力的发展。①

2018 年发布的《教育者计算思维能力标准》顺应了数字时代的发展需求，更侧重于计算思维能力培养，更加细化了教育者能力要求。标准中的教育者也不仅仅指向计算机科学教师，它适用于所有学科的教育者。

2. ISTE 教育者标准（2018 年）的核心内容解读

2018 年发布的 ISTE《教育者计算思维能力标准》结合教师专业发展与学科发展的双重视角，分别从计算思维（学习者）、教育公平（领导者）、围绕计算协作（协作者）、创新和设计（设计者）、整合计算思维（推动者）五个维度赋予教育者五种角色（见图 5-17），并通过二十一个指标详细界定了教育者应具备的计算思维能力。②

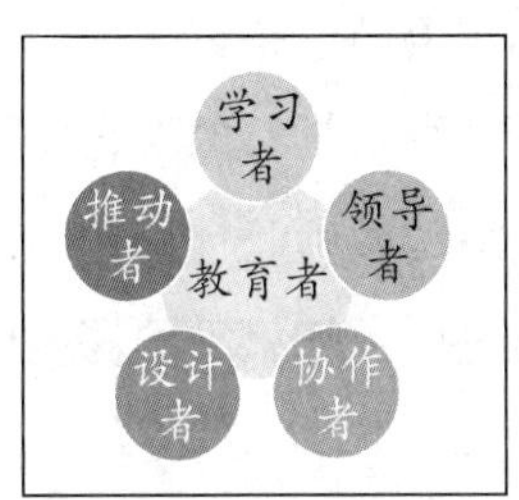

图 5-17　教育者能力标准组成图

（1）计算思维的学习者。

标准指出教师作为"学习者"要树立终身学习的理念，不断加深计算思维的概念理解和探索计算思维的教学实践策略，其从专业发展、计算思维应用、资源利用、学习动力和社会影响五个方面对教育者提出了具体的目标要求（见图 5-18）。

① 胡科，江凤娟，丁旭. 计算思维培养中教育者的角色分析：基于 2018 年 ISTE《教育者计算思维能力标准》的解读与启示［J］. 现代教育技术，2019，29（9）：40.

② 杨悦宁，沈伟. 像计算机科学家一样思考：教师的计算思维及其培养［J］. 上海教育，2021（29）：24-27.

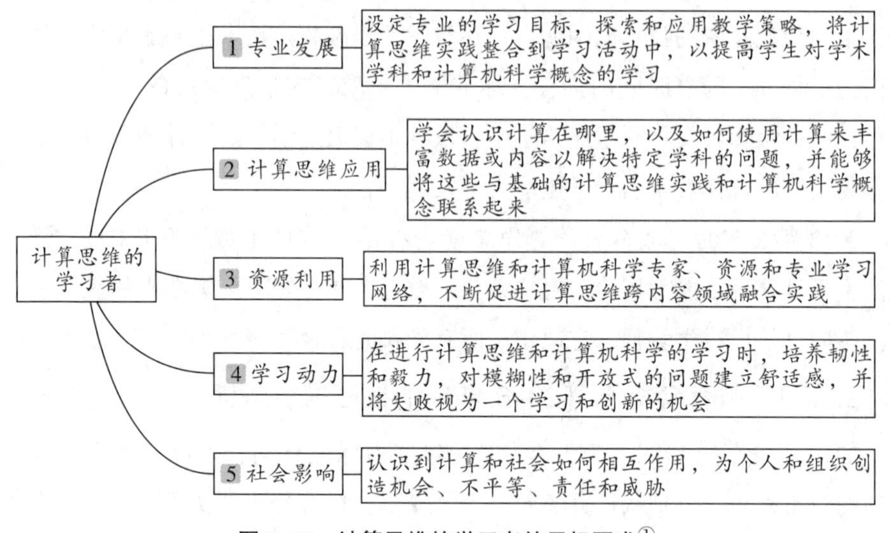

图 5-18　计算思维的学习者的目标要求①

综上，标准强调了教育者通过学习提高自身计算思维能力的重要性。具体的目标要求指出，教育者要明确自身专业学习目标，要认识到计算思维在数字化时代的重要性，能够充分合理利用资源，拓宽学习途径，积极探索多样化的教学策略，理论联系实际，做到计算思维跨学科的融合应用。这里的教育者不仅仅指的是信息技术教师，而是所有学科的教师。计算思维的学习也不仅仅指提升教育者自身的专业知识能力，还有通过对计算思维的深度认知去促进学科融合，做到教学相长。

（2）教育公平的领导者。

标准同样将教育公平视为教育者计算思维能力的重要指标之一，其不仅仅强调教师是"领导者"，更是"公平的领导者"。标准指出教育者是学习者的榜样，要充分了解学生，在进行计算思维培养的过程中要满足不同学生的学习需求，善于营造包容的课堂文化氛围，提供多样化与公平的计算环境，全面提升学生的自信心。标准围绕身份认同、计算伦理、文化包容、计算公平和计算思维影响五个方面提出了具体的目标要求（见图 5-19）。

① International Society for Technology in Education. ISTE standards for educators：computational thinking competencies［EB/OL］.（2018-01-15）. https：//www. iste. org/standards/computational- thinking.

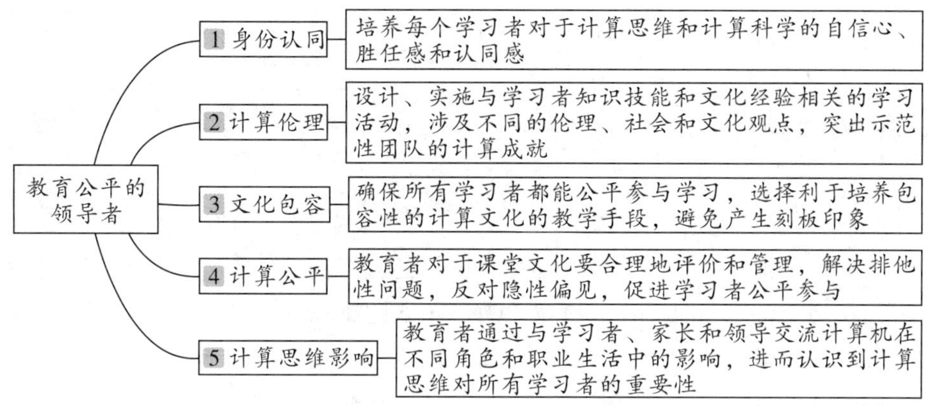

图 5-19　教育公平的领导者的目标要求①

综上，标准重点强调教育者在教学中通过营造公平的课堂文化氛围，积极主动地成为公平的领导者，建立学生的自我效能感和自信。教育者要倡导公平就得主动进行家校沟通，对学习者的知识技能和文化背景充分了解，课堂采用项目式学习方式，让学习者运用计算思维解决实际问题，培养他们对计算理念的认同。课堂要创建多层次的学习活动，结合每个学习者的特点，让他们公平参与，确保学生之间进行有效的互动分享，培养他们的计算自信。为实现公平的学习环境的创建，教育者要真心热爱每一个学习者，主动从道德、文化和社会的角度去全面考虑问题。教育者要具有敢为人先的领导意识，这样才能全面提升自身的计算思维能力。

（3）围绕计算的协作者。

标准强调展开围绕计算思维的有效协作以促进学习者的学习成效和教育者的能力提升，此角色标准从三个方面提出了具体的目标要求（见图 5-20）。

① International Society for Technology in Education. ISTE standards for educators：computational thinking competencies［EB/OL］.（2018-01-15）. https：//www. iste. org/standards/computa tional-thinking.

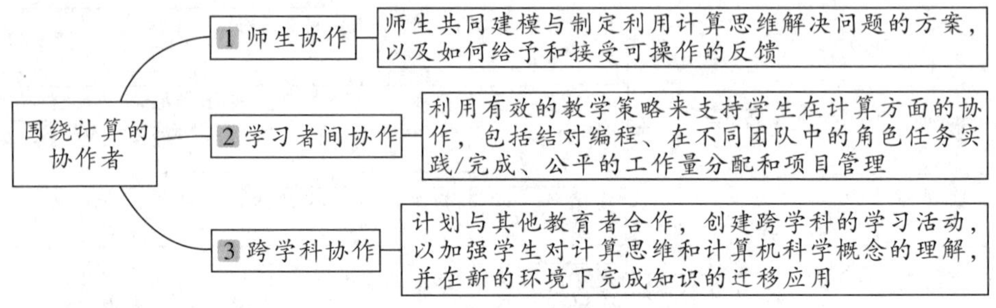

图 5-20　围绕计算的协作者的目标要求①

综上，标准强调教育者的“协作者”角色是围绕计算思维的协作来进行的，教育者应通过与学习者和同事协作，积极引导学习者间的协作来优化计算思维的学习体验，提高学习成效。

在新的教学理念和教学技术的支持下，教育者与学习者正以一种平等、合作的方式进行学习。教育者应利用当前便捷的信息共享技术与其他教育者积极展开协作，确定合理的教学情境，商讨有效的教学策略，设计丰富的教学活动，进而改善教学实践，确保课堂的计算解决方案真实可行。教育者要与学习者共同制订课堂计算解决方案，从问题的分解到问题解决方案的确定，教育者要积极对每个环节进行评估，给学生提供建设性的反馈，确保方案恰当可行。教师要鼓励学生协作学习，不要单兵作战，标准中提出的结对编程、项目式学习都是非常可行的协作策略。特别是结对编程这种同伴学习的策略需要教师及时协作团队的管理，这样才能使得计算概念更加牢固。

（4）创新与设计的设计者。

标准强调教育者应该积极设计具有创造性的、有意义的计算思维体验环境，激发学习者的学习兴趣，引导学生开发有个性的设计作品，培养与计算相关的技术与信心。此角色标准从跨学科设计、真实学习活动设计、多样化和人性化设计、学习环境设计四个方面提出了具体的目标要求（见图 5-21）。

① International Society for Technology in Education. ISTE standards for educators: computational thinking competencies［EB/OL］.（2018-01-15）. https://www.iste.org/standards/computational-thinking.

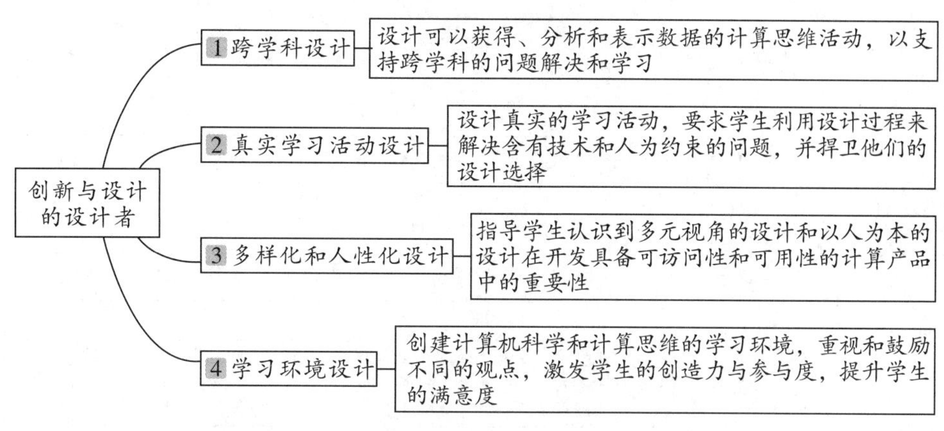

图 5-21 创新与设计的设计者的目标要求①

综上，标准强调教育者应积极创建有意义的计算学习环境，激发学习者的学习热情，建立计算自信，从而提升他们的计算思维能力。

“设计者”标准强调了教育者在自身计算思维能力提升的同时，要思考如何将其加以灵活的加工设计以转化到学生的计算思维提升学习过程中，其主要体现在课堂教学的情境、活动、任务的设计中。教师通过精心设计每一个环节，为学生提供活动管理框架，帮助学生进行自主探究学习，让学生能够将计算思维应用到真实的生活场景中，融合到其他学科的问题解决中，实践到开发实用性的计算产品中。整个过程强调以人为本，鼓励学生个性化表达，锻炼解决问题的能力。

（5）整合计算思维的推动者。

由于计算思维是一项基础技能，教育者作为“推动者”需要通过将计算思维实践整合到课堂中来促进学生学习，培养每个学生识别生活情境中应用计算思维的机会的能力。此角色标准从内容推动、项目推动、方法推动、评价推动四个方面提出了具体的目标要求（见图 5-22）。

① International Society for Technology in Education. ISTE standards for educators: computational thinking competencies［EB/OL］.（2018-01-15）. https://www.iste.org/standards/computational-thinking.

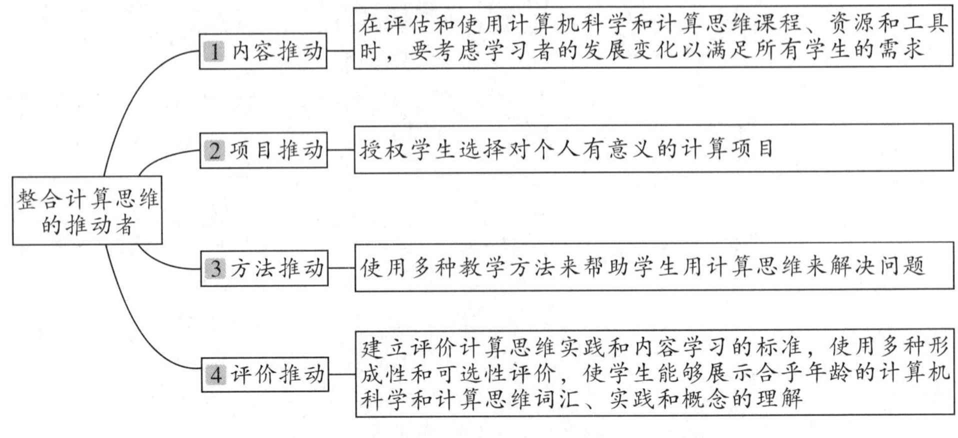

图 5-22　整合计算思维的推动者的目标要求①

综上，要培养学生运用计算思维解决实际问题，需要全体教育者都具备计算思维能力，成为整合计算思维的推动者。

教育者在课堂教学中要善于选择融合度高的教学内容，同时考虑学生的优势和多样性需求，并采用能使用计算或计算思维反映学生的经验或兴趣的项目，通过多种教学手段和评价体系展现学生的思维成果或作品。

3. ISTE 教育者标准（2018 年）对我国提升教师计算思维能力的启示

ISTE 教育者标准（2018 年）从教师专业发展和学科教学两个层面通过五个角色的定位对所有学科教师的计算思维能力和应用水平提出了具体的要求。我们国家的计算思维教育处于初级阶段，学科教师对计算思维的认知有限，信息技术课堂教学中落实计算思维教育培养也刚起步，我们非常有必要借鉴此标准，提升我国教师的计算思维能力，最终实现学生信息素养的提升。

（1）制订我国的教师计算思维能力标准。

当前信息技术课堂教师都在非常用心地进行计算思维教育，但是教师们实际上是很迷茫的。每个人在用自己的方式理解计算思维，教师自身都会质疑是否只是给以往的教学内容和方式加了个计算思维的漂亮外壳。这只是信息技术教师的情况，其他学科教师可能只是听说计算思维，在实际教学中更多的是利用计算机硬件和软件来达到辅助教学的目的。解决当前困局的关键就在于标准的制订。

---

① International Society for Technology in Education. ISTE standards for educators: computational thinking competencies [EB/OL]. (2018-01-15). https://www.iste.org/standards/computational-thinking.

通过对 ISTE 教育者标准（2018 年）的详细解读，我们国家也应该加速制订符合我国国情的教师计算思维能力标准和评测标准。有了标准，教师就有了努力的方向和具体的参照物，才能更好地提升自身的计算思维能力，才能有信心地培养学生的计算思维素养。

（2）全面提升教师的计算思维专业素养。

ISTE 教育者标准（2018 年）给我们最大的启示是计算思维能力的要求是所有学科教师都要达到的，而不仅仅是信息技术教师。现在我国关于信息技术教师的计算思维培训虽然不够完美，但是起码在逐步开展，然而其他学科教师对计算思维的认知就极度贫乏。如果我们要与国际接轨，我国的计算思维在职和职前教师培训课程就必须完善并形成体系。培训内容必须面对所有的教育者，向教师阐释计算思维的内涵与核心概念以及如何将其融入学科教学。

计算思维的培养不能局限在信息技术课程教学中，要真正做到计算思维融入学科教学是一条漫长且曲折的道路。

（3）完善计算思维培养的课程内容和案例开发。

ISTE 教育者标准（2018 年）中的教育者指的是所有学科教师，但是按照我国基础教育的实际情况，信息技术教师承担了绝大部分的计算思维培养任务。作为目前计算思维培养的“主战场”，信息技术教师们经常在为教什么、怎么教而困惑。每次培训专家提供的教学案例成了最实际的内容，不同的专家给出了各自的理解，当然观点也各不相同，一线信息技术教师的上课内容也五花八门。现在我国计算思维培养正处于探索阶段，在百花齐放、各抒己见中出现混乱是可以理解的。义务教育和高中阶段围绕计算思维培养的课程内容和具体案例应该与教师的计算思维能力标准同步推出，有了目标和执行参考，教育者的计算思维能力提升才不会走弯路。

（4）提高教师计算思维与学科融合能力。

计算思维是一种思维活动，贯穿于整个基础教育阶段，参照 ISTE 教育者标准（2018 年）中强调情景创设、活动设计、人文关怀，以及融合科学、技术、数学与工程的重要性，应将计算思维与常规课程整合，让学生在自身的认知体系中建立跨学科课程之间的联系，逐步培养学生利用计算思维解决问题的能力。

目前我国的基础教育在不断融入学科融合的观念，“如何在学科教学中融入计算思维”这一问题需要在标准的制订下推进学科教师和信息技术教师共同合作探讨，鼓励学生在不同的领域运用计算思维解决问题。于晓雅教授在信息技术课程融合研究中对目前信息技术课程的重组提供了参考，同时也对信息技术与其他学科融合课堂给出了非常好的案例参考，比如她提供的《用计算思维学语文：提供诗词鉴赏新视角》就在语文的学习中促进了计算思维的培养，这些都给我们提供了切实可行的实施参考。

(四)教师计算思维能力提升方法

教师具体该如何提升计算思维能力呢？从理论到实践是一个循序渐进的过程。教师应该增强自己对计算思维的理解，寻找创造性方法来教授学生运用计算思维的方式，为学生树立学习的榜样。结合教师计算思维培养过程与经验，具体可以从以下几个方面来全面提升教师的计算思维：

1. 加强教师的计算思维理论学习

要切实推进我国的计算思维教育，理论是实践的基础，不仅仅是信息技术教师，所有学科教师都需要进行计算思维理论的深入学习。各地市教研机构可以从计算思维的理解、计算思维的操作定义、计算思维的培养框架、计算思维与学科整合方法、计算思维的教学策略、计算思维的评价手段这几个方面入手，不断促进教师学习与反思，逐步达到对知识的理解目标。

2. 提升教师专业知识水平

教师的专业知识是计算思维培养的基石，特别是在计算思维培养的主战场“信息技术学科”。基础教育信息技术教师在扎实掌握计算机科学与技术的基础知识和核心算法的同时，也要紧跟信息时代发展的脚步，大数据和人工智能等技术与应用也要通过不断的学习才能被理解与应用。其他学科教师也是一样，只有过硬的专业知识才能将其与计算机科学进行融合去培养学生的计算思维能力。

3. 构建有效的计算思维教学资料库

计算思维教学的一个显著特点是多样性。不同学段的教学内容差异大，同学段也可能存在教学内容的差异，同样的教学内容也存在教学项目的差异，所以教师根据个人教学开展情况构建教学资源库尤为重要。根据教师实际开展计算思维教学的情况，构建满足开展教学活动的各类教学资源库，是实现计算思维培养的基础。当然资源库的建设也是一个循序渐进的过程，需要在平时的教学过程中逐步积累完善。

4. 开展教师的计算思维教学设计训练

计算思维的教学重点是培养学生独特的思维方法，所以教学设计需要开展针对性的设计活动，包括针对教学目标开展计算思维理论的分析，设计符合教学目标要求的教学项目，从计算思维的角度开展教学评价。

5. 促进区域教师的合作与交流

①跨学段的区域教研。开展跨学段的区域教研活动，可以支持教师掌握全学段学生计算思维能力培养的框架，针对性地实现本学段教学的目标，使得培养更加系统化。

②跨学科的区域教研。计算思维的培养是所有学科教师共同的任务，不同学科（特别是信息技术与其他学科）的融合能够加快教师计算思维能力提升的步伐。

③线上线下结合的区域教研。区域教师受时间和地域的影响，相较于本校教师间的合作和交流难度加大，应充分利用线上线下的模式，取长补短，有效支持区域教师计算思维能力的培养。

6. 教师计算思维能力提升的资源推荐

（1）书籍推荐（见表5-4）。

表5-4 书籍推荐表

计算思维理解		
《信息素养·计算思维》（熊璋、武迪）	《计算思维史话》（托尼·海依）	《计算思维的结构》（董荣胜）
《计算思维入门：像计算机科学家一样去思考》（欧岩亮、牛骄阳）	《计算思维的力量》（保罗·柯松、彼得·W.麦克欧文）	《计算思维导论：一种跨学科的方法》（李暾）
计算机科学知识		
《因计算机而强大》（西摩·佩珀特）	《大学计算机：计算与智能》（战德臣、张东生、王冬）	《计算思维：计算学科导论》（唐培和、徐奕奕）
《信息传：决定我们未来发展的方法论》（吴军）	—	—

（续上表）

算法理解		
《未来算法》（诸葛越）	《计算之魂》（吴军）	《神机妙算：一本关于算法的闲书》（顾森、蔡雪琴）
《算法设计与问题求解》（李清勇）	《算法之美》（布莱恩·克里斯汀、汤姆·格里菲思）	《算法漫步：乐在其中的计算思维》（陈道蓄、李晓明）
大数据与人工智能		
《计算思维与人工智能基础》（周勇）	《计算思维与大数据基础》（尹建新）	—
计算思维教学		
《中小学计算思维教育实践》（王荣良）	《数据与计算·课程设计》（熊璋、吴建锋）	《国际计算思维挑战赛试题集锦》（张进宝）
《中小学计算思维培养路径》（肖广德、郭伟）	《论计算思维及其教育》（唐培和、秦福利、唐新来）	《终身幼儿园》（米切尔·雷斯尼克）

（2）学习平台。

国家高等教育智慧教育平台（https://higher.smartedu.cn/）汇聚高等教育优秀的计算思维有关课程，汇聚多个开课平台的内容，对基础教育教师提高专业理论水平有巨大帮助。

科技学堂（https://www.sciclass.cn/）是由中国青少年科技教育工作者协会等联合搭建，面向全国科技辅导员的在线学习平台。有大量与计算思维有关的课程资源。

慕课网（https://www.imooc.com/）是针对计算机科学有关的技术和工具学习平台，可以提高教师的计算思维相关专业知识水平。

计算思维的培养和提升是一个循序渐进的过程，无论是老师还是学生，我们只有始终保持积极思考、坚持学习的态度，才能在学习、工作和生活中逐步养成利用计算思维来解决问题的习惯，提升个人的信息素养。

第六章　如何开发与设计跨学科主题教学发展计算思维

一、跨学科教学对发展计算思维的作用

计算思维与理论思维、实验思维并称为当今科学思维的三种基本模式，也是信息科技教育的研究热点。其作为跨学科的思维方法，是计算机科学与其他学科交叉结合的桥梁。从国际上的经验来看，可以通过多学科整合，将计算思维融入学生知识学习和问题解决过程，从而达到培养学生计算思维的目的。

（一）国内外发展计算思维的跨学科教学研究现状

国内外对发展计算思维的跨学科教学进行了一些研究，本书将收集、整合、汇总相关的研究内容。

1. 国内发展计算思维的跨学科研究现状

国内对跨学科计算思维的研究有以下两种形式：

（1）采用将计算思维与现有课程结合开设新课程的模式。

这种模式是将计算思维作为一种新的理解问题、解决问题的途径，其目标是借助计算思维加深对其他学科知识的理解。如北京大学李晓明教授在《跨学科计算思维教学的认识与实践浅谈》中，提到多学科交叉和计算思维的重要性。他认为多学科交叉是不同学科的思想在方法论层面的融合；计算，不仅是用计算机作为工具来提高解决问题的效率，更是计算思维在理解问题本身、寻求解决问题途

径中的作用。[①] 在李晓明教授开设的“网络、群体与市场”课程中，以网络为中心，以社会学和经济学中若干经典问题为背景，以应用数学和计算机科学的基本概念为语言，向学生展示了一种多学科交叉以及计算思维在社会科学中运用的广阔图景。

（2）在中小学信息科技课程或其他课程的跨学科模块中引入计算思维。

2022 年，教育部发布了《义务教育课程方案和课程标准(2022 年版)》（简称“新课程方案”）。与 2011 年课标相比，新课程方案优化了课程设置，将信息科技从综合实践活动课程中独立出来，从课程设置上体现出信息科技作为独立学科的地位。随着新课程方案一起发布的《义务教育信息科技课程标准（2022 年版)》（简称“新课标”），将计算思维、信息意识、数字化学习与创新、信息社会责任列为四大学科核心素养。从学科核心素养上来看，计算思维在信息科技课程中的重要作用是显而易见的。

那新课程方案如何开展培养计算思维的跨学科主题学习活动呢？通过对新课程方案的阅读，可以整理出以下几个关键点：

①在课程内容方面，与 2011 年课标相比，新课程方案优化了课程内容结构，设立跨学科主题学习活动，加强学科间相互关联，带动课程综合化实施，强化实践性要求。

②在基本原则方面，新课程方案将“加强课程综合，注重关联”作为五大基本原则之一，提出：“加强课程内容与学生经验、社会生活的联系，强化学科内知识整合，统筹设计综合课程和跨学科主题学习。加强综合课程建设，完善综合课程科目设置，注重培养学生在真实情境中综合运用知识解决问题的能力。开展跨学科主题教学，强化课程协同育人功能。”

③在课程标准编制方面，提出各门课程原则上用不少于 10%的课时设计跨学科主题学习。

④在课程实施方面，要求学校要统筹各门课程跨学科主题学习与综合实践活动安排。

由此可见，新课程方案对跨学科主题学习进行了明确指引。在此基础上，新课标提出，课程内容由内容模块和跨学科主题两部分组成。在信息科技新版课标来看，“六三”学制的四个学段的跨学科主题分别为：“数字设备体验”“数据编

① 李晓明. 跨学科计算思维教学的认识与实践浅谈［J］. 中国大学教学，2012（11）：4-5.

码探秘”“小型系统模拟”“互联智能设计”。

新课标通过在跨学科主题中促进计算思维的应用与提升，主要是让学生了解：数据（“用数据讲故事”模块）与编码（“用编码描述秩序”模块），可用于对现实生活的现象进行表示；算法（“游戏博弈中的策略”“解密玩具汉诺塔”模块），可用于表示游戏（问题）的规则、人的行动策略；模式识别，表现为发现数据规律（“在线数字气象站”模块）；人工智能（“人工智能预测出行”模块），可用于对生活中的数据（进而对大数据）进行分析与预测。

中国香港的计算思维课程

中国香港特别行政区在其教育界发起了 CoolThink 项目①，设立了专门的计算思维课程。该课程旨在启发莘莘学子在日常生活中的数码创意，以推动计算思维教育普及化为目标，从小培养学生主动运用科技造福人群的社会责任感。截至当前时间，全港 476 所小学中，已有 368 所参与到该项目之中。

项目组相信小学阶段是打好计算思维基础的关键时期，将计算思维分为概念、实践、视野三个维度，为香港学生量身定制了课程框架（见表 6-1）。

表 6-1 计算思维教育课程框架

维度	具体内容
计算思维「概念」：基础编程知识（Concepts）	<序列/>：识别在解决编程任务中的一系列有序步骤 <事件/>：一件事情导致另一件事情的发生 <条件/>：基于各种不同状况来作出决定 <运算子/>：支援数学及逻辑表达式的计算符号 <同步发生/>：让多于一件事情同时发生 <重复/>：反复多次执行相同序列的事件 <命名和变量/>：以有意义的名字来命名在程序中引用和计算的变量 <数据结构/>：数据存储、检索和更新的基本方式 <程序/>：创建一系列指令，从而把相关序列模块化和抽象化

① CoolThink 项目. 运算思维教育［EB/OL］. https://www.coolthink.hk/.

（续上表）

维度	具体内容
计算思维「实践」： 解决问题技巧 （Practices）	<测试及除错/>：确保事情能够运作以及找出并解决所出现的问题 <反复构思及渐进编程/>：进行一些发展，然后尝试将发展的事情再进一步发展 <重用及整合/>：基于现有的指令、方案或想法重复使用或重新组织，以便建造新的事情 <概念化及模块化/>：在整体和部分之间找出关联性 <算法思维/>：以明确的规则及步骤清楚表达问题的解决方法
计算思维「视野」： 身份与动机 （Perspectives）	<自我表达/>：以新媒体来创作和表达自己的想法 <提问与了解/>：懂得自发地运用科技发问及提出与科技有关的问题 <与生活联系/>：感激别人赏识自己的作品，以及希望别人与自己携手创作 <数码充权/>：感受到自己能够运用数码科技来应对身边的挑战 <运算身份认同/>：建立主动及正面地运用计算知识及技能处理个人及身边的人的生活事情的身份认同

香港教育大学及美国麻省理工学院携手为小学高年级学生编制为期三年，每学年 14 个课时的课程，另为每年级安排年终习作，务求学生能学以致用。课程大纲如表 6-2 所示，课外活动学习模块如表 6-3 所示。

表 6-2　课程大纲

级别 1 Scratch	级别 2 MIT App Inventor I 人工智能单元：语音计算机	级别 3 MIT App Inventor II 人工智能单元：表情配对
单元 8.1 创意计算 事件 | 序列 | 重复 界面环境	单元 8.1 是我呀！ 事件 界面环境	单元 8.1-8.2 香港旅游指南 地图、清单、TinyDB、荧幕、照相机
单元 8.2 跳舞猫 事件 | 序列 | 重复 音乐、造型换成下一个	单元 8.2 自创钢琴 App 命名 按钮、音乐播放器	
单元 8.3 以 Scratch 开发迷宫游戏 条件 键盘操控	单元 8.3 点唱机 App 条件 按钮、音乐播放器	单元 8.3 双按钮游戏 数据操作 CloudDB

（续上表）

<table>
<tr><th>级别 1 Scratch</th><th>级别 2 MIT App Inventor I
人工智能单元：语音计算机</th><th>级别 3 MIT App Inventor II
人工智能单元：表情配对</th></tr>
<tr><td>单元 8.4
用 Scratch 说笑话
同步发生
背景、广播讯息</td><td>单元 8.4
加法游戏
程序
画布、图像精灵</td><td rowspan="2">单元 8.4-8.5
寻「因」游戏
程序
模数</td></tr>
<tr><td>单元 8.5
用 Scratch 说故事
同步发生
背景 、广播讯息</td><td rowspan="2">单元 8.5-8.6
学生字 App
清单
二维码</td></tr>
<tr><td>单元 8.6
魔法变变变
事件、条件
视讯侦测</td><td rowspan="2">单元 8.6-8.7
你猜我画
数据操作
CloudDB、下拉式选单</td></tr>
<tr><td>单元 8.7
用 Scratch 创作
「计算艺术」程序
「画笔」扩充功能</td><td>单元 8.7
寻金 App
程序
画布、图像精灵、计时器、加速度传感器、对话框</td></tr>
<tr><td>Scratch 专题习作</td><td>MIT App Inventor 专题习作 I</td><td>MIT App Inventor 专题习作 II</td></tr>
</table>

表 6-3　课外活动学习模块

设计思维模块	课程	编程机器人模块	课程
Scratch	运用计算思维解决社区问题	mBot	编程机器人 我的自动巡逻车 遥控探险车 自动避障探险车 火星探险
MIT App Inventor	运用计算思维解决社区问题	micro：bit	micro：bit 简介 智能灯 无线通信
设计思维（专题习作）	—	mBot，micro：bit & MIT App Inventor	物联网：温室温度监测系统

2. 国外发展计算思维的跨学科研究现状

（1）美国的研究情况。

在美国，计算教育正迅速发展。截至2021年，美国36个州将计算教育确立为K-12教育的基本组成部分。纽约市一直处于领先地位，于2015年启动了面向全民的计算机科学项目（CS4ALL），投入8 100万美元，以确保纽约市内所有K-12学生在计算机科学和计算思维方面获得高质量的学习机会。五十个州都制定了一些促进计算机科学的政策，而K-12计算机科学框架（2016年）被应用到许多州的标准制订之中。

美国发展计算思维的跨学科研究主要体现在以下三个方面：

①改进计算机学科的教学框架。

美国于2016年10月正式发布新版的《K-12计算机科学框架》（*K-12 Computer Science Framework*）①。框架定义了计算机科学的七大核心实践（见表6-4）。

表6-4 《K-12计算机科学框架》七大核心实践

序号	实践名称
1	培养包容的计算机科学文化
2	围绕计算机科学开展合作
3	识别和定义计算问题
4	开发和使用抽象思维能力
5	创造计算作品
6	测试并完善作品
7	关于计算机科学的交流

七个核心实践描述了具有计算素养的学生所应有的行为和思维方式，而涉及跨学科与计算思维的内容主要集中在实践3“识别和定义计算问题”。

① Computer Science Teachers Association. K-12 computer science framework [EB/OL]. (2022-11-26). https://K-12cs.org.

实践 3 指出，在任意层次，学生应能识别可通过计算来解决的问题。举个例子，年龄较小的学生能够讨论电子邮件、移动电话等改变世界的技术。随着学生认知发展，他们能够通过提问来了解是否能采取计算的方式来解决一个问题或者问题的一部分。例如，在一个姓名排序算法前，学生能够提出如名字如何录入、以何种方式进行排序等问题。年龄较大的学生应能识别设计多种条件和约束的复杂问题。最终，学生能够识别跨学科的现实问题。

实践 3 还指出，在任意阶段，学生应能将问题分解成各组成部分。早期阶段，学生应注重分解简单问题。举个例子，在可视化编程环境，学生能够分解出画图形的步骤。随着学生认知发展，他们应将更大的问题拆分成可管理的、更小的问题。如年轻学生可想象一个多场景的动画，并独立地创建每个场景。学生还能够将程序分解成子过程：从用户处获取输入，处理数据，向用户显示结果。最终，随着学生面对的跨学科、跨社会体系的复杂现实世界问题逐渐增多，他们逐步能够将复杂问题分解成可管理的、可用程序解决的子问题。

可以看出，计算思维的培养与计算问题的识别和分解密不可分。在K-12阶段促使计算机科学与其他学科交叉融合，使用计算思维作为一种思维工具，将其他学科的问题转化为一个计算问题，不仅能揭示问题的本质，实现新的科学发现与技术创新，也能扩大学生参与计算思维学习的机会。

②制订教育工作者标准。

2018 年 10 月 9 日，美国国际教育技术协会（The International Society for Technology in Education，ISTE）发布了《教育者计算思维能力标准》（*ISTE Standards for Educators：Computational Thinking Competencies*）①，该标准首次将 ISTE 教育者标准、K-12 计算机科学框架和计算机科学教师协会学生标准联系起来。

《教育者计算思维能力标准》赋予了教育者五种角色。其中涉及跨学科的角色有两个——学习者和协作者。

学习者（计算思维的学习者）要求教师能够设定专业学习目标，探索和应用教学策略，将计算思维实践融入学习活动中，以增强学生对学科和计算机科学概念的学习；学习并感知计算机在何种领域采用何种手段对大数据进行分析处

① International Society for Technology in Education. ISTE announces new computational thinking standards for all educators [DB/OL]. (2019-12-06). https://www.iste.org/explore/Press-Releases/ISTE-Announces-NewComputational-Thinking-Standards-for-All-Educators.

理，以解决特定的学科问题，并将这些与计算思维实践和计算机科学的基础概念联系起来。

协作者（围绕计算的协作者）要具备与其他教育工作者合作规划、创建跨学科的学习活动的能力，加强学生对计算思维和计算机科学概念的理解，并将知识迁移应用到新的场景之中。

从《教育者计算思维能力标准》可以看出，教师创建跨学科的学习活动，并将计算思维实践融入学习活动中，让学生了解计算机如何通过数据分析处理以解决特定学科问题，有利于促进学生学科概念的学习，是培养学生计算思维并进行知识迁移的重要手段。这一标准要求教师要跳出以往单门学科的讲授者角色，转变为计算思维的学习者、领导者、围绕计算的协作者、设计师、整合计算思维的促进者，思考特定学科的交叉点来将计算思维融入课程。

③呼吁教育工作者将计算思维整合到学科之中。

2021 年 12 月，美国国家先进信息与数字技术研究中心“数字承诺”（Digital Promise）发布《面向包容世界的计算思维：教育者学习和引领资源》（*Computational Thinking for an Inclusive World：A Resource for Educators to Learn and Lead*）报告。[①]

报告呼吁所有教育工作者将计算思维整合到 K-12 教育的学科学习中，同时以包容性为中心，为学生提供必备的技能以适应技术不断发展的世界。

报告指出，为了覆盖所有学生特别是那些处于边缘化的学生，需要扩大学生参与计算思维的机会，而不仅仅是设立选修课程或拓展项目。当前，计算思维大多作为选修课程，而非正式课程。为此，该报告认为必须解决两个紧迫的需求，以扩大计算思维在 K12 阶段的学习机会：一是教师需要将计算思维整合到核心学科已有的学习主题中；二是教育主管部门开发的专门的培训系统需培养教师将计算思维融入教学的能力。

报告认为，将计算思维融入学科学习，不仅可以扩大计算思维学习机会，也有利于学科理解，可以深化学科学习。为了将计算思维融入学科学习，该报告提出了三个策略：一是利用学科学习和计算思维之间的协同效应；二是在较低年级培养学生计算思维能力；三是促进学生的能动性与目的性。

---

① MILLS K，COENRAAD M，RUIZ P，et al. Computational thinking for an inclusive world：a resource for educators to learn and lead［EB/OL］.（2021-12-01）. https://ctframework.edc.org/wp-content/uploads/2022/03/CT-for-an-Inclusive-World.pdf，2021-12.

Google 面向教育者的计算思维课程

美国谷歌公司也推出了“Google 面向教育者的计算思维课程”。

课程指出：“计算思维是计算机科学家的基本技能和思维方式。然而你可以将它应用在你所教授的学科领域或主题，甚至是任何学科领域或主题。并且，你可以在设计流程或算法以解决问题过程中，随时应用这些思维技巧。”计算思维在学科领域中的应用示例如表 6-5 所示。

表 6-5 计算思维在学科领域中的应用示例

计算思维概念	学科领域应用
把问题分解为若干部分或步骤	文学：从韵律、韵文、意象、结构、语气、措辞与含义方面来分析诗
识别并发现模式或趋势	经济：寻找国家经济增长和下降的循环模式
开发解决问题或任务步骤的指令	烹饪艺术：撰写供他人使用的菜谱
把模式和趋势归纳至规则、原理或见解中	数学：找出二阶多项式分解法则
	化学：找出化学键（类型）及（分子间）相互作用的规律

谷歌面向教育者的计算思维课程由五个单元组成，分别为计算思维简介、算法探究、模式发掘、算法开发和应用计算思维。项目中设计了十二个计算思维的课程案例（见表 6-6），帮助老师更好地开展计算思维课程。

表 6-6 “Google 面向教育者的计算思维课程”跨学科案例

案例所在单元	跨学科案例
算法探究	计算机科学：旅行
	人文学科：与时俱进的字词
	数学：元胞自动机
	科学：基因组学
模式发掘	计算机科学：数据压缩
	人文学科：音乐
	数学：小海龟几何
	科学：分类

（续上表）

案例所在单元	跨学科案例
算法开发	计算机科学：汉诺塔
	人文学科：聊天机器人
	数学：计算器
	科学：弹力球

（2）芬兰的研究情况。

芬兰非常重视编程教育。芬兰并不像其他国家一样将信息技术作为一门独立的学科来设置，而是将编程作为学生的基本技能（跟“听说读写”一样），融入其他学科。

芬兰以完全跨学科方式将编程教育融入中小学，数学和手工则是主要学科载体。以数学为例，国家课程标准规定了1~2年级能够初步了解和熟悉编程基础，能够理解与测试最简单的命令语句；3~6年级目标是引导学生在图形化编程环境中策划与编写程序；7~9年级目标是运用算法思维编写简单的计算机程序，学会自主编程，使用自己编写或教师提供的程序作为学习数学的工具；高中阶段的数学课程包括“数学中的算法”模块，目标在于强化算法思维，能够解释算法背后的原理，学会使用工具来评估算法等。

芬兰的中小学手工课秉承“做中学”的理念，3~6年级要求学生使用编程操控机器人或自动化产品；7~9年级教师在课程的实验探究环节，鼓励学生将编程练习与作品创作一同进行。芬兰中小学将计算思维与手工课结合，通过创意物化，加深对编程、手工的理解。

在体育课上，学生在音乐声中，重复拍手、踏步、跳跃等一系列的动作来了解计算机科学的“循环”概念。教师将动作编排成不同的组合，从而教会学生一整套的动作。

在艺术课上，学生通过织毛衣来感受计算机科学中“循环”的概念，在织毛衣时，根据条件，要改变针法。教师可以通过讲故事与实践动手相结合的方式，向学生传授计算机“序列”的概念。

在音乐课上，教师对学生进行分组，每组负责执行不同的指令：如拍纸盒、摇沙铃同时嘴巴发出“呼呼”声，敲木琴，拍手并哼唱。教师通过流程图的方式，在图中标注演奏顺序和每组加入的时机。表演开始后，学生根据图示完成一段合奏。学生还可以合作设计流程图，创造并完成新的表演。整个音乐表演被视为一段程序，小组表演被视为其中一个模块，模块被循环调用，使学生充分理解计数循环甚至嵌套循环的编程思想。

（3）其他研究情况。

波兰发展计算思维的跨学科研究，主要体现在其计算机科学课程上。[①] 小学阶段，1~3 年级将计算思维融入阅读、写作、绘画、游戏等活动；4~6 年级培养学生使用计算机来支持各学科的学习。中学阶段（7~9 年级）培养学生的算法、计算思维能力以及其他方面能力。高中阶段（10~12 年级）培养学生使用计算思维认识、理解和分析真实的生活问题。

英国发展计算思维的跨学科研究，主要为学生设立了计算课程，替代原来的 ICT 课程，将计算的概念融入更广泛的学科，培养学生利用计算科学术语分析问题、解决问题的能力。[②]

（二）跨学科教学对发展学生计算思维的作用

1. 促进问题解决能力

传统的计算机教育侧重于软件的应用学习，编程方面侧重于语法、变量、函数、程序控制结构等编程知识点讲解。在教学过程中，容易出现学生学会了使用各种软件、编程语言，但未能综合使用这些技能来解决实际问题的情况。

跨学科教学有利于促进学生在大脑中形成一个“问题处理的系统化程序”。学生无论遇到何种学科、何种复杂问题，都能够通过抽象思维、算法思维、调试、问题分解、模式识别、工具选择等计算思维技能，将复杂问题分解为若干个可管理的子问题，分析哪些子问题可以使用计算机来解决而哪些不可以；能够选择合适的工具对数据进行收集和预处理，借助抽象思维找出问题的关键点，摒弃非关键部分，从关键点中发现数据之间的规律和关系并进行数据建模；能够编写程序分步骤对数据进行自动化处理、数据呈现，最后通过调试发现程序问题并对程序进行完善。

---

① 张瑾，徐紫娟，朱珂，等. 国际视阈下跨学科整合计算思维的课程模式研究［J］. 现代教育技术，2022，32（12）：49-57.

② 郁晓华，肖敏，王美玲. 计算思维培养进行时：在 K-12 阶段的实践方法与评价［J］. 远程教育杂志，2018，36（2）：18-28.

在不同学科中重复运用计算思维的各项技能来解决问题，学生能够促进自身利用计算思维解决问题的能力，养成有条不紊的处事态度。

2. 提升信息数据处理能力

在传统的计算机编程课程中，学生在上课时使用的数据均由教师为教授特定算法而预先准备。在编程课上，若要计算某个班级的学生的平均分，数据大多由教师虚构，脱离实际，比如数据不存在缺考的情况，所以学生并不能知道现实中有缺考情况时，学校如何处理。

跨学科教学提倡学生在面对复杂的现实世界问题，能够主动运用计算思维，选择合适的计算机工具（如网络问卷、互联网）对学科信息（或大数据集）进行收集、整理，输出为可处理的电子文档（如 Excel），对数据中存在的问题（如缺考学生按平时成绩给个预估分，或给 0 分）进行预处理，选择合适的方式（如 Excel、编程）对数据进行统计、分析，最终将数据进行有效呈现并运用到问题的解决之中。

在不同学科中，学生能够运用计算机科学、计算思维的技能对数据进行采集、清洗、按现实需求处理，有利于提高学生信息数据处理能力。

3. 利于不同学科知识与技能整合

传统的计算机学科教学，是以知识、技能传授为导向的。学习新软件、新模块时，书上一般以新软件、新模块的内容各自设立主题来开展，由于主题之间没有交集，存在主题不连贯、内容割裂等问题，学生的学习体验往往不佳。

跨学科主题的教学，通过创设真实情境，将不同技术整合在同一主题下综合应用。如通过互联网应用（如在线问卷系统）来收集特定学科数据，导出数据文件（如 Excel 文件），再使用数据处理工具（Excel 里的数据筛选、函数，或 Python）进行处理，使用图表进行呈现，从而整合多项内容的学习，也有利于对学科数据进行收集、分析。

通过跨学科的真实场景，学生在学习中综合运用各类信息化工具，对学科数据进行分析呈现，逐步提高自身的综合能力，加速专业知识学习理解能力。

4. 利于发展计算思维能力

在计算机教学中，各项技能在学习完后，后面的教学内容基本不会再涉及此类技能。而知识、技能、计算思维方式在不经常调用的情况之下，必然会生疏，从而导致被遗忘。比如实验思维，是没有专门对应的学科去培养的，而是渗透在科学、物理、化学、生物等课程里面，通过观察和实验获取自然规律法则。计算思维同样作为一种跨学科的思维方式，需要通过融入学科教学，不断被运用从而达到发展学生计算思维能力的效果。

在国外，计算思维被融入各学科的教学，而不仅限于计算机课程，这有利于为学生创造更多的计算思维的学习机会。不同学科的教师，都采用计算机的术语（循环、分支等）、图示等，让学生从小开始不断接触计算思维，避免缺了计算机课程中的某节"计算思维课"，从而出现计算思维缺失的问题。

通过在不同学科、不同学段，采用计算思维进行教学，教师能够给学生创造更多的计算思维学习机会，有利于学生发展计算思维能力。

二、 发展计算思维的跨学科主题设计

（一）跨学科大概念梳理

1. 跨学科大概念的理解

（1）什么是大概念？

"大概念"这个词看似是教育界新兴的概念，事实上，许多学者在早期就阐述过有关大概念的观点。比如布鲁纳（Bruner J.）在其倡导的学科结构运动中就提出过大概念（Big Idea）思想，即认为"理解学科知识间相互联系的前提是让学生掌握学科知识的一般观念（General Idea）"①。

大概念的重要性早已受到学者们的关注，部分学者提出"大概念"是个体认知结构的重要支架，能使人们将零散的知识点进行联结，比如默里·怀特利（Whiteley M.）将其比喻为"建筑骨架"②，格兰特·威金斯（Wiggins G.）将其比作能够组装车轮等零部件的车辖③。

许多教师也意识到大概念的关键作用，可大概念到底是什么呢？教师在理解时容易受学科限制，认为大概念就是学科的重要概念组合。大概念确实指向的是学科核心概念与核心任务，但是大概念的提出就要求我们应从"大"的角度出

① 布鲁纳. 教育过程［M］. 邵瑞珍，译. 北京：文化教育出版社，1982：26-30.

② WHITELEY M. Big ideas：a close look at the australian history curriculum from a primary teacher's perspective［J］. Agra，2012，(1)：41-45.

③ 格兰特·威金斯，杰伊·麦克泰格. 追求理解的教学设计［M］. 闫寒冰，宋雪莲，赖平，译. 上海：华东师范大学出版社，2017：75，71-77.

发，也就是从宏观系统的视角来看大概念。大概念不是基础的重要概念组合，而是基础概念的上位核心概念，而这些基础概念便是一个个的“小概念”。从上层至下层来看，教育者可从大概念中剥离拆分出许多小概念，用以学生吸收与理解。从下层向上看，学生可从呈离散状的小概念中学习，将多个小概念逐个相连，直至形成系统的大概念用以提炼方法并解决实际问题。

（2）如何理解跨学科大概念？

“大概念”是“能够用于解释和预测较大范围自然现象的概念，处于交叉学科的水平”[①]。大概念要从宏观来看，便要从学生综合能力出发，打破学科壁垒切入更上位的视角，也就是在大概念被分化为小概念之前，需要先将其分化为学科大概念与跨学科大概念，而跨学科大概念则在学科大概念的上位，如图 6-1 所示。

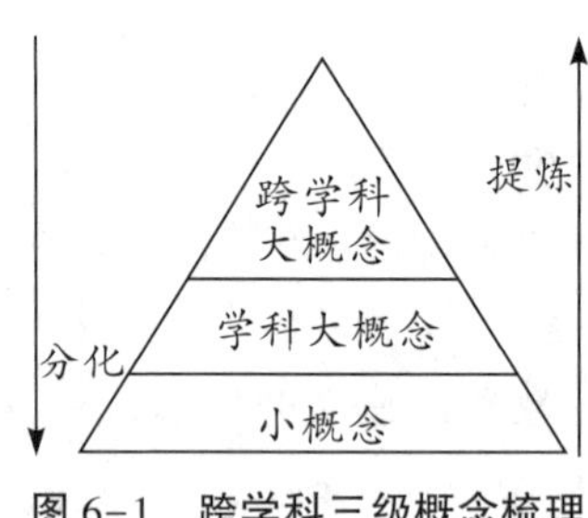

图 6-1　跨学科三级概念梳理

2. 跨学科大概念的提取

单一的学科概念难以用于解决综合类问题，为使学生形成综合性的大概念，需要运用跨学科知识与方法。那么，综合问题的设定决定其所涉及的跨学科大概念。总的来说，跨学科大概念的提取主要分为以下两步：

（1）情境化问题剥离。

综合问题的设定以真实的生活问题为主线，把问题情境化，在情境中将生活与知识相连接，也就是将学生生活实际所遇到的问题与学科的知识用情境进行包裹，从情境化的问题当中剥离出跨学科大概念。

（2）确定所跨学科。

跨学科大概念由情境问题剥离能够避免跨学科教学中“学科拼盘”现象，

① 哈伦. 科学教育的原则和大概念［M］. 韦珏，译. 北京：科学普及出版社，2011：18-21.

从而真正以解决问题为导向。从情境问题剥离出跨学科大概念后还需确定本次跨学科学习包含哪几门学科，为后续所跨学科的学科大概念确定其指向的上位跨学科大概念。

3. 跨学科大概念的整合

（1）学生基础能力分析。

学生学习是从多个小概念逐步横向取得联结，进而向上发展形成大概念，因此联结过程还需注重学生最近的发展区，否则可能导致联结不能顺利形成，致使小概念呈离散状态分布。因此，跨学科大概念的整合首先应重视学生已有认知经验和基本技能分析，保证学生是从已有认知基础上产生概念之间的联结。

（2）学科核心素养分析。

所跨学科既已确定，便可以学科核心素养为切入点，寻找两个学科所需落实的学科核心素养目标，并在此基础上深入分析列出交叉融合点，避免学科割裂情况出现。

（3）重难点小概念确定。

教学设计应自上而下来看，从跨学科大概念到学科大概念，接下来还需列出每一个解决综合问题的小概念。在教学过程中难以做到面面俱到，理应让教学有所侧重，重难点还需突出，需要确定：哪些是重点小概念，能够快速地联结周围小概念；哪些是难点小概念，只要突破掌握便可顺利联结周围小概念。这些重难点的小概念还需清晰列出。

（4）三级概念系统梳理。

通过前面三个步骤已然将解决综合问题的相关概念列出，按照图 6-2 系统梳理三级概念则可顺利梳理、设计后续步骤。

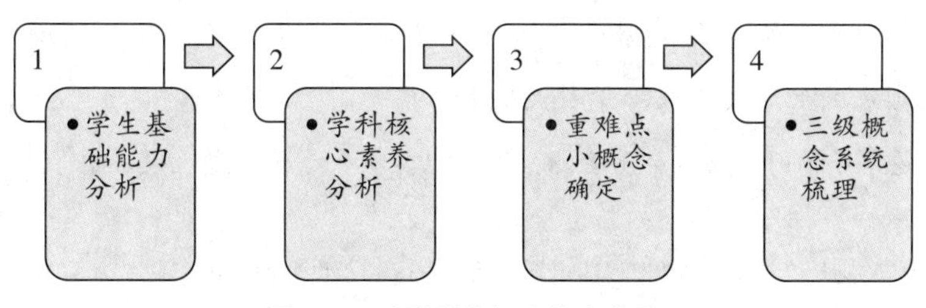

图 6-2　跨学科大概念整合步骤

别具“慧眼”：植物智能识别系统

在“别具‘慧眼’：植物智能识别系统”① 一课中，授课教师就是从学科核心素养与学科核心概念入手，逐步进行梳理的，如图6-3所示。

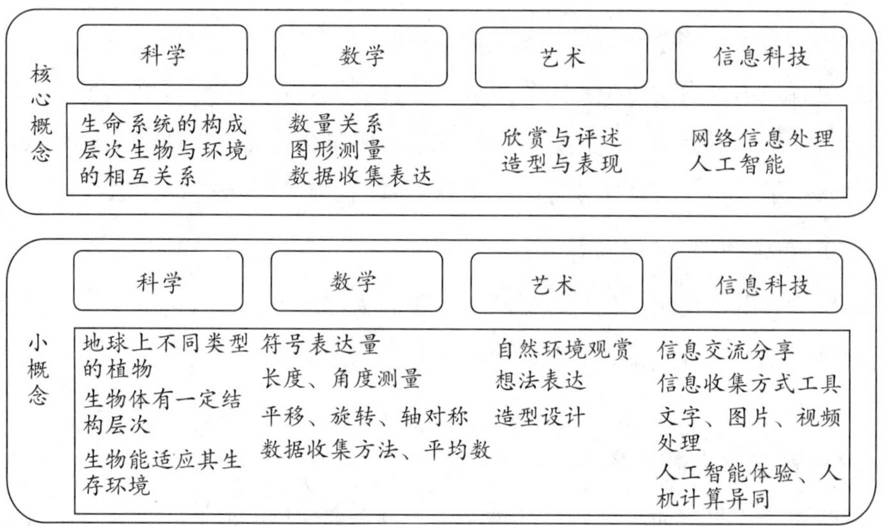

图6-3 “别具‘慧眼’：植物智能识别系统”大概念梳理图

【评析】案例所呈现的大概念提取完成了学科核心概念、小概念两级的概念梳理与提取，如果能再加入第一层跨学科大概念就会让三级概念更加完善。

探访“地球之肾”——湿地

詹泽慧老师等设计的跨学科主题学习案例“探访‘地球之肾’——湿地”②是以学科核心素养为导向，融合地理、道法、生物、信息科技、语文、数学等学科内容，梳理出一级学科大概念，通过交叉学科分析，生成了二级跨学科大概念，并在此基础上形成三级跨学科大概念。

该主题学习案例涉及多个子主题，下面以其中一个子主题：设计电子地图为例。

① 何敏怡. 别具“慧眼”：植物智能识别系统［C］//第七届STEM+创新教育学术交流研讨会，2022.

② 詹泽慧，季瑜，赖雨彤. 新课标导向下跨学科主题学习如何开展：基本思路与操作模型［J］. 现代远程教育研究，2023，35（1）：1-10.

【评析】该案例是综合探究项目，所涉及子主题较多，因此在呈现的三级概念梳理上是从学科大概念梳理出发，将跨学科大概念分为两个层级：一个是子主题所涉及的二级跨学科大概念，一个是多个项目综合指向的三级跨学科大概念（如图 6-4 所示）。因此，在实际操作中，教师可根据教学实际需求，增加大概念的层级。

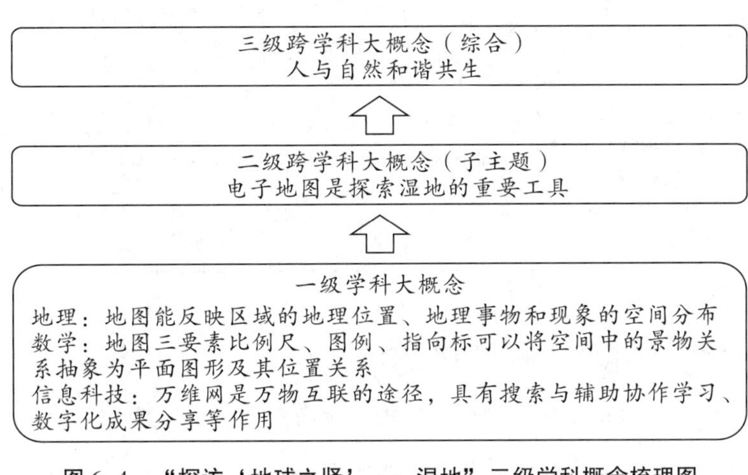

图 6-4 “探访‘地球之肾’——湿地”三级学科概念梳理图

4. 信息技术跨学科大概念梳理

（1）信息科技学科大概念分析。

大概念的提取主要依托于课标与教材。高中信息技术课标中主要提出四个学科大概念：数据、算法、信息系统、信息社会。教师可从定义、要素、关系（意义）三个维度深入分析四个大概念（见表 6-7）。①

表 6-7 信息科技学科大概念分析表

名称	定义	要素	关系（意义）
数据	是对客观事物的符号表示	数据类型、数据结构、数据价值	赋予具体情境后，数据成了有意义的信息。

① 费海明. 以小见大：大概念视野下的信息技术深度备课［J］. 中国信息技术教育，2021（16）：36-39.

（续上表）

名称	定义	要素	关系（意义）
算法	是可终止过程的、一组无歧义的、有可执行步骤的有序集合	正确性、可读性、健壮性、效率	数据结构+算法=程序，实现问题求解的自动化
信息系统	是由软、硬件设施，数据和用户构成的人机交互系统	输入、存储、处理控制、输出	信息系统在信息社会中无处不在，是推动信息社会发展的重要基础
信息社会	是创造、分配、使用、整合和处理信息及进行社会经济、政治和文化活动的社会形态	权利与责任、伦理与道德、法律与法规	信息社会既是人类文明的产物，也是文明进一步发展的基础

（2）联系实际情境，确定所跨学科。

随着核心素养与新课标的颁布与落地，学生解决实际问题能力的培养逐渐成为课堂的重点之一。而实际问题从何而来呢？这些问题通常都来自教师对教学内容的深入思考与再设计。一般来说，实际问题基本是从学生的生活实际中提炼得出。但生活中所面临的情境与问题都是较为复杂的，需要学生调用综合知识解决。

从信息技术学科的四个大概念来看，其在生活中的应用本质也是解决实际问题。因此，信息技术学科中所涉及的问题解决大多是需要学生将信息技术与其他学科相结合得出解决方案。根据情境的不同，教师就能够确定解决此类问题需要跨哪几门学科。

（3）架构大概念之间的联系。

为达到学科的深度融合，教师确定所跨学科之后，就应将两大学科的大概念进行深入分析，寻找融合点与上位的跨学科大概念，再将其细化为学生易于理解的多个小概念。

楼道照明系统

江苏无锡一中的张禄老师设计的“楼道照明系统”[①] 一课是从信息科技与通用技术的学科大概念出发，对课标与教材中的内容进行深度分析。课例通过分析确定选择信息科技中的大概念“信息系统”与通用技术大概念“控制”，在二者之间找到整合点——控制系统，将其作为跨学科大概念，统摄“信息系统”与“控制”。

在此基础上，教师又将跨学科大概念分解为多个下位概念：信息系统的功能、信息系统的工作过程、控制的方式、控制系统的分类。（见表 6-8）

表 6-8 “楼道照明系统”信息科技跨学科大概念梳理表

学科	学科大概念	跨学科大概念	下位概念
信息技术	信息系统	控制系统	信息系统的功能 信息系统的工作过程 控制的方式 控制系统的分类
通用技术	控制		

（二）学情深度分析

学生不仅是教学的对象，更是教学围绕的中心。学生本位的课堂一直是教师追求的目标，而学生本位的教学主要依托于有效的教学设计，有效的教学设计的逻辑起点也是学生学情分析。学生发展核心素养目标的提出既明确了课程与教学的基本内容和质量要求，也为学情分析指明了方向。而目前学情分析的实践样态对发展学生核心素养目标的回应尚存以下三点不足之处：一是外显表现关注多，核心素养关注少；二是基础认知素养关注多，高阶认知素养关注少；三是对学生实践能力关注不足。[②] 跨学科教学则对实践能力与高阶素养要求较高，因此为做好跨学科教学设计的深度分析，建议从以下三方面展开。

① 张禄. 基于大概念的高中技术课程整合性教学实践：以“楼道照明系统”单元设计为例［J］. 中小学信息技术教育，2022（7）：67-69.

② 马思腾，褚宏启. 基于学生核心素养发展的学情分析［J］. 现代教育管理，2019（5）：124-128.

1. 学生整体情况分析

教师需要以学生生理、心理特点为起始点，以学生在接受教育过程中时的各种表现为基础进行学生整体情况分析。对于学生的整体情况，教师可以从学生的思维方式（形象或抽象），合作态度，注意的深度、广度与持久度等多个方面去进行分析，了解学生在面对问题时有什么样的思考特征，从而对学生有一个整体性的把握，有助于开展下一步的教育工作，也能够从学生的薄弱之处和短板之处入手，以提高学生的整体效能。

2. 学生初始能力分析

学生初始能力分析需要针对学生在学习过程中的认知规律及认知基础进行深刻的分析，以学生学习的实际情况为切入点，了解学生在不同环境不同场景之下的成长与变化。全面分析学生的初始能力，能够让教师更加了解学生，从而走进学生的生活中，在思想上帮助学生在看待问题时更好地解决问题。在全面了解学生的基础上，才能够推动整体工作的开展，让整体工作拥有一个航向标和指南针。

防火控制系统

在“防火控制系统”一课①，教师为设计符合学生需求与知识能力的项目，从原有知识结构、生活及学习经历、智力因素、非智力因素四个方面结合本课教学内容作了深入细致的分析，如表 6-9 所示：

表 6-9　“防火控制系统”学生初始能力分析表

分析维度	具体内容
原有知识结构	学生能够熟练地运用基本的文字、图片、视频等处理软件，能够正确快速地从互联网上获取所需信息；掌握掌控板的基本使用方法，能够运用 mPython 软件编写程序，有算法编写的基础并且能够将掌控板与部分外部元件正确连接

① 侯珏，李炜玲，曾颖明. 基于 STEAM 理念的初中信息科技项目式教学设计：以“防火控制系统”为例［C］//广东教育学会 2022 年度学术讨论会暨第十八届广东省中小学校长论坛论文选（二），2022.

（续上表）

分析维度	具体内容
生活及学习经历	学校定期举办消防知识宣传活动，所以在一定程度上能够理解防火控制系统在日常生活中的必要性与实用性，同时对防火控制系统的启动逻辑有一定基础知识支撑；具有合作学习以及项目式学习的经验，能够将自己获取的信息以及想法表达给对方，尊重他人意见，具有团队协作的能力
智力因素	能够将注意力集中在所需学习的主题上，在合作过程中保持高效率的学习，不闲谈不嬉闹；具备基本的观察能力、分析能力、自学能力以及操作能力，针对一些问题能有独特的思考方式和与众不同的想象力与创造力；该阶段学生的观察力与思维能力都处于发展的关键期，可以运用一定的理论进行分析与论证
非智力因素	学生对消防领域的知识有着强烈的好奇，能够在用自己的力量为社会作出贡献后产生成就感；对于信息科技以及科学、技术、工程、艺术、数学等跨学科的兴趣开始呈现稳定与深化的倾向；该阶段学生有合作学习的经验但缺乏交往的能力，独立性倾向较强，需给予正确具体的引导

AI 专注力训练游戏机

在"AI 专注力训练游戏机"① 一课中，教师对学情分析如下：

整体情况分析：

①兴趣与好奇心。他们对开源硬件课程有很强的兴趣，他们乐于探索和钻研，喜欢分享和表达。

②自主学习和协作学习能力。兴趣班的学生有很强的自主学习能力和合作能力，能够根据任务需要自觉开展自主学习和协作学习。

③抽象思维。他们有分析问题、分解步骤、设计算法的能力。

初始能力分析：

①创客社团的学生，他们有一定的编程基础，会 Python、编程猫等，在假期已经不同程度地自学了 mixly 认证讲师的部分课程，并跟着课程内容，进行了相应的案例设计和制作。

②他们熟悉 CE 板和 AI 板的配置、mixgo CE 开发板及外接模块的应用、图

① 赵慧苹. AI 专注力训练游戏机［C］//第七届 STEM+创新教育学术交流研讨会，2022.

形化编程软件 mixly 的使用方法。

③知识的学习仅停留在单个独立的小案例设计，没有进行综合作品的制作，对 AI 板的使用比较陌生，不会 AI 板与 CE 板的通信。

3. 学生个体差异分析

不同学生在学习的过程中都存在着个体的差异性，这是由于每一个个体都有着不同于其他人的特征属性。教师在分析学生个体差异的过程中，要认识到每一个学生都有自己独立的思考和解决问题的方式，要学会包容学生的个体差异，要针对学生的个体差异帮助学生在实际成长的过程中做到扬长避短，从而了解学生的独特和优秀之处，为学生创设出一个合适的成长和发展的纲要。

（三）跨学科主题确定

在确定跨学科主题的过程中，要明确了解不同学科之间可能存在的联动点，寻找正确的联动点来推动不同学科之间的融合发展，让学生在学习某一类学科知识的过程中了解其他学科的素养。在确定跨学科的主题后，能够针对具体的内容进行分析，全面了解不同主题之间的联动因素，在具体确定的过程中可以做到以下几点：

1. 跨学科课程的关联性

跨学科所涉及的课程是有一定的关联性的，寻找到这种关联性，能够将跨学科这一目标推动得更加深入，让两种不同学科在融合发展的过程中带给学生别样的感受和深刻的体会。了解跨学科课程的关联性，有利于让广大的教师确定自己的跨学科主题，从而适应学生的成长、适应时代发展的需要，也适应当今时代现代化教育的要求和标准。

模拟磁悬浮列车高速运行的基本原理

黑龙江省哈尔滨市朝鲜族第一中学的朴华顺老师以中国高铁为背景，设计“互动式模拟实验装置”模拟呈现磁悬浮列车高速运行的基本原理。① 从项目的原理与实践操作两个角度出发，能够得出两大学科在此项目中的应用，即物理、

① 朴华顺．聚焦信息技术跨学科融合教学活动：以模拟磁悬浮列车高速运行的互动式实验装置为例［J］．成才之路，2022（23）：63-64.

信息技术。课例将物理定义、现象原理形象直观地展示出来，制作过程中将物理公式融入算法，装置端则是将机械能守恒定律、匀速直线运动融入其中，借助传感器获得时间，再计算平均速度。

2. 学科背景的联系

针对学科的背景进行深入了解的过程中，明确地认识到不同学科有着属于自己的文化背景和文化理念，在找到学科背景的关联时，就要准确地掌握学科核心素养间的联系，在此基础上提高学生的综合素质和个人素养，让学生在跨学科融合发展的过程中激发能动性，挖掘自我的潜力和潜能，也能够让学生更加有探索欲。深刻认识学科背景之间的联系，有助于推动学科之间的融合发展，让学生在学习的过程中能够从背景出发，从文化理念出发了解学科之间的中心知识点和核心特点。

模拟转盘“随机转”

江苏省无锡市玉祁高级中学高萍、袁寿根老师基于对信息技术计算思维与数学学科数学建模的深入理解得出计算思维需要数学建模的结论（具体内容如表6-10所示），设计“模拟转盘‘随机转’”效果课例。①

表 6-10 “模拟转盘‘随机转’”信息科技与数学学科关联表

问题描述	数学建模
指针初始位置为 0，单击“go”实现转盘随机转动	转盘由 8 个区域组成，转盘向右每转动一格，需要转动（360/8=45）度，要保证每个奖品区都能被随机抽到，转盘转动的格子数至少是 1~8 之间的随机数

“龟兔赛跑新编” 动画制作

广东省深圳市盐田区乐群实验小学郝毅老师的“‘龟兔赛跑新编’动画制

① 高萍，袁寿根. 计算思维视角下信息技术校本课程跨学科设计［J］. 中国信息技术教育，2021(22)：20-22.

作”一课中涉及语文、美术、音乐、信息技术四门学科知识，如表 6-11 所示。[①]

表 6-11 “‘龟兔赛跑新编’动画制作”跨学科知识表

科目	分工
语文	龟兔赛跑故事的童话赏析与新故事的创编、朗读与录音
美术	场景与人物制作
音乐	欣赏音乐，选择与动画匹配的、截取相应时间的音乐
信息技术	指导编写分镜头脚本，指导拍摄逐帧动画，插入音频，生成动画文件

郝毅老师强调跨学科学习发生的自然性，而这也源于其对各学科背景的深入了解与分析，才能做好不同单元模块的分工，从而培养学生形成完善的作品。

3. 真实情境的主题选择

在现代化教育发展的过程中，大多数的学科都是大单元教学。这些大单元大多是基于真实情境的，在编写教学设计的过程中，教育工作者可以在大单元的真实情境中，选择合适的主题，在对比分析的过程中全面提高自我能动性和创新性。在针对真实情境进行不同的主题选择时，能够凸显出每一个教育工作者独特的思考方向和特点，只有了解真实情境，才能够针对主要方向进行明确的理解和拓展。

用气体压强传感器测空气中氧气含量变化

在“用气体压强传感器测空气中氧气含量变化”[②]一课中，以“密闭空间用大量暖热贴取暖差点窒息”的新闻为切入点，基于生活的真实情境，提出问题：如何测量封闭空间中空气氧气含量及其变化？化学老师和信息技术老师合作开展实验教学，学生根据设计连接实验仪器，编写气体压强传感器的程序，记录和处理实验数据。

① 郝毅. 基于跨学科学习方式下的小学信息技术教学设计［J］. 小学教学研究，2021（36）：22-23.

② 周莉萍，吴泽铭，莫柯开. 信息技术与化学跨学科协同教学的案例设计：以“用气体压强传感器测空气中氧气含量变化”为例［J］. 中小学数字化教学，2019，16（4）：49-52.

（四）跨学科目标制订

制订跨学科目标时，要明确了解实施跨学科方法理念的核心观点，要遵循新课改理念的指导，在双减政策的发展之下，全面制订跨学科融合的措施。在制订好目标的基础之上去提高整体的发展方向，从细节出发，全面提高教育的质量和教育的水平，在进行跨学科目标制订的过程中，可以从以下几方面进行：

1. 落实学科核心素养

跨学科素养的特点使得它不可能离开学科素养而单独存在。[①] 在现代化教育发展的过程中，落实学科核心素养本身是非常重要的。教师只有针对学科核心素养进行深刻的探索和分析，才能明确了解到在推动学生成长的过程中，多个学科核心素养如何融入教学才能激发学生的自主能动性和自我创新性，让学生能够在接受教育的过程中培养自己的综合素质和核心素养。一个学科的核心素养代表的不仅仅是这个学科的教育能力，更是这个学科在发展过程中能够将学生培养为哪些主要方向的人。在结合学生的综合素质进行分析的过程中，明确认识到全面落实学科的核心素养精神是非常重要的，核心素养的教学能够帮助学生在接受教育时，了解更多，探索更多，全面培养终身学习的品质与素养。

AQI 数据分析

程序设计实例“AQI 数据分析”[②] 中，教师从信息技术学科核心素养计算思维角度出发，让学生通过动手实践理解如何用计算思维解决实际问题。本课的学科核心素养目标如表 6-12 所示。

① 夏雪梅. 跨学科素养与儿童学习：真实情境中的建构［J］. 上海教育科研，2017（1）：5-9，13.

② 边萌. 借力 STEM 跨学科融合课程，探析多视角下的学科核心素养：以信息技术学科视角的实例剖析［J］. 中国信息技术教育，2020（10）：35-38.

表 6-12 “AQI 数据分析”学科核心素养目标

计算思维	地理知识
①趣味故事《农夫过河》步骤设计，将问题抽象化 ②分解、细化，统计学校整体订饭人数，分解年级，分解汉族人、回族人，掌握抽象特征，运用合理的算法解决问题——怎样统计学校每天中午的订饭人数 ③通过数据分析、计算，利用统计图表表示 AQI 指数	明确空气质量的好坏与空气中所含污染物的数量多少有关，可以用空气质量指数 AQI 来表示

2. 体现学科融合性

教育现代化发展的过程中，不同学科有着无数的发展机会和趋势。学科教育在发展的过程中不仅要保持自身的特点，同时要迎合新时代对人才提出的目标与要求，实现跨学科的融合发展。在推动教育发展的过程中，要让课堂走出传统的教育模式，要以解决现实问题为目的，将多学科进行深度融合，培养学生综合能力。在进行跨学科融合的过程中，首先要学会调动学生的自主能动性，让学生参与到课堂和其他学科融合的过程中来，集思广益，让学生在创新中学习，在创新中发展，把创新投入课堂的学习中来改变学生的传统思想，让他们认为课堂还能有更多新的学习方法，不仅能够学到单个学科知识，还能够学到其他的文化课知识，在学习的过程中提高自己的个人价值，提高自己的综合能力和个人修养，让自己在课堂的学习中能够做到创新掌握细节，从实处入手，成为一个很好的推动者和践行者。

编程猫再造古诗文

在“编程猫再造古诗文”[①] 一课中，教师根据两个学科核心素养的分析，寻找到教学目标的融合点，建构了大单元的目标体系，如图 6-5 所示：

① 孙驰曦，王慧敏，华敏敏. 新课标信息技术与学科融合新探索：以“编程猫再造古诗文”为例［C］//广东教育学会 2022 年度学术讨论会暨第十八届广东省中小学校长论坛论文选（二），2022.

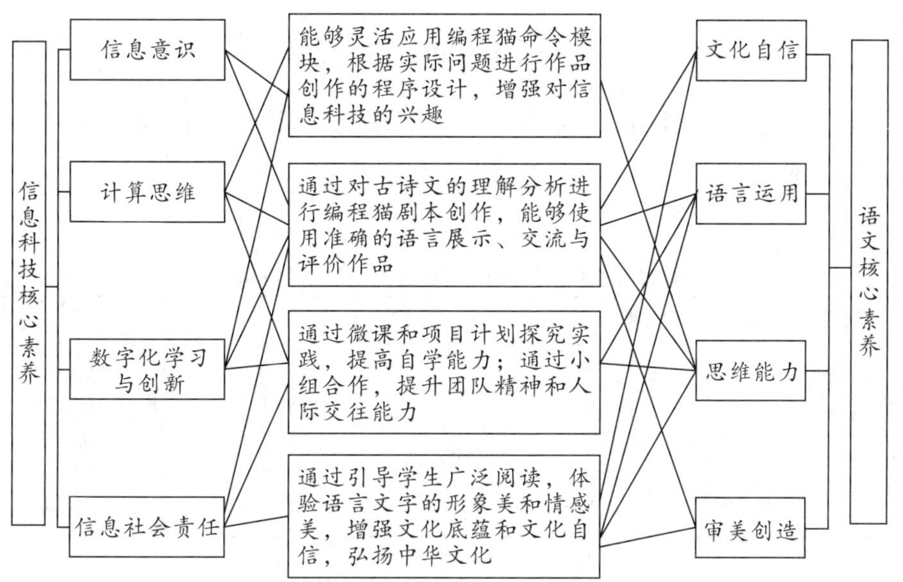

图 6-5　“编程猫再造古诗文”跨学科核心素养目标建构图

（五）跨学科项目规划

在具体规划学科项目的过程中，需要针对学科的特点进行深刻的分析和讨论，需要将不同的内容进行联系和整合，将主题相同或相似的内容，进行横向和纵向的对比，共同容纳到教育的模块中去，全面推动跨学科项目的发展，将学科的明显特征作出合理的安排。统筹规划制订措施的过程中需要做到以下几点：

1. 罗列关键知识点

在罗列关键知识点的过程中，要认识到学生对于不同的知识点是有着不同的理解能力和感悟能力的，为方便学生在众多知识点中寻找到关键的内容和难点内容，需要广大的教育工作者将关键的知识点通过不同的方式呈现出来，如通过思维导图、树状图等方式，让学生通过可视化、图示等方法进行自我学习，培养逻辑思维能力，在看图、画图的过程中做好知识点的储备工作。只有罗列好关键的知识点，才能够针对这些知识点进行规划和整理，在后续整理的过程中更有方向性，更有针对性。

学科知识清单

“First App-hello 小黄人”① 一课内容对多学科知识进行整合，形成基于STEAM 理念的跨学科知识清单，如表 6-13 所示：

表 6-13 “First App-hello 小黄人”跨学科知识清单

科学	技术	工程	美术	数学
计算机科学：属性、事件、方法；物理：手机震动原理	多媒体技术：素材获取、处理；传感器技术：加速度传感器；软件技术：编程	体验软件开发这一系统工程：利用思维规划方案、设计流程图等	色彩搭配技巧、排版规律、素材搭配设计；音效的选择；高效地与同伴、教师进行沟通交流等	毫秒数

2. 项目内容拆解

针对项目内容进行拆解的过程中，也需要深刻理解跨学科项目的整体规划，明确整体目标，制订相对应的措施和战略。在项目内容拆解的过程中，要将每一个大的步骤分为细枝末节，从这些细枝末节出发，寻找到解决问题的方法论，用正确的思想状态去看待项目内容、看待问题，最终解决问题，这样就能够做到从一个整体分解内容，从分解的内容进行设计，最终实现跨学科发展的目标。

项目内容分解表

“First App-hello 小黄人”一课经过教师分解设计，将项目内容拆分为 2 个子项目，如表 6-14 所示：

① 陈久东，王玉龙. 跨学科创新视角下初中信息技术课程教学设计：以“First App-hello 小黄人”为例 [J]. 软件导刊（教育技术），2019，18（10）：79-82.

表 6-14 “First App-hello 小黄人”项目内容分解表

课程名称	学习内容	课时
文静小黄人	①App Inventor 文化知识 ②App Inventor 的开发环境：设计视图、编程视图、测试设备 ③设计组件：标签、按钮、音效组件的使用 ④利用 App Inventor 开发 App	1
灵动小黄人	①命名、界面布局的基本规则 ②设置屏幕及组件的属性，调用组件 ③为组件添加行为：使用按钮、声音和加速度传感器组件 ④App 的测试、保存、打包分享和安装	1

3. 项目规划安排

进行项目规划的过程中需要制订好大纲，依据大纲和总体的思路去进行教育教学，帮助学生在融合学习的过程中快速提高。做好项目的整体安排和规划，针对后续细节进行思考和探索，有利于跨学科项目的总体完善。在进行具体的学科融合时，需要根据学科的不同特点，做好融合创新。在进行项目规划的过程中，要针对项目推动过程中可能存在的问题进行深刻的思考和分析，发现项目在全面发展过程中的缺陷与不足，从根源处出发，寻找对策，解决问题。

编程猫再造古诗文

“编程猫再造古诗文”一课在设计规划过程中，将课时、时间线、参与者、关键事件、教师与学生的具体任务作了详细的计划安排。课例中团队时间线分为：项目启动阶段、剧本创作阶段、动画制作阶段、作品总评阶段。此外，教师还罗列出关键事件，如课前准备、学生团队组建、选题交流会、剧本设计、剧本初稿评价与优化、动画制作、成果汇报等，并将每一项关键事件中教师与学生的主要任务提炼出来。总体来看，这是十分详尽且可执行性很强的项目规划安排。

（六）跨学科教学评价

学科在融合发展的过程中，能够提高学生的综合素质和个人素养，与此同时教师要注重对跨学科教学的评价工作。跨学科教学评价是非常有难度的，但是如果能够寻找到学科之间的特征以及不同学科之间的联动点，就能够多方位地评价学生的学习效果。通过跨学科教学评价量表让学生进行自我评价或相互评价，有利于让学生在接触跨学科内容的过程中产生更多的兴趣，能够自主地融入学科结合的行列中来，也能够成为推动者和奠基者。进行跨学科教学评价的过程中，需要针对跨学科任务的发展进行剖析和了解，跨学科任务在全面推动实行的过程中是否符合教育的观点，是否符合时代发展的观点，是否能够依据学生身心发展的规律去进行统一的安排。这些问题都是摆在广大教育工作者面前的亟待思考和解决的问题。在全面了解跨学科发展的真实情况之后，也需要针对跨学科的发展进行科学的教学评价。

1. 跨学科学习能力

推动跨学科融合发展以来学习能力已经成为一项金标准。考察跨学科学习能力，剖析其中的科学精髓和核心观点。在进行评价的过程中，要将跨学科的学习能力作为最主要的一个方向，要认识到学习能力是打开教育之门的一把钥匙。学生在学习的过程中具备一定的跨学科学习能力，当遇到一个问题时，能够独立思考和独立地解决，并且能够通过多种手段去了解问题的本质，能够做到具体问题具体分析，以不同学科的观点去看待问题，这些学习能力将能够帮助学生在现代化教育发展的过程中获得良好的素质和修养，这对于学生的全面成长是非常重要的。

2. 综合问题解决能力

综合问题解决能力是学生在面对复杂问题时运用不同学科的方法论和技能解决综合问题的能力。学生在不断成长的过程中，要具备独立思考、独立判断事物的能力，在探索世界和解决问题的过程中，要找准主要矛盾，并找准主要矛盾的主要方面，从各种不同的环节和角度去考量自我的成长与变化。学生在提高自己解决综合问题的能力时要明确地了解自己存在的不足。学生如果能够具备解决综合问题的能力，有举一反三的能力，在遇到事情时能够及时作出反应，并且给予答案，这样的状态在教学评价中是容易得到好评的。全面推动教学评价的过程中，教育工作者要明确认识到学生的能力问题和素质问题，这是反映学生学习过程中基本状态的要点。

3. 自我成长与反思

在进行教学评价的过程中，学生的自我成长与反思也是最重要的一个条目。教学评价是根据实际的教学开展的，教师在考查学生自我成长和反思的过程中，需要针对学生在接受教育或者课堂中的表现进行深刻的思考，挖掘学生身上的长处，了解学生在学习过程中有哪些进步，有哪些计划，有哪些成长。未来在针对学生的不同特点进行教学评价和反思的过程中，需要了解学生学习的实际状态，从学生的实际情况出发，推动学生的全面成长。

三、 发展计算思维的跨学科教学活动设计

（一）真实情境设计

1. 真实情境在跨学科教学中的重要性

真实情境的创设是有效落实核心素养、开展跨学科教学的关键。[①] 跨学科教学意在打破学科壁垒，培养学生综合调用多学科领域知识与思维方法解决实际问题的能力。那么，实际问题从何而来呢？我们的生产、生活中存在大量的需求，这也就衍生出了与之相应的问题。也就是说，实际问题是从生产、生活中所面临的真实情境而来。

一般情况下，真实情境中产生的实际问题都具有综合性、复杂性的特征，需要人们综合调用多学科领域知识与思维方法解决这些实际问题，而这也就回落到了跨学科的意义所在。

因此，教师需要在教学的起始部分下点功夫，也就是说，教师要在教学设计中常见的“情境导入”部分尽量创设真实有效的情境。这样才能触及跨学科教学的核心——解决实际问题，为跨学科教学活动做好铺垫。

2. 真实情境的主题类型

真实情境在跨学科教学中起到关键作用，那么真实情境该如何设计呢？真实情境源自于生产、生活，大致可分为以下几类：

---

① 蒋少卿. 基于跨界课堂真实情境的学生跨学科素养分级评价［J］. 中学教学参考，2021（10）：1-5.

（1）时事热点。

时事热点是指当今国际、社会发生的引起广泛热议的事件或话题。此类情境在教学中的运用还要注意正面引导，可以从如何信息化地还原场景、更好地解决问题入手，既可以充分发挥学生解决问题的能力，又能够加强学生的社会责任感。

（2）职业角色。

职业角色是指在生产、生活中从事相应职业活动的人，比如警察、教师、公司职员等。职业角色类问题既能很好地帮助学生从学习知识过渡到利用知识解决实际复杂的问题，达到发展思维的目的，又能很好地将学校和社会建立有效的连接。这一类情境需选择在职场中会面对的问题，让学生通过小组合作调动知识结构解决问题。

网页智能排名问题中的计算思维

武迪等老师的“网页智能排名问题中的计算思维”① 一课给学生设定了互联网企业团队成员的角色，学生需要攻克网页技术难题——如何给网页进行排名。其间，学生从艺术作品入手理解抽象，再以图论为交叉点建立数学抽象模型，然后使用算法设计逐步解决问题。在本节课中，攻克难题的角色扮演让问题更具挑战性，让学生有更加强烈的挑战欲望，学生须从综合视角出发，吸收、调用综合知识才能解决问题，过程中也体现着学生计算思维的发展。

（3）古今对比。

古今对比是指将历史中解决问题的方法与现代技术解决的方法进行对比分析，学习古人智慧的同时，尝试使用信息化的表达方式再现历史场景或使用算法优化古人重复计算的部分。比如，制作历史动画片、快速解决经典数学问题等。

---

① 武迪，白冰，袁中果. AI+STEAM 跨学科课程教学的设计框架与实施方法：以“网页智能排名问题中的计算思维”一课为例［J］. 中国信息技术教育，2022（18）：60-63.

利用图形化编程解决数学问题

江苏天一实验学校安般福老师设计的“利用图形化编程解决数学问题”一课中，以圆周率π值的由来作为切入点，引出古人解决这一问题的方法，再引导学生探索如何借助信息技术计算这一问题。学生须先熟知求解的数学公式，才能更好地借助算法解决问题。但是有了数学基础，学生学习相应编程模块后就能快速使用算法解决问题，并感受到程序算法的便利性。

(4) 自然现象。

自然现象是指自然界发生的有规律的变化，包括物理、化学、生物等现象，例如生态系统、力的平衡等。这一类情境的创设可以是使用技术手段解释自然现象或解决这些现象所带来的问题。这一类情境可以让学生打开发现的眼睛，在环境中寻找问题，深入体会人与自然的关系，甚至解决生活中由自然现象带来的困扰。

智能去雾

“智能去雾”① 一课中，学生需要聚焦生活中“雾”这一天气现象，思考“雾”引起了哪些问题？如何解决可见度低的问题呢？学生在课堂上逐步找到研究对象——图像，再利用 Python 对图像进行各通道的分解，通过大量数据统计深入学习去雾算法。

(5) 新兴技术。

新兴技术是指新一代的科学技术及其应用，比如新能源、新材料、新技术的应用等。这一类新兴技术情境的运用可以引发学生对未来社会的思考，在学生实践过程中将他们的想法变为现实。这些情境能够让学生更好地创想未来、拥抱未来，对现有的技术提出自己的改进思路，以便他们真正走向未来时能够创造更美好的社会。

---

① 武迪，张思，袁中果. 以“智能去雾问题”为例的计算思维教学研究［J］. 中小学信息技术教育，2021（Z1）：102-105.

设计制作无人驾驶汽车

“设计制作无人驾驶汽车”① 一课中，课程融入了无人驾驶技术，从生活中的智能车使学生进入情境，提出智能车的车体该如何设计并实现智能控制的问题。学生在学习过程中需要小组合作，历经知识探究的过程，教师通过拆解任务，包括选出稳定性最好的形状、实验测试智能车的车体组合方式、软件图形建模、3D 打印组装等，逐步渗透数学、美术、技术等多学科知识。

（二）问题串设计

1. 确定核心问题

问题串，顾名思义，就是把问题组合在一起。那每节课教师会提出许多问题，把这些问题整理就能组成问题串了吗？答案当然是否定的。这源于我们对“问题”一词的理解，在教学过程中会产生很多类型的问题，比如回顾的问题、探究的问题等。教师提出的每一个问题都是具有导向性的，是指引学生学习、思考、探究方向的，也就是说问题的有效性也一定程度上决定着学生的学习效率。因此，教师在课前一般都会在教学设计中列出主要的问题。而里面真正需要学生通过新知探究解决的主要问题就组成了问题串，而这些问题是由 1~2 个大的核心问题引发，进而根据核心问题引出多个子问题，且这些子问题是有一定的逻辑顺序的。子问题的解决对核心问题解决有基础知识积淀作用，核心问题也能随之顺利解决。

发展计算思维的跨学科教学既然强调培养学生解决实际问题的能力，那么这个实际问题便是核心问题。在前述情境创设中所提及的案例，在情境引入后都能提炼出确定的核心问题。

2. 递进式问题拆解

学生需要解决的核心实际问题确定后就会衍生出许多子问题，该如何拆解这些子问题使其形成有逻辑、有递进的问题呢？递进式问题的拆解可以从解决核心问题所需要的知识技能层面展开，也可以从前序问题展开。

① 李克东，李颖. STEM 教育跨学科学习活动 5EX 设计模型［J］. 电化教育研究，2019，40（4）：5-13.

也就是说，递进式问题拆解仍然要基于前期深入的学情分析，学生的初始知识能力、解决问题能力就决定着递进式问题的难度与数量以及解决这些问题所需的时间。

文学作品中的人物影响力计算

人大附中的武迪老师在“文学作品中的人物影响力计算”① 一课中将主要问题设计为：

①如何抽象概括人物及人物关系？

②如何建模人物重要性？

③如何设计并表示算法？

三个问题已经具有很强的逻辑性，但武老师为方便学生逐步进入问题分析过程，在向学生提问时，又进一步对问题进行了拆解：

①引入问题：如何运用计算方法分析文学作品？

A. 谁是三国最有影响力的人物？

B. 三国共有多少人物？（学生提出用计算机解决问题）

C. 教师进一步提出：如何运用计算方法分析文学作品？

②分析如何抽象概括人物及人物关系？（使用在线工具设计人物关系图）

A. 分析影响力还需要考虑哪些因素？（学生想到：人物关系）

B. 如何从文中提取人物关系？

③如何建模人物重要性？

A. 如何量化表示人物影响力？（设定影响力总和不变，每个人的影响力平均分配给他所指向的其他人）

B. 举例：刘备的影响力来自谁？

C. 与刘备相关联的 3 个人又分别指向谁？

D. 刘备的影响力 R 值是多少？

④如何设计并表示算法？

A. 影响力 R 值需要使用迭代计算，那么计算第 L 轮需要用到 $L-1$ 轮，那么

① 武迪. 文学作品中的人物影响力计算：运用计算思维解决问题［EB/OL］. 2022 年高中信息技术优质课展示交流活动.（2023-2-25）. https: //jua.xet.tech/s/4eegVt.

第一轮如何计算呢？（引出初始值、迭代的更新规则、终止条件）

B. 如何将算法表示为流程图？

C. 如何用 Python 编程方法实现自动化计算？

3. 问题串精确阐述

为了让学生精准地理解教师意图，走在正确的教学节奏当中，教学中的问题一定是要经过精细打磨的。跨学科教学涉及综合知识学习、问题解决，过程中产生的问题与方向较多。因此，跨学科教学更加需要教师将问题清单罗列清楚，认真研究每一个问题的表述方式，让学生精准理解问题意图。

问题串的精确表述要做到：一是语言要精确，要言简意赅，不要使用过于烦琐的词汇使问题过长；二是逻辑要精确，问题前后之间要有逻辑关系，子问题的提出应全部指向解决核心问题；三是环节要精确，每一个子问题分别是在哪个环节提出都要作出前期的规划。

AI 专注力训练游戏机

在“AI 专注力训练游戏机”① 一课中问题串表述如下：

核心问题：参考舒尔特方格训练法，你能制作出什么好玩的游戏？

【探究过程】

子问题 1：如何实现语音控制屏幕？

子问题 2：颜色如何自动切换？

子问题 3：如何实现计数功能？

子问题 4：如何实现倒计时功能？

【展示迭代】

子问题 1：如何增加训练难度关卡？

子问题 2：如何实现难度选择？

子问题 3：我们还可以制作什么作品？

---

① 赵慧苹. AI 专注力训练游戏机［C］//第七届 STEM+创新教育学术交流研讨会，2022.

（三）任务分解设计

1. 整体性任务确定

问题确定后，就要进行学生探究任务的设计，也就是学生需要通过完成什么样的任务才能解决相应的问题。问题串中包含核心问题与子问题，课堂中需要有一个整体性任务和其他子任务分别解决核心问题和子问题，所有的任务就组合成了任务群。整体性任务确定后，其他子任务都是围绕整体性任务进行拆解、完善的。

2. 设计分解任务群

任务群的分解决定着学生接下来需要完成的课堂活动有哪些，因此，任务群的分解须明确、有难度梯度，学生能够在做任务的过程中逐步分析问题、解决问题。

体验车道线的识别

在“体验车道线的识别”① 一课中，教师将任务设定为：

①整体性任务：

完成智能车自动驾驶车道线识别功能。

②分解任务群：

任务 1：小车在小地图模块能够稳定识别三种状况。

任务 2：小车在大地图上能够完成直线行驶。

任务 3：小车在大地图上能够完整行驶一圈。

（四）活动链设计

1. 围绕问题串而展开

跨学科教学的主要目的就是培养学生综合调用知识解决实际问题的能力，因此问题串一直是教学的核心，所有任务与活动设计都是围绕问题串展开。活动链

① 李铮. 体验车道线的识别［C］//第七届 STEM+创新教育学术交流研讨会，2022.

设计要在任务的基础上进行完善，教师要融入丰富的课堂活动，激发学生实践完成任务的兴趣从而解决实际问题。

2. 关注计算思维的形成

既然是发展计算思维的跨学科教学，因此计算思维是内核，活动链的设计要关注学生计算思维的形成。教师可参照新课标中对计算思维各年级的水平要求，在活动链的各个活动中融入计算思维的目标。

3. 跨学科综合活动实现

活动链的设计可根据不同的问题、任务灵活设计教学活动。但跨学科教学不能将各个活动割裂开来，比如一堂课先完成数学的知识学习再完成信息的技能教学，这样仅仅是在时间、空间上把两个学科放在一起来学习，其实还是没有实际融合的特征。因此，跨学科教学与其他教学最大的不同，就是有综合活动的实现，在这个综合活动中，学生需要调用不同的学科知识。那么，这就要求教师在设计活动链时考虑活动所涉及的知识综合性。

智能午休床的设计和制作

在“智能午休床的设计和制作”① 一课中，围绕核心问题“如何在教室里给自己设计一款方便收纳、安全舒适的午休床”，其任务群与活动链设计如下：

【任务群】

任务1：观察、调研，设计采访、收集信息；参与团建活动，以同理心明晰设计要求。

任务2：基于报告提炼信息方法；分析支架使用，定义问题；认识“折叠床”结构及原理，并参与“试睡”情境体验。

任务3：使用支架剖析驱动性问题；选出最优方案，绘制图纸；通过中期汇报，多角度审视作品，形成与修订阶段成果。

任务4：知识准备和技能准备；选择材料动手制作午休床模型，验证设计的可行性；修正和完善。

任务5：通过产品性能测试，验证设计有效性；解决测试过程中出现的问

① 徐德亮. 午休床的设计和制作［C］//第七届 STEM+创新教育学术交流研讨会，2022.

题，对产品进行改进、优化，确定终极成果。

任务6：小组互评、作品展示，经验分享和总结评价。

【活动链】

①共情体验，感知项目。

小组实地考察午休情况，查找临时午休床的资料，学生通过头脑风暴提出迭代建议，写出想法，比如防烦扰、轻便的智能午休床。

②梳理分析，探究项目。

学生通过试睡，展开全方位调查，找到午休床设计的初步定位，提出核心问题。

③创意构思，制订方案。

学生从用户、产品、环境三个方面进行设计分析，从实践故事开始了解。小组成员用摄像设备拍摄调查视频，分析现象、原因、用户兴趣，对材料、结构进行分析，再进一步制订计划。

④制作模型，操作实践。

按照计划根据所选的材料、结构进行模型的制造，小组合作完成作品。

⑤测试模型，优化迭代。

通过组内多轮的测试实践，不断优化小组作品。

⑥发布产品，评价反思。

开设产品推介会，评价总结，互相学习。

四、发展计算思维的跨学科教学实施建议

（一）组建跨学科教学合作教师团队

1. 合作教学的价值

跨学科团队合作教学具有超越单科教学的优势和价值，主要体现在：

（1）提高教师课程开发能力。

设计跨学科学习主题，教师不仅要统合学科课程的目标、内容、实施过程和评价，使之成为一套完整的课程，还要找到其与计算思维之间的融合点，实现知识的跨学科迁移应用。而不同学科教师在分析本学科核心素养落地目标时对该学

科有自己独特的专业判断。因此，不同专业知识背景的教师彼此合作，才能更好地完成跨学科课程的教学。跨学科合作团队的形成也有利于帮助教师打破单个学科教学的惯性，开拓课程视野，促进计算思维的融入，更好地适应基于核心素养的课程改革。

(2) 实现思维的碰撞。

不同学科的教师在专业背景、知识结构、思维方式、认识风格等方面存在差异。教师与教师之间通过对所教授内容的研讨，可以互相启发、互相补充，实现思维的碰撞，进而实现教学观念的转变，使之变得更加科学和完善，从而更好地完成教学目标。跨学科教师共同备课、共同教学也有利于不同学科思维在课堂上共同作用于同一主题，有助于培养学生调用跨学科知识解决问题的综合能力。

(3) 有利于学生合作精神的培养。

教师对学生的影响不仅体现在知识方面，更体现在个性品质方面。教师的合作性，直接影响到学生合作精神的培养。而学生能够从教师合作的过程中逐步学习，今后在面对综合性较强的问题时，学会与他人合作，共同创造，顺利实现作品的产出。

2. 合作教学模式的探索

通过以信息技术或计算思维、跨学科、教学模式等为关键字进行搜索，经研究分析，当前比较热门的研究方向主要有：面向计算思维培养的 STEM 工程设计教学模式①、合作教学模式。

面向计算思维培养的 STEM 工程设计教学模式

华中师范大学周平红等在《面向计算思维培养的 STEM 工程设计教学模式及应用》中提出在 STEM 工程设计教学中培养学生的计算思维，以及面向计算思维培养的 STEM 工程设计教学模式。该教学模式以计算思维、STEM 相关学科内容知识以及教学法三者的整合为核心，通过工程设计（E）将科学（S）、技术（T）与数学（M）整合在一起，让学生在真实情境中不断地探索、学习“需要知道的”和“需要做的”，解决挑战性任务。

① 周平红，牛钰琨，王康，等. 面向计算思维培养的 STEM 工程设计教学模式及应用［J］. 现代远程教育研究，2022，34（1）：104-112.

合作教学模式

无论是STEM教育或是计算思维融入其他学科，单凭一位教师的力量将难以实施，宜组建跨学科团队实施。跨学科团队可采用合作教学模式来实施。

①合作教学模式的定义。

关于合作教学，本文选引美国华盛顿大学教授夏普林博士的定义："一种教学组织性的形式，包括教职员和他们所担任教学的儿童或学生，在两个人乃至更多教师的合作之下，负责担任同一群组学生的全部教学安排或其主要部分。"

②合作教学中组建跨学科教学团队的优越性。

相对于传统的计算机教师开展跨学科主题教学，组建多学科教师构成的跨学科教学团队，有着突出的优越性：教师合作的专业性、合作教学的互补性、教学反馈的及时性。

教师合作的专业性是指教师在合作教学中体现出的专业特征。在教学过程中，每位教师都有自己的专长。对于跨学科主题教学，计算机教师能够更好地利用好信息化工具、采用计算思维，做好数据的采集、处理。而其他学科教师可从学科角度对数据进行分析、归纳、总结。教学过程中，教师将自己专业的部分充分施展，分工合作，针对共同的问题，表达不同的专业观点，生成多种解决方案。

受到跨学科主题影响，教师在教学中难免会遇到困难，如学科教师的计算机能力不足，无法操作适合学科数据展示的应用软件或编程工具。计算机教师在上课过程中经常运用其他学科知识，但未能系统化、专业化地讲授等。合作教学中的教师不再是独自授课，而是发挥各自独特的学科能力以及个人所长，把教师资源做到充分有效地利用，真正做到互补其短，更好地完成教学任务。

教学反馈的及时性能协调教学中的两名教师的共同教学过程，由于单个老师的授课时长变短，教师能在一定程度上有更多时间来关注学生的学习情况，同时也能更容易地捕捉到学生的反馈，及时地进行调整。合作教师在对方教学的过程中，从不同的角度观察学生，方便合作教师在课后对课堂教学的过程进行更加全面的总结。

③合作教学的工作模式。

在发展计算思维的跨学科主题教学中，计算机学科教师和学科教师可采取轮流主导，或计算机学科为主、其他学科为辅的模式。合作教师需要默契地配合，活跃课堂气氛，从而发挥合作教学的最大优势。合作教师对课堂教学内容和设置共同设计、规划、反馈和评估，且在共同设计教学和课程的过程中，合作教师作为合作教学组的成员对学生在课堂的教学和指导负有相对平衡的责任和义务，避免出现教师定位模糊、不能在教学过程中保持注意力、无法发挥专业特长等问题。

对 STEM 教育和合作教学进行应用与研究，有利于跨学科主题教学的有效实施，达到计算思维培养的目的。

3. 合作教学环境

学校是教师合作教学的主阵地，其教学环境受到国家、省、市政策的大环境，以及学校内部的小环境的影响。跨学科主题教学也已掀起全球环境下的教育改革浪潮。国内环境从过去小范围的研究与尝试，到教育部颁布《义务教育课程方案和课程标准（2022 年版）》提到的“原则上，各门课程用不少于 10%的课时设计跨学科主题学习”，跨学科主题学习已俨然成为国内教育改革的重心。各地市的教研团队也尝试性地开展跨学科、跨学校的合作。在学校层面，要实施跨学科主题学习活动，必然要加强不同学科教师间的相互交流。学校环境是教师进行合作教学直接接触的环境，对教师的影响也很大。因此，学校需要为教师建设一个和谐、支持的环境，如跨学科课时的安排、工作量的计算、集体备课、计算机教室配置与调度等。

4. 合作教学团队的构建和形成

通过对一些案例的分析与研究，合作教学团队的构建采取的方式有：自下而上、自上而下两种方式。自下而上的方式：较常见的为信息科技或其他学科教师申请信息科技与学科融合的课题，课题组成员由信息科技与其他学科老师为主的跨学科团队组成。该形式下，教师团队的形成主要以课题为机制，以团队成员的兴趣为中心，能够迅速地、让不同学科教师自发地组成团队。此外，课题也容易得到上级部门与学校领导的支持。自上而下的方式：教学团队的形成过程会比较复杂和漫长，一般是在国家、地区性政策、特色化学校建设项目中逐步形成。该形式下，学校会采取一些激励性的机制，鼓励学校教师积极参与，比如采取比赛方式，给予奖励等。

在构建合作教学团队时常采取以下几种方式：

（1）慎重选择团队成员。

在组建团队之前，要考虑以下问题：①是否有一位经验丰富的团队领导；②团队成员是否具有合作精神和良好的倾听技巧、沟通技巧，是否具有积极解决问题的态度；③是否具有丰富的学科知识和教学技能，能够打破固有的教学方式；④所组建的团队可能会遇到哪些困难，是否有能力解决，能否引入外部支持等。

（2）注重团队建设。

例如，明确共同的团队目标，树立共同的教育理念，建立团队成员之间良好的合作关系，重视团队成员在合作教学的过程中能够得到可预见的成长等。

（3）形成有效的合作和交流机制。

团队需定期组织示范课、听评课活动以及内部培训分享会等。鼓励团队成员在具有共同目标的基础上进行有价值的交流，自由表达出自己的疑惑和建议。在不断地交流中，团队将形成新的观点和想法，并通过知识共享的方式，解决教学中的疑惑，从而使团队形成一个自由、宽松的合作氛围，在不断地提出问题、分析问题和解决问题的过程中推动团队的长久发展。

5. 合作教学成员角色的形成

教师团队一般由核心领导者、合作教师、指引者等角色组成。

核心领导者一般为课题负责人或项目负责人，作为团队的负责人，负责把握研究前进的方向与节奏，以及团队成员的分工。另外，核心领导者要协调好成员之间的沟通，加强成员之间的合作，提高合作的效率。在研究过程中，还要想办法解决碰到的问题和困难。

合作教师一般为计算机学科和其他学科老师，作为团队的成员角色，根据团队分工，完成如课程的设计与实施、技术支持等工作。学科教师需具有丰富的教学经验，能够在团队讨论中发现哪些方法能够转化成实际的教学，并将结果付诸实现。

指引者一般为学校领导和教育局人员，作为团队的支撑角色，负责在团队遇到凭借自身难以突破的困难时，引入全校性、区域政策性的，或外部的力量以帮助团队解决问题。

6. 合作教学团队合作和交流

跨学科合作教学团队构建完成后，团队成员要分任务、分方向进行研究。同时，团队必须通过一定的合作机制，促进成员之间进行交流互动，把各方向上的力量汇聚到一起，最终朝团队目标前进。

经研究，团队平时交流的主要方式有举办培训、定期会议、共同备课、教学实施、听课评课。

首先，要重视团队成员的培训。从芬兰编程教育与学科融合的成功经验可以看出，对教师来说，将计算思维与学科教学整合的能力十分重要。团队中需要计算机专业教师对其他学科教师开展计算思维与学科教学整合方面的培训，引导教师挖掘出能够与计算思维结合的学科内容，从而有意识地在学科教学活动中融入计算思维，逐渐提升计算思维与学科教学整合的能力。

其次，在发展计算思维的跨学科主题教学中，共同备课显得尤为重要。由于涉及两个不同的学科，合作教学往往需要在一起共同备课，梳理学科的核心素养、知识点，找出结合点，再进行教学设计。可采取由整个团队合作，针对特定年级、特定学科，设计出完整的跨学科单元教学的方式。教师也可以积极采用“不插电”等方式，采取在不同学科中，将问题分解、找关键点（抽象）、找规律（模式识别）、图示法（如用流程图表示算法）、编程术语（如循环、条件判断）融入日常教学活动之中，利用卡片、纸、游戏动作等非电子化工具进行教学和游戏，实现计算思维渗透。

再次，要重视合作教学。合作教学的实践不仅有利于将跨学科主题课程设计带到课堂上，还促进了教师将教学实践反哺到教学设计中。经过不断的实施、反思、磨课，计算机教师与学科教师能发现各自在课堂中的角色定位，从而进行有效的分工与合作，也能够促进教师的自我反思与互相评价。

最后，重视示范课听评课活动。听评课活动不仅能够促进课程的实施，还能够使授课教师与其他团队成员一起体悟和交流，促成共有的生成性对话，在沟通与交往中，促进教师新知识的构建。以本书项目团队为例，在评课活动中，首先由合作教学的两位教师对本节课的授课进行简单介绍，谈谈教学过程中遇到的问题，他们是如何进行解决的，还存在哪些困惑。接着，团队成员针对本节课的教学设计、教学过程进行点评，提出改进建议。最终，不同学科的教师相互间进行学习和交流，互相借鉴教学经验，以促进共同成长和进步。

7. 跨学科合作教学的困难

尽管学术界已进行了大量的研究，跨学科合作教学在实际落地中，仍存在一些难题，如课程如何开发？不同学科之间的关系该如何协调？如何做到 1+1>2 的效果？

（1）发展计算思维的跨学科课程的开发。

比如教师应该如何进行跨学科课程的设计；如何合理实现学科的各自教学目标以及跨学科教学目标。此外，教师对于教材的依赖程度较高，跨学科课程的开发目前只依赖于部分地区学校教师的自主开发，没有统一性的教材，教师难以继续根据教材设计课程的做法，对于教师的课程开发能力要求较高。

（2）所跨学科之间的关系协调。

首先，教师依据主题、项目进行跨学科课程设计时，主题、项目可能表现出强调某一学科的倾向。课程设计开始前，团队应该要提前考虑到以哪科教师作为主导，主导学科教师应该如何进行其他学科教师关系的协调。其次，由于各门学科进度不一，跨学科课程的实施难以确定固定时段、开展地点。如需应用计算机软件实施跨学科课程，要根据学生所会使用的具体软件来实施。

（3）教师观念的转变。

在传统的教学模式下，跨学科合作教学很容易发展成两位教师针对同一主题，一人讲半节，课堂就结束。有效的跨学科合作教学，合作教师应能针对同一主题或项目，运用多门学科的知识、技能、思维方式，做到 1+1>2 的效果。这对教师来说，将是一个巨大的挑战。

（二）注重学科交叉的合理性

对于发展计算思维的跨学科课程开发，需要注意计算思维与其他学科进行融合教学的合理性。

1. 学科的选择

我们尝试从课程标准（2022 年版）各学科的核心素养之中，寻找跨学科培养计算思维的路径。

（1）计算思维与数学核心素养。

首先从数学的核心素养说起，其三大核心素养“数学眼光”“数学思维”“数学语言”是与计算思维的培养密切关联的。

从“数学眼光”这一核心素养来看，课标中指出，数学眼光主要表现为抽象能力，而抽象是计算思维涉及的思维活动。数学眼光的“能够在生活实践和其他学科中发现基本的数学研究对象及其所表达的事物之间简单的联系与规律”与计算思维的模式识别也是密切关联的。

从核心素养“数学思维”来看，其中“能够通过计算思维将各种信息约简和形式化，进行问题求解与系统设计”，可以作为数学与计算思维的跨学科融合点。数学思维的“能够探究自然现象或现实情境所蕴含的数学规律，经历数学‘再发现’的过程”也是与计算思维的模式识别关联的。

从核心素养“数学语言”来看，其中“能够在现实生活与其他学科中构建普适的数学模型，表达和解决问题”与计算思维的建模相关。数学语言的“能够理解数据的意义与价值，会用数据的分析结果解释和预测不确定现象，形成合理的判断或决策”与计算思维的“具备计算思维的学生，能对问题进行抽象、分解、建模，并通过设计算法形成解决方案”是很好的融合点。

（2）计算思维与科学、物理等核心素养。

从科学、物理的核心素养来看，两者均包含“科学思维”的核心素养。科学思维是从科学视角对客观事物的本质属性、内在规律及相互关系的认识方式，主要包括模型建构、推理论证、创新思维等。科学思维所培养的能力，也是与计算思维密切相关的。

因此，从核心素养结合的角度来讲，更容易在数学、科学、物理等学科之间找到跨学科融合点。

运动的快慢：区间测速[①]

①课程目标。

以区间测速为例，编写一个程序，计算汽车从 A 点行驶到 B 点的平均速度。案例预期的实现效果如图 6-6 所示。

---

① 罗文文. Scratch 物理创意编程［M］. 北京：清华大学出版社，2020：2-5.

图 6-6　“区间测速”程序实现效果

②物理知识。

物理概念：速度、匀速直线运动和变速直线运动。

物理公式：$v=s/t$。

③算法分析。

已知 A 点与 B 点的距离为 100 米，A 点和 B 点在一条直线上。小车做变速直线运动，速度不定。使用计时器测量小车从 A 点行驶到 B 点的时间 t，计算出小车的平均速度 v。

程序算法，如图 6-7 所示。

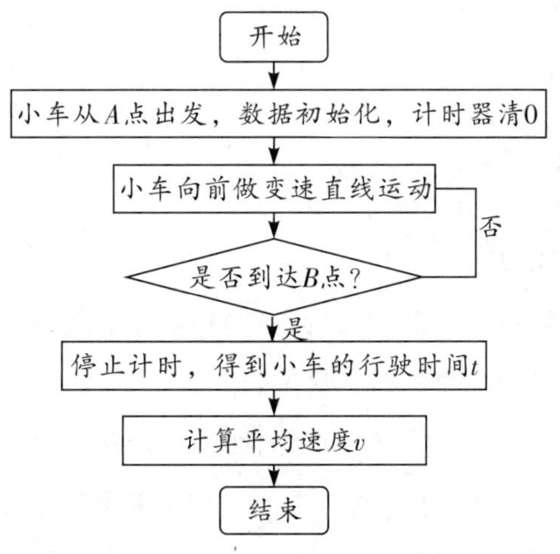

图 6-7　程序算法流程图

④编程实现。

A.新建角色。

本程序主要的角色有：小车、开始按钮、学生 Lisa。

B.开始按钮。

点击开始按钮，广播“启动”消息。

C.小车的行驶相关程序。

小车收到“启动”消息后：

a. 初始化路程 s、时间 t、速度 v 三个变量。将变量 s 初始化为 100，变量 t 和 v 初始化为 0。同时将计时器清 0。

b. 重复执行“将 x 坐标增加 1~10 之间的随机数”，直到 x 坐标>200（即小车到达终点）。

c. 如果小车到达 B 点，将此时计时器的值赋值给行驶时间 t 变量。

d. 广播“结束”消息。

D.学生 Lisa 的相关程序。

运用 $v=s/t$ 计算平均速度。

⑤拓展任务。

在示例程序中，小车做的是变速直线运动。请思考并修改程序，尝试实现如下效果：

A. 让小车做匀速直线运动。

B. 让小车行驶得更快。

C. 让小车行驶得更慢。

2. 学科内容的选择

不仅在各学科课程标准（2022 年版）的核心素养模块，我们还能够在课程内容的模块中，找到计算思维的跨学科融合点。

如数学“统计与概率”是课程内容的四大学习领域之一。该领域包含“数据的收集、整理与表达”等内容。这一学习领域要求第三学段（五、六年级）的学生“能根据问题的需要，从报纸、杂志、电视、互联网等媒体上获取数据，或者通过其他合适的方式获取数据，能把数据整理成条形统计图、折线统计图，知道条形统计图、折线统计图和扇形统计图的功能，会解释统计图表达的意义，能根据结果作出简单的判断和预测”。课标中指出：“有条件的学校可以利用信息技术处理数据、绘制统计图。”此处是一个很好的结合点。

在科学课程方面，“工程设计与物化”是课程标准（2022 年版）的 13 个学科核心概念之一。这一核心概念要求学生“能基于所学科学原理，应用创造性思维的基本方法提出多种设计方案，对设计方案进行模拟分析和预测，运用计算思维和批判性思维，选择并优化设计方案”。此处教师可创设真实问题情境，融入计算思维，引导学生在解决问题的过程中感受处理工程问题的规范性、解决方案的多样性，以及根据反馈迭代改进作品的必要性。在完成任务的过程中，培养学生的工程实践能力和创新能力。

在信息科技课程方面，则在每个学段设置有跨学科主题学习，可将其作为跨学科发展计算思维的有效抓手。

在音乐、体育课程方面，教师可通过将乐谱、体育动作分解等方式，让学生了解“开发解决问题或任务步骤的指令”。教师可以引导学生通过阅读流程图，执行指令，了解计算机的运作原理。最终，学生可通过绘制流程图表述自己的歌曲、体育动作。

在语文、英语等课程方面，教师可借助自动摘要生成等文本分析技术，通过解释其算法，帮助学生提炼文章的关键词、关键句、中心思想，如通过对韵律、韵文、意象、结构、语气、措辞与含义的分析来分析古诗。

3. 跨学科的选题策略

跨学科主题教学，在选题上要注重现实情境下真实问题的研究与解决。

基于真实问题的跨学科学习是把学习置于复杂的、有意义的问题情境中，学生以学习共同体的形式，在问题分析和解决过程中逐步实现不同学科观点、方法和内容的整合，形成跨学科认识、见解，而不是直接学习“跨学科知识”。同时，解决真实的问题，能够帮助学生思考过程，联系已有的知识和经验，并暴露出错误概念，这是学习科学概念的重要基础和前提。学生的已有知识与教师创设的情境之间产生认知冲突时，这是实现概念转变的重要策略之一，会激发学生进一步探究的欲望。[①]

① 王健，李秀菊. 5E 教学模式的内涵及其对我国理科教育的启示［J］. 生物学通报，2012，47（3）：39-42.

真实问题的选择策略

在跨学科课程设计实践中，很多教师都觉得现实情境中的真实问题难以寻找。美国教育联合会常务委员李佩宁在《什么是真正的跨学科整合：从几个案例说起》[①] 一文中给出了几种常见角度供选择：

①利用国家课程标准。课标中有跨学科主题学习、跨学科学习任务群等，每门学科的课标上都有设计好的跨学科案例。

②利用网络搜索。目前，许多网站上有十分成熟的开源项目，可以借此激发灵感，形成自己的跨学科研究选题。比如，智能家居、arduino、传感器与物联网、人工智能等项目。

③联系日常工作。跨学科学习以解决日常生活中的实际的问题为目的，可以关注校园以外的社会环境，寻找人们在各行各业工作时遇到的实际问题并给予解决办法。比如，交通的设计、自动化等问题。

④结合时事。跨学科的项目学习，要培养学生关注国家大事、城市大事、身边大事。比如，如何更好地实现节能减排？如何防御新冠病毒？如何实现校园内的垃圾分类与回收？

⑤社区调研。结合服务于社区的理念，调研一些非营利机构、公司、政府、高校，从他们现阶段的需求中寻找跨学科项目灵感。比如，从身边人的健康问题出发，寻找健康的生活方式。

⑥充分调动其他可利用的资源。比如，天气雾霾、新的科学发现、ChatGPT的出现等。

（二）依托项目式学习开展跨学科教学

下文以义务教育化学课程标准中跨学科实践活动案例“基于碳中和理念设计低碳行动方案”为例，对如何开展跨学科主题学习进行具体阐述，以帮助一线教师更好地运用项目式学习开展跨学科主题学习。

---

① 李佩宁. 什么是真正的跨学科整合：从几个案例说起［J］. 人民教育，2017（11）：76-80.

1. 分析核心素养

通过对化学课标中该案例的育人价值进行分析（见图 6-8），其所涉及的化学与信息科技的核心素养主要如表 6-15 所示。

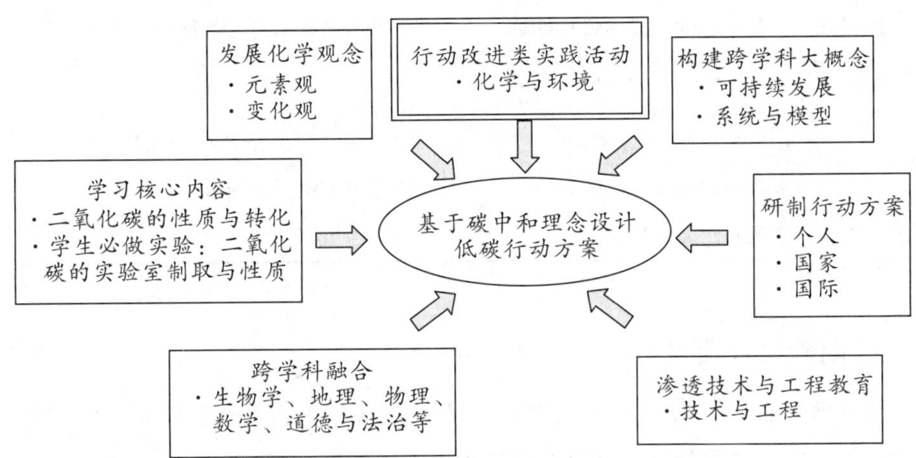

图 6-8 “基于碳中和理念设计低碳行动方案”项目的育人价值

表 6-15 “基于碳中和理念设计低碳行动方案”所涉及化学与信息科技的核心素养

学科	核心素养	涉及内容
化学	科学探究与实践	以实验为主的科学探究能力，通过网络查询等技术手段获取和加工信息的自主学习能力，运用简单的技术与工程方法设计、制作与使用相关模型和作品的能力，参与社会调查实践、提出解决实际问题初步方案的能力，与他人分工协作、沟通交流、合作问题解决的能力等
	科学态度与责任	对化学学科促进人类文明和社会可持续发展的重要价值形成积极的认识；遵守科学伦理和法律法规，具有运用化学知识对生活及社会实际问题作出判断和决策的意识；形成节约资源、保护环境的习惯，树立生态文明的理念
信息科技	计算思维	能对问题进行抽象、分解、建模，并通过设计算法形成解决方案
	信息社会责任	培养具备信息社会责任的学生，能理解信息科技给人们学习、生活和工作带来的各种影响

2. 寻找课程内容

通过对核心素养的分析，从化学与信息科技课标中找到该案例涉及的课程内容，如表 6-16 所示：

表 6-16 “基于碳中和理念设计低碳行动方案”所涉及化学与信息科技的课程内容

学科	模块	内容
化学	科学探究与化学实验	二氧化碳的实验室制取与性质
	物质的性质与应用	二氧化碳的性质与转化
信息科技	物联网实践与探索	物联网、传感器系统

3. 明确课程项目

通过核心素养与课程内容，找到跨学科结合点：通过简易物联系统的设计与搭建，使用传感器进行对二氧化碳浓度数据进行采集、定量分析、处理。

4. 设计课程活动

活动 1：通过查阅碳中和相关资料，了解二氧化碳的主要来源以及二氧化碳过多所造成的危害，理解低碳行动的意义。

活动 2：从化学视角聚焦二氧化碳，实验探究二氧化碳的性质与转化，分析二氧化碳在生产活动中的排放，和其被吸收的化学过程。

活动 3：借助传感器技术，构建物联网系统，对化学实验中的二氧化碳浓度进行定量分析，同时对系统进行验证。

活动 4：借助二氧化碳检测系统，对周边环境进行检测分析，研制、汇报及展示低碳行动方案。

参考文献

[1] 万珊珊，吕橙，邱李华，等. 计算思维导论[M]. 北京：机械工业出版社，2019.

[2] 王荣良. 计算思维教育[M]. 上海：上海科技教育出版社，2014.

[3] 刘敏娜，张倩苇. 国外计算思维教育研究进展［J]. 开放教育研究，2018，24（1）.

[4] 戴维·H. 乔纳森. 学会问题解决：支持问题解决的学习环境设计手册[M]. 刘明卓，金慧，陈维超，译. 上海：华东师范大学出版社，2015.

[5] 伍新春. 儿童发展与教育心理学［M]. 北京：高等教育出版社，2013.

[6] 胡尚峰，田涛. 体验式教学模式初探［J]. 教育探索，2003（11）.

[7] 周振宇. 项目学习：基于学校的行走［M]. 南京：江苏凤凰科学技术出版社，2020.

[8] 崔允漷，夏雪梅. “教—学—评一致性”：意义与含义［J]. 中小学管理，2013（1）.

[9] 诸葛越 . 未来算法［M]. 北京：中信出版社，2021.

[10] 李泽，陈婷婷，金乔. 计算思维养成指南［M]. 北京：中国青年出版社，2020.

[11] 唐培和，徐奕奕. 计算思维：计算学科导论［M]. 北京：电子工业出版社，2015.

[12] 王荣良. 中小学计算思维教育实践［M]. 上海：上海科技教育出版社，2014.